中药古典文献选读

主　编　李昌勤
编　委　王金梅　刘丽军　丁广治

中国医药科技出版社

内容提要

本书选录了与中药学密切相关、具有代表性的传记、序文、凡例、药论、方论、医书提要及歌赋，引其原文并作出注解。正文共分为七章，注释参考了大量书籍，以及学术期刊。选录的古典文献采用繁体字，注释等采用简体字。为了能够牢固掌握重点知识，每章附有课后习题以供练习。附录部分介绍了古汉语基础知识、文化常识，并收录了简体字与繁体字对照表、异体字表，医学三字经、药性赋、汤头歌诀，方便读者查阅背诵。

图书在版编目（CIP）数据

中药古典文献选读/李昌勤主编．—北京：中国医药科技出版社，2018.1

ISBN 978-7-5067-9903-4

Ⅰ．①中…　Ⅱ．①李…　Ⅲ．①中药学-古文献学-研究　Ⅳ．①G256.1

中国版本图书馆 CIP 数据核字（2018）第 013182 号

美术编辑　陈君杞

版式设计　张　璐

出版　中国医药科技出版社

地址　北京市海淀区文慧园北路甲 22 号

邮编　100082

电话　发行：010-62227427　　邮购：010-62236958

网址　www.cmstp.com

规格　787×1092mm 1/16

印张　15

字数　235 千字

版次　2018 年 1 月第 1 版

印次　2023 年 8 月第 4 次印刷

印刷　三河市万龙印装有限公司

经销　全国各地新华书店

书号　ISBN 978-7-5067-9903-4

定价　37.00 元

前言

PREFACE

《中药古典文献选读》介绍古代中药文献语言文化现象，是高等学校中药学等专业的基础知识，是对学生进行素质教育的重要课程，也是中药学专业人员及爱好者终身学习的重要内容。

本书旨在通过古代中药文选与古汉语基础知识的学习以及阅读实践的训练，使读者在已有文言文知识的基础上，掌握中药古典文献常用词语及其主要义项、古汉语基础知识以及断句、今译与文意理解的基本技能，能比较顺利地阅读中药古典文献，为后续研读古代中医药典籍清除文理上的障碍。培养中药学等专业学生全面掌握中药古典文献精髓，提高人文素养和语言水平，完善知识结构，进而提高对中医药传统文化的理解水平和分析能力，以求有益于实现学生的人格养成与气质形成，为其将来从事中药临床或其他各种医疗卫生工作奠定坚实可靠的基础，同时促进一部分学生在本专业领域进一步的深造和发展。本书还可作为中医药爱好者学习中医药古典文献的参考书。

为更全面地体现中医药典籍的魅力，提高阅读者的综合能力，本书选录的古典文献原文采用繁体字，其余采用简体字。本书正文分为七章，选择了部分与中药学密切相关、具有代表性的传记、序文、凡例、药论、方论、医书提要及歌赋，引其原文并作出注解，注释参考了大量书籍以及学术期刊。为使学生牢固掌握重点知识，每章附有课后习题供练习。附录部分介绍了古汉语基础知识、文化常识，并收录了简体字与繁体字对照表、异体字表，医学三字经、药性赋、汤头歌诀，方便学习者查阅背诵。

李昌勤编写第一章并统稿，刘丽军编写第二、三章，王金梅编写第三～七章及附录之古汉语基础知识，丁广治编写附录之古代文化常识、简体字与繁体字对照表、异体字整理表、医学三字经、药性赋、汤头歌诀。

由于水平有限，本书中不妥之处，敬请读者多提宝贵意见及建议。

编　者

2017. 6

目录

CONTENTS

第一章　传记选

第二章　序文选

第三章　凡例选

第四章　药论选

第一章　传记选

概述

传记亦单称传，是一种常见的文体形式。主要记述人物的生平事迹，根据各种书面和口述的回忆、调查等相关材料，加以选择性的编排、描写与说明而成。传记和历史关系密切，某些写作年代久远的传记常被人们当史料看待。一般由他人记述，亦有自述生平者，称“自传”。

在中医药历史长河中，医药学家辈出。了解这些医药学家事迹的最直接方式就是阅读个人传记。记录传记的形式除了正史如《史记》记载的扁鹊仓公列传，《三国志·魏志》记载的华佗传，《新唐书》记载的孙思邈传外，专门的医史论著、一些类书及名人文集等如《白茅堂集》记载的李时珍传等，也兼有医家的传记。本章正文及课后扩展阅读部分，节选自扁鹊、郭玉、华佗、医和、孙思邈、李时珍、陶弘景等医药学家传记供大家选读和学习。

扁鹊传

导读

本文是史籍中最早的医家传记，节选自我国第一部纪传体通史《史记》。作者司马迁（约前135~前87年），字子长，夏阳（今陕西韩城）人，一说龙门（今山西河津）人。西汉时伟大的史学家和文学家，官至太史令。其所著不朽巨著《史记》，凡五十二万六千五百字，始称《太史公书》，后改称《史记》，既是一部史学巨著，也是一部史传文学的典范。

本文节选自《史记·扁鹊仓公列传》。选文中的扁鹊（前407~前310年），嬴姓，秦氏，名越人，号卢医，擅长脉诊、望诊，针灸治疗有高超的技术，是一位内、外、妇、儿、老年科均擅长的全科医生。据传为《难经》一书的作者。

在《扁鹊传》中，作者以战国时的秦越人为原型，选取典型事例，通过三个病案，塑造了扁鹊这位名医的形象。他精通脉学与望诊，技艺神妙而全面，且能“随俗为变”，以适应社会的需要。文末提出了著名的“六不治”的治病原则，其中“信巫不信医，六不治也”所反映的科学思想，已被载入世界医学史册。

文中扁鹊给三个重要人物赵简子、虢太子、齐桓侯看过病，赵简子卒于公元前458年，诸虢中最后一个被灭的北虢灭亡于公元前655年，齐桓侯田午死于公元前357年，时间跨度三四百年或更多，可能部分内容来源于扁鹊的传说。

扁鵲者，勃海郡鄭人也[1]，姓秦氏，名越人。少時為人舍長[2]。舍客長桑君過[3]，扁鵲獨奇之[4]，常謹遇之[5]。長桑君亦知扁鵲非常人也。出入十餘年，乃呼扁鵲私坐，閒與語曰[6]：“我有禁方[7]，年老，欲傳與公，公毋泄。”扁鵲曰：“敬諾[8]。”乃出其懷中藥予扁鵲：“飲是以上池之水三十日，當知物矣[9]。”乃悉取其禁方書盡與扁鵲。忽然不見，殆非人也[10]。扁鵲以其言飲藥三十日，視見垣一方人[11]。以此視病，盡見五藏癥結[12]，特以診脈為名耳。為醫或在齊，或在趙。在趙者名扁鵲。

[注释]

[1] 扁鵲：原名秦越人，战国时期人，此句“……者，……也”，是古汉语中典型的判断句句式。“者、也”两字均作为助词。勃海郡：汉代郡名，今鲁西北与冀东南一带。郑，县名，在今河北任丘县北。有认为郑是误字，原文应作“鄚”字，“鄚”字在字形上类“鄭”字，唐司马贞在《史记索隐》中说：“按渤海无郑（鄭）县，当作鄚县。”

[2] 為人舍長：做人家客馆的主管。舍：指客舍、客馆。

[3] 長桑：复姓。君：表尊称。

[4] 奇：意动用法，认为……奇特不凡。之：代词，这里代指长桑君。

[5] 謹遇：恭敬地接待。

[6] 閒（jiàn）：同“间”。悄悄地。與：跟，同，介词，后面省略宾语“之”。

[7] 禁方：秘方，指不公开传授的方术。

[8] 敬：表示恭敬之意。诺：答应的声音。

[9] 當知物：一定会洞察异物。當：一定，应当。知：了解，知道，此引申为洞察。物：指人目看不见的隐微的事物。

[10] 殆：大概，副词。

[11] 垣（yuán）：矮墙。

[12] 藏：同“脏”。癥結：腹中结块，这里特指体内疾病之所在。

當晉昭公時[1]，諸大夫彊而公族弱[2]。趙簡子為大夫[3]，專國事[4]。簡子疾，五日不知人，大夫皆懼，於是召扁鵲。扁鵲入，視病，出，董安于問扁鵲[5]，扁鵲曰：“血脈治也[6]，而何怪[7]？昔秦穆公嘗如此[8]，七日而寤[9]。今主君之病與之同，不出三日必閒[10]，閒必有言也。”居二日半，簡子寤。

[注释]

[1] 當：值、在。晋昭公：春秋时晋国国君，姓姬名夷，晋平公之子，在位6年（前531～前526年）。

[2] 大夫：官阶名。春秋时，诸侯国国君以下分卿、大夫、士三等。彊：“强”的异体字。公族：亦称“公姓”，诸侯的同族，此指晋君的宗族势力。

[3] 趙簡子：即赵鞅，嬴姓，赵氏，谥号简。赵氏数代为晋卿，战国时赵国的奠基者。

[4] 專：独揽，独掌，独断。

[5] 董安于：又作“董安”，赵简子的家臣。

[6] 治：当是“滞”字之误，阻滞。《太平御览·疾病部》引此文作“血脉滞也，而何怪？”另外，《史记今注》在“血脉治也”后注为：“治，同滞字，言血脉运行发生阻滞。”如治解释为正常，则血脉正常与前文“简子疾，五日不知人”不一致。

[7] 而：通“尔”，你，代词。何怪：宾语前置，即“怪何”，惊怪什么。

[8] 秦穆公：春秋时秦国国君，春秋五霸之一，姓嬴，名任好，公元前659年至公元前621年在位。

[9] 寤：醒。

[10] 閒（jiàn）：同“间”，谓病愈。

其後扁鵲過虢。虢太子死，扁鵲至虢宮門下，問中庶子喜方者曰[1]：“太子何病[2]，國中治穰過於衆事[3]？”中庶子曰：“太子病血氣不時[4]，交錯而不得泄[5]，暴發於外，則為中害[6]。精神不能止邪氣[7]，邪氣畜積而不得泄[8]，是以陽緩而陰急[9]，故暴蹷而死[10]。”扁鵲曰：“其死何如時？”曰：“雞鳴至今[11]。”曰：“收乎[12]？”曰：“未也，其死未能半日也[13]。”“言臣齊勃海秦越人也，家在於鄭，未嘗得望精光[14]，侍謁於前也[15]。聞太子不幸而死，臣能生之[16]。”中庶子曰：“先生得無誕之乎[17]？何以言太子可生也！臣聞上古之時，醫有俞跗，治病不以湯液醴灑[18]，鑱石撟引[19]，案抓毒熨[20]，一撥見病之應[21]，因五藏之輸[22]，乃割皮解肌，訣脈結筋[23]，搦髓腦[24]，揲荒爪幕[25]，湔浣腸胃[26]，漱滌五藏，練精易形[27]。先生之方能若是，則太子可生也；不能若是，而欲生之，曾不可以告咳嬰之兒[28]！”終日[29]，扁鵲仰天歎曰：“夫子之為方也，若以管窺天[30]，以郄視文[31]。越人之為方也，不待切脈、望色、聽聲、寫形[32]，言病之所在。聞病之陽[33]，論得其陰[34]；聞病之陰，論得其陽。病應見於大表[35]，不出千里，決者至衆[36]，不可曲止也[37]。子以吾言為不誠，試入診太子，當聞其耳鳴而鼻張，循其兩股，以至於陰，當尚溫也。”中庶子聞扁鵲言，目眩然而不瞚[38]，舌撟然而不下[39]，乃以扁鵲言入報虢君。

[注释]

[1] 中庶子喜方者：爱好医术的中庶子。“喜方”为“中庶子”的后置定语，“者”为定语后置标志。中庶子：官名，负责诸侯卿大夫的庶子的教育管理，汉以后为太子属官。

[2] 何病：宾语前置，即“病何”，患了什么病。

[3] 治穰：举行袪邪除恶的祭祀。治，举办、操办。穰（ráng），通“禳”，袪邪除恶的祭祀名。

[4] 不時：不按时，谓不按时运行，指气血错乱。

[5] 交錯：指“血气”交错，意同上句的“血气不时”，即气血错乱。

[6] 中害：内脏受害，内脏的损害。

[7] 精神：指体内的正气。

[8] 畜：通“蓄”。

[9] 是以：介词宾语前置，即“以是”，因此。固定结构。陽緩而陰急：阳气衰微，阴气炽盛。

[10] 蹷：通“厥”，昏厥。

[11] 鷄鳴：表示时间，丑时，即凌晨1～3时。

[12] 收：入殓，收殓。

[13] 未能：未及，不到。

[14] 精光：神采光泽，犹言“丰采”。此指对虢君的尊敬的说法。

[15] 侍謁：偏义词，意偏“侍”，侍奉。

[16] 生：使动用法，使……复活。

[17] 得無……乎：固定结构，以委婉的揣测语气表示否定之意，意为“大概是……吧”“莫非……吧”。誕：欺骗、哄骗。之：代词，我。

[18] 醴灑：指酒剂。醴，一种甜酒。灑，通“釃”（shī），指滤过的酒。

[19] 鑱（chán）石：镵针和砭石，这里泛指针刺。撟（jiǎo）引：即导引，上古时一种养生修炼的方法，已失传。据《三国志·华佗传》记载，其法“熊颈鸱顾，引挽腰体，动诸关节，以求难老”。华佗创“五禽戏”，就是用以代替失传的导引的。撟，快速举动手脚活动肢体。

[20] 案扤（wù）：指按摩、推拿疗法。案，通“按”。扤，摇动。毒熨（yùn）：用药物加热熨贴。毒，指药物。熨，一种热敷疗法。

[21] 撥：治，治理，在此指诊察，诊脉。應（yìng）：反应，指病症的所在。

[22] 藏：同“脏”。輸：通“腧”，腧穴。

[23] 訣脉：疏通经脉。訣，通“决”，疏导。

[24] 搦（nuò）：按治。髓腦：腧穴名，即今所谓囟会穴。一说为头部腧穴。

[25] 揲（shé）荒：谓割治膏肓的病邪。揲，取，此指割治。《说文通训定声》：“谓取膏肓入膈膜也。”荒，通“肓”，指膏肓之病。爪幕：疏理膈膜。爪，同“抓”，疏理。幕，通“膜”，指横膈膜。有学者认为应为“搦髓脑，揲荒幕”，如日本著名学者多纪元简在《史记汇注考证》一书中明言：“爪字衍，即因荒下川

（“荒”字的下半部分）而错出耳，三字句，与“搦髓脑”对，句法齐整。

［26］湔（jiān）浣：洗涤。下文“漱涤”意同此。

［27］練精易形：修练精气，改变容貌气色。

［28］曾（zēng）：简直。咳（hái）嬰：幼小。咳，古作“孩”。

［29］終日：良久，许久。

［30］以管窺天：用竹管子看天。比喻见识狭隘，看问题片面。

［31］以郄（xì）視文：从缝隙中看图形花纹。比喻见识浅陋。郄，“隙”的异体字，缝隙。文，同“纹”，线条构成的图纹。

［32］寫形：谓审察病人的体征。寫，描摹，摹写。

［33］聞：听说，此引申为诊察。陽：指外在的证候。

［34］論得：推知。陰：指内在的病机。

［35］大表：指体表。

［36］决者：意为诊断疾病的方法。

［37］曲：片面，出错。止：语末助词，表肯定语气，可译为“的”。

［38］眩然：迷惑的样子。瞚：“瞬”的异体字，眨眼。

［39］撟然：翘起的样子。

虢君聞之大驚，出見扁鵲於中闕[1]，曰：“竊聞高義之日久矣[2]，然未嘗得拜謁於前也。先生過小國，幸而舉之[3]，偏國寡臣幸甚[4]。有先生則活，無先生則棄捐填溝壑[5]，長終而不得反[6]。”言未卒[7]，因嘘唏服臆[8]，魂精泄横[9]，流涕長潸[10]，忽忽承睫[11]，悲不能自止，容貌變更。扁鵲曰：“若太子病，所謂尸蹷者也[12]。太子未死也。”扁鵲乃使弟子子陽厲鍼砥石[13]，以取外三陽五會。有閒[14]，太子蘇。乃使子豹為五分之熨[15]，以八減之齊和煑之[16]，以更熨兩脅下[17]。太子起坐。更適陰陽[18]，但服湯二旬而復故[19]。故天下盡以扁鵲為能生死人。扁鵲曰：“越人非能生死人也，此自當生者，越人能使之起耳。”

［注释］

［1］中闕：宫廷的中门。闕，阙门，宫廷前两侧对称的门楼。

［2］竊：谦敬副词，私下。高義：崇高德行，高尚的义行。

［3］舉：援救，援助。之：代词，我。

［4］寡臣：寡德之臣，这是虢君的谦称。

［5］棄捐填溝壑（hè）：“死”的婉言。溝壑：山谷，山沟。有水为沟，无水

为瞖。

［6］反：同“返”，谓复活。

［7］卒：完。

［8］嘘唏（xū xī）：悲痛而哭泣时抽噎、哽咽的样子。服（bì）臆：又作愊臆、腷臆、愊忆、愊抑等，因悲伤而气满郁结。

［9］魂精泄横：精神散乱恍惚。魂精：精神。泄横：散乱，恍惚。

［10］涕：眼泪。長潸（shān）：长时间流泪。

［11］忽忽：泪珠滚动的样子。承映：（泪珠）挂在睫毛上。映：“睫”的异体字。

［12］屍蹷：古病名，一种假死的病症。

［13］厲鍼砥（dǐ）石：研磨针石。厲，同“砺”。厉、砥：本意均为磨石，名词。引申为磨，作动词。鍼，“针”的异体字。

［14］有閒：一会儿，过了一会儿。有，语气助词，无实意。閒，同“间（jiàn）”。

［15］五分之熨：药力能够深入体内五分的药物熨治法。

［16］八減之齊：古方名。齊，同“剂”，药剂。

［17］更（gēng）：交替。

［18］更（gèng）適陰陽：再调适阴阳。更：再。適：调节，调适。

［19］但：只，仅仅。湯二旬：定语后置，即“二旬汤”。

扁鵲過齊，齊桓侯客之[1]。入朝見，曰：“君有疾在腠理，不治將深[2]。”桓侯曰：“寡人無疾。”扁鵲出，桓侯謂左右曰：“醫之好利也，欲以不疾者為功。”後五日，扁鵲復見，曰：“君有疾在血脈，不治恐深。”桓侯曰：“寡人無疾。”扁鵲出，桓侯不悅。後五日，扁鵲復見，曰：“君有疾在腸胃閒[3]，不治將深。”桓侯不應。扁鵲出，桓侯不悅。後五日，扁鵲復見，望見桓侯而退走[4]。桓侯使人問其故。扁鵲曰：“疾之居腠理也，湯熨之所及也；在血脈，鍼石之所及也；其在腸胃，酒醪之所及也[5]；其在骨髓，雖司命無奈之何[6]！今在骨髓，臣是以無請也[7]。”後五日，桓侯體病[8]，使人召扁鵲，扁鵲已逃去[9]。桓侯遂死[10]。

［注释］

［1］齊桓侯：指战国时期的齐桓公田午。客：意动用法，以之为客，把……当作贵客。

［2］腠理：皮肤、脏腑的纹理。此指皮肉之间。深：加深，形容词动用。

［3］閒（jiān）：同“间”，中间。

［4］退走：转身躲避而跑掉。退：转身躲避。走：跑。

［5］酒醪（láo）：酒剂。醪，汁滓混合的酒，即酒酿。

［6］司命：古代传说中掌管人生命的神。

［7］無請：不告诉。

［8］病：病重。

［9］逃：躲避。去：离开。

［10］遂：于是，就。

使聖人預知微[1]，能使良醫得蚤從事[2]，則疾可已，身可活也。人之所病[3]，病疾多，而醫之所病，病道少。故病有六不治：驕恣不論於理，一不治也；輕身重財[4]，二不治也；衣食不能適[5]，三不治也；陰陽並[6]，藏氣不定，四不治也；形羸不能服藥[7]，五不治也；信巫不信醫，六不治也。有此一者，則重難治也[8]。

［注释］

［1］使：假使，如果。微：没有显示征兆。此指疾病没有显示征兆。

［2］蚤：通“早”。

［3］病：担忧，忧虑。下文“病疾多，而医之所病，病道少”三句中的“病”，意同此。

［4］輕身重財：轻、重均意动用法，分别意为“以……为轻”“以……为重”。

［5］適：适应，谓适应四季阴阳的变化。

［6］陰陽並：阴阳偏盛，此指血气错乱。

［7］羸（léi）：瘦弱。服藥：适应药力。

［8］重（zhòng）：深、甚、非常。

扁鵲名聞天下。過邯鄲，聞貴婦人[1]，即為帶下醫[2]；過洛陽[3]，聞周人愛老人，即為耳目痹醫；來入咸陽，聞秦人愛小兒，即為小兒醫：隨俗為變。秦太醫令李醯自知伎不如扁鵲也[4]，使人刺殺之。至今天下言脈者，由扁鵲也[5]。

［注释］

［1］貴：形容词活用作动词。重视，尊重。

［2］带下醫：指妇科医生。

［3］洛陽：即洛阳，东周王都所在地，今属河南。

［4］太醫令：秦代主管医药的官员叫太医令。醯：读 xī。伎：同“技”，才能，指医技。

［5］由：从，依从、遵循。

课后习题

1. 字词解释

（长桑君）过、谨（遇）、（谨）遇、间（与）、殆（非人）、公族、（血脉）治、而（何怪）、（必）闲、治（穰）、中（害）、收（乎）、（未）能、精光、诞（之）、因（五藏之输）、诀（脉）、搦（髓脑）、（揲）荒、（爪）幕、咳（婴）、终日、写（形）、（闻病之）阳、（论得其）阴、大表、曲（止）、（曲）止、（不）瞚、挢（然）、（中）阙、弃捐填沟壑、服臆、（长）潸、忽忽、厉（针）、有闲、司命、重（难治）、贵（妇人）、带下医、伎（不如）、由（扁鹊）

2. 句子翻译

（1）舍客长桑君过，扁鹊独奇之，常谨遇之。长桑君亦知扁鹊非常人也。出入十余年，乃呼扁鹊私坐。

（2）扁鹊曰：“血脉治也，而何怪？昔秦穆公尝如此，七日而寤。今主君之病与之同，不出三日必间。”居二日半，简子寤。

（3）闻病之阳，论得其阴；闻病之阴，论得其阳。病应见于大表，不出千里，决者至众，不可曲止也。

（4）使圣人预知微，能使良医得蚤从事，则疾可已，身可活也。人之所病，病疾多；而医之所病，病道少。

3. 思考分析

（1）怎样理解扁鹊能“视见垣一方人。以此视病，尽见五藏癥结，特以诊脉为名耳”这几句话？

（2）扁鹊认为自己“非能生死人也，此自当生者，越人能使之起耳”，反映了怎样的医学观？

（3）扁鹊提出“六不治”的具体内容是什么？它对后世有何影响？

（4）怎样理解扁鹊行医“随俗为变”？

4. 经典背诵

人之所病，病疾多；而医之所病，病道少。故病有六不治：骄恣不论于理，一不治也；轻身重财，二不治也；衣食不能适，三不治也；阴阳并，藏气不定，四不治也；形羸不能服药，五不治也；信巫不信医，六不治也。有此一者，则重难治也。

5. 扩展阅读

郭玉者，广汉洛人也。初，有老父不知何出，常渔钓于涪水，因号涪翁。乞食人间，见有疾者，时下针石。辄应时而效。乃著《针经》《诊脉法》传于世。弟子程高，寻求积年，翁乃授之。高亦隐迹不仕。玉少师事高，学方诊六微之技，阴阳隐侧之术。和帝时，为太医丞，多有效应。帝奇之，仍试令嬖臣美手腕者，与女子杂处帷中，使玉各诊一手，问所疾苦。玉曰："左阳右阴，脉有男女，状若异人。臣疑其故。"帝叹息称善。

玉仁爱不矜，虽贫贱厮养，必尽其心力。而医疗贵人，时或不愈。帝乃令贵人羸服变处，一针即差。召玉诘问其状，对曰："医之为言意也。腠理至微，随气用巧；针石之间，毫芒即乖。神存于心手之际，可得解而不可得言也。夫贵者处尊高以临臣，臣怀怖慑以承之。其为疗也，有四难焉：自用意而不任臣，一难也；将身不谨，二难也；骨节不强，不能使药，三难也；好逸恶劳，四难也。针有分寸，时有破漏；重以恐惧之心，加以裁慎之志，臣意且犹不尽，何有于病哉？此其所为不愈也。"帝善其对。年老卒官。(选自《后汉书·方术列传》)

要求

试析文中记叙郭玉所说的"四难"及其原因，并与《扁鹊传》的"六不治"进行比较。

华佗传

导读

本文选自《三国志·魏志》。作者陈寿（公元233～297年），字承祚，巴西安汉（今四川南充）人，西晋史学家，曾在蜀汉和西晋初任观阁令史、著作郎、御史治书等职。所著《三国志》是记述魏、蜀、吴三国历史的纪传体史书。计《魏书》三十卷，《蜀书》十五卷，《吴书》二十卷，共六十五卷。原先各自为书，北宋时汇编称《三国志》。史称陈寿有“良史之才”。

文章较全面地记载了华佗的生平事迹，反映了他的医学成就。首先介绍华佗技术全面，精通各科，尤长于外科，发明麻醉剂“麻沸散”，用于剖腹切肠等大手术。然后通过多个病案来表现华佗医德高尚、医术高超。最后记述华佗被杀前后的情形以及他创编五禽戏、注重医学教育、运动保健等方面的成就。于字里行间表达了人们对这位杰出医学家的惋惜之情。行文朴实简洁而不虚夸冗杂，记事精心剪裁而不平铺直叙。

華佗，字元化，沛國譙人也[1]，一名旉[2]。遊學徐土[3]，兼通數經[4]。沛相陳珪舉孝廉[5]，太尉黄琬辟[6]，皆不就[7]。曉養性之術，時人以為年且百歲，而貌有壯容[8]。又精方藥，其療疾，合湯不過數種，心解分劑[9]，不復稱量，煑熟便飲[10]，語其節度[11]，舍去輒愈[12]。若當灸，不過一兩處，每處不過七八壯[13]，病亦應除[14]。若當針[15]，亦不過一兩處，下針言“當引某許[16]，若至，語人”，病者言“已到”，應便拔針，病亦行差[17]。若病結積在內，針藥所不能及，當須刳割者[18]，便飲其麻沸散，須臾便如醉死，無所知，因破取[19]。病若在腸中，便斷腸湔洗[20]，縫腹膏摩[21]，四五日，差，不痛，人亦不自寤[22]，一月之間，即平復矣。

［注释］

［1］沛國：汉代封国，在今安徽、江苏、河南三省交界处，治所在今安徽省宿州市。譙（qiáo）：沛国县名，今安徽亳（bó）州。

［2］旉：同“敷”。《汉书·礼乐志二》：“旉与万物。”唐颜师古注：“旉，古數字也。旉与，言开舒也。”

［3］遊學：离家外出游访名师以求学。徐土：今徐州一带。

［4］經：指儒经，如《诗》《书》《礼》《易》《春秋》五经。

［5］相：东汉封国内掌握实权的行政长官，由朝廷直接委派。陳珪：字汉瑜，下邳（今江苏邳县）人。汉献帝初平三年至建安二年（公元 192～197 年）任沛国之相。舉：举荐，推荐。孝廉：汉代选拔人才的科目之一，始于汉武帝时董仲舒的奏请，与“贤良”同由各郡国在所属吏民中举荐，凡孝子、廉士，或品学皆优、有令名者，均可被荐为孝廉。

［6］黄琬：字子琰，江夏安陆（今湖北安陆）人。汉灵帝中平六年至献帝初平元年（公元 180～190 年）任太尉（汉代最高军事长官名）。辟（bì）：征召任用。

［7］就：依从。

［8］且：将近。壮容：壮年人的容色。古人以三十岁为“壮”。

［9］合湯：调配的汤剂。分劑：指各药的分量和配伍的比例。

［10］飲（yìn）：使（让）……服。后略宾语“之（指患者）”。

［11］節度：此指服药的方法和注意事项。

［12］輒：连词，就。

［13］壯：量词。艾灸一灼为一壮。

［14］應除：很快病愈。應，谓应手，即很快。

［15］鍼：名词活用作动词，针刺。

［16］引：指针感延伸。許：位置，部位。

［17］行：马上。差（chài）：同“瘥”，病愈。

［18］刳（kū）：剖开。

［19］取：指割治，即手术治疗。

［20］湔（jiān）：洗。

［21］膏摩：用药膏擦敷。膏：名词活用作状语。摩：涂抹，外敷。

［22］不自寤：自己没有什么感觉。寤，醒，此处指知觉、感觉。

府吏兒尋、李延共止[1]，俱頭痛身熱，所苦正同。佗曰：“尋當下之[2]，延當發汗。”或難其異[3]。佗曰：“尋外實，延内實[4]。故治之宜殊。”即各與藥，明旦並起[5]。

佗行道，見一人病咽塞，嗜食而不得下，家人車載欲往就醫[6]。佗聞其呻吟，駐車往視[7]，語之曰：“向來道邊有賣餅家[8]，蒜齏大酢[9]，從取三升飲之，病自當去。”即如佗言，立吐虵一枚[10]，縣車邊[11]，欲造佗[12]。佗尚未還，小兒戲門前，逆見[13]，自相謂曰[14]：“似逢我公[15]，車邊病是也[16]。”疾者前入坐，見佗北壁縣此虵輩約以十數。

又有一郡守病，佗以為其人盛怒則差，乃多受其貨而不加治[17]，無何棄去[18]，留書罵之。郡守果大怒，令人追捉殺佗。郡守子知之，屬使勿逐[19]。守瞋恚既甚[20]，吐黑血數升而愈。

又有一士大夫不快[21]，佗云：“君病深，當破腹取。然君壽亦不過十年，病不能殺君[22]，忍病十歲，壽俱當盡[23]，不足故自刳裂[24]。”士大夫不耐痛癢[25]，必欲除之。佗遂下手，所患尋差[26]，十年竟死[27]。

廣陵太守陳登得病[28]，胸中煩懣，面赤不食。佗脈之曰[29]：“府君胃中有蟲數升[30]，欲成內疽，食腥物所為也[31]。”即作湯二升[32]，先服一升[33]，斯須盡服之[34]。食頃[35]，吐出三升許蟲，赤頭皆動，半身是生魚膾也，所苦便愈。佗曰：“此病後三期當發[36]，遇良醫乃可濟救。”依期果發動[37]，時佗不在，如言而死。

［注释］

［1］兒：通“倪”，姓。共止：两人一同工作、生活。在当时语言中，凡是平时在一起学习、工作或生活叫“共止”，例如《三国志·魏书·曹真传》：“太祖哀真少孤，收养与诸子同，使与文帝共止。”有文献认为共止为一起停下来，指同时来就诊；亦有认为是共同居住在一起。

［2］下：为动用法，给……泻下。

［3］或：代词，有人。難（nàn）：提出疑问，质询。

［4］“尋外實”二句：据北宋庞安时《伤寒总病论》卷六《解华佗内外实》中称：“某疑陈寿误用内、外字，非华佗本意也。”意为当作“寻内实，延外实”，内实当下，外实当发汗。一说：外实指表气充实而肠胃伤食，故当下；内实指体内无病而表受外邪，故当发汗。

［5］明旦：次日早晨。

［6］車：名词活用作状语，用车。

［7］駐：使……停下。

［8］向：方才；适才。

［9］蒜齏（jī）：蒜泥。齏，捣碎的姜、蒜、韭菜等。大酢：很酸。酢，“醋”的异体字。

［10］虵一枚：定语后置，即“一枚虵”。虵，“蛇”的异体字，此指寄生虫。

［11］縣：同“悬”，挂。

［12］造：造访，谓拜谢。

［13］逆見：迎面看到。逆，迎。

［14］自相謂：自己对自己说，即“自言自语”。

［15］公：指父亲，犹言“老爹”。《战国策·魏策》：“其子陈应止其公（陈轸）之行。”

［16］車邊病：指挂在车边的寄生虫。

［17］貨：钱财。古代为金钱珠玉布帛的总称。

［18］無何：不久。

［19］屬：同“嘱”，吩咐。

［20］瞋恚（chēn huì）：愤怒。瞋，恚，同义复用。

［21］不快：指患病。

［22］殺：危害生命。

［23］壽俱當盡：谓（届时）“病与寿俱当尽”。

［24］足：值得。故：特意。

［25］痛癢：偏义词，意偏“痛”，指病痛。

［26］尋：不久；很快。

［27］竟：终于。

［28］廣陵；汉代郡名，今江苏扬州。陳登：陈珪之子，字符龙，为当时名士。建安二年，登至许昌，曹操授以广陵太守。

［29］脈：为动用法，给（替）……诊脉。

［30］府君：太守的敬称。因太守所居之官署为府，故称之为府君。蟲數升：定语后置，即“数升虫”。

［31］腥物：指生鱼肉。腥，生肉。《论语·乡党》：“君赐腥，必熟而荐之。”

［32］湯二升：定语后置，即“二升汤”。

［33］服：使动用法，使……服。后略宾语“之（指陈登）”。

［34］斯須：片刻，一会儿，犹须臾。《礼记·祭义》：“礼乐不可斯须去身。”郑玄注：“斯须，犹须臾。”

［35］食頃：一顿饭的功夫。表示时间短促。

［36］期（jī）：也可写作“朞”，一周年。《书·尧典》：“朞，三百有六旬有六日。”

［37］發動：发作。

太祖聞而召佗[1]，佗常在左右。太祖苦頭風[2]，每發，心亂目眩。佗鍼鬲[3]，隨手而差[4]。

李將軍妻病甚，呼佗視脈。曰："傷娠而胎不去。"將軍言："聞實傷娠，胎已去矣。"佗曰："案脈[5]，胎未去也。"將軍以為不然。佗舍去，婦稍小差[6]。百餘日復動，更呼佗。佗曰："此脈故事有胎[7]。前當生兩兒，一兒先出，血出甚多，後兒不及生。母不自覺[8]，旁人亦不寤[9]，不復迎，遂不得生。胎死，血脈不復歸，必燥著母脊[10]，故使多脊痛。今當與湯，並鍼一處，此死胎必出。"湯鍼既加，婦痛急如欲生者。佗曰："此死胎久枯，不能自出，宜使人探之[11]。"果得一死男，手足完具，色黑，長可尺所[12]。

[注释]

[1] 太祖：指曹操。曹丕称帝后，追尊曹操为武皇帝，其孙曹叡又以太祖为曹操之庙号。

[2] 苦：为动用法，为（因）……而苦恼。

[3] 鬲：通"膈"，指膈俞穴。

[4] 隨手：很快，立即。

[5] 案：根据。

[6] 稍：逐渐；渐渐。小差：此谓好转。

[7] 故事：惯例。

[8] 不自覺：自己没有感觉到。

[9] 旁人：指接生的人。

[10] 燥著母脊：指死胎干枯之胞附着母之后腹部。《本草纲目·人胞》条附方大造丸下引吴球云："儿孕胎中，脐系于胞，胞系母脊。"著（zhuó）：同"着"，附着。

[11] 探：探取。

[12] 可尺所：大约一尺左右。可：大约。所：许，表示约数，犹"左右"。《史记·留侯世家》："父去里所，复远。"

佗之絕技，凡此類也。然本作士人，以醫見業[1]，意常自悔。後太祖親理[2]，得病篤重，使佗專視。佗曰："此近難濟[3]，恒事攻治，可延歲月。"佗久遠家思歸，因曰："當得家書方[4]，欲暫還耳[5]。"到家，辭以妻病[6]，數乞期不反[7]。太祖累書呼[8]，又敕郡縣發遣[9]。佗恃能厭食事[10]，猶不上道。太祖大怒，使人往檢：若妻信病[11]，賜小豆四十斛[12]，寬假限日；若其虛詐，便收送之[13]。於是傳付許獄[14]，考驗首服[15]。荀彧請曰："佗術實工[16]，人命所縣[17]，宜含宥之[18]。"太祖曰："不憂，天下當無此鼠輩耶?"遂考竟佗[19]。佗臨死，出一卷書與獄吏，曰："此可以活人[20]。"吏畏法不受，佗亦不彊，索火燒之。佗死後，太祖頭風未除。太祖曰："佗能愈此。小人養吾病[21]，欲以自重[22]，然吾不殺此子[23]，亦終當不為我斷此根原耳。"及後愛子倉舒病困，太祖歎曰："吾悔殺華佗，令此兒彊死也[24]。"

初，軍吏李成苦欬嗽[25]，晝夜不寤[26]，時吐膿血，以問佗。佗言："君病腸臃[27]，欬之所吐，非從肺來也。與君散兩錢[28]，當吐二升餘膿血，訖，快[29]，自養，一月可小起，好自將愛[30]，一年便健。十八歲當一小發，服此散，亦行復差。若不得此藥，故當死[31]。"復與兩錢散，成得藥去。五六歲，親中人有病如成者[32]，謂成曰："卿今彊健，我欲死，何忍無急去藥[33]，以待不祥？先持貸我，我差，為卿從華佗更索。"成與之。已故到譙[34]，適值佗見收[35]，怱怱不忍從求[36]。後十八歲，成病竟發，無藥可服，以至於死。

［注释］

［1］見：立。《孟子·尽心上》："修身见于世。"赵岐注："见，立也。"

［2］親理：亲自处理国政。

［3］濟：谓治愈。

［4］當：必定。有认为此句应断句为"当得家书，方欲暂还耳"，当为刚刚之意。在范晔的《后汉书·华佗传》中，这段文字作"又去家思归，乃就操求还取方"。据此可见，华佗回家的理由是"求还取方"，而不是"刚刚收到家信"。

［5］暫還：回家短住一些日子。

［6］辭：推托；作为推托之辞。

［7］數（shuò）：多次。乞期：请求（延长）假期。反：同"返"。

［8］書：名词用作动词，写信。

［9］敕（chì）：皇帝诏令。此指曹操以皇帝的名义下诏令。發遣：征发以至遣返。

［10］厭食事：清周寿昌《三国志注证遗》云，"食事即食功。言厌以事取食。厌者，厌为人役也。"食事：吃伺候人的饭，谓以侍奉他人为生。

［11］信：确实，真的。

［12］小豆四十斛：定语后置，即“四十斛小豆”。斛，量词，汉代十斗为一斛，而一斗约今一升。

［13］收：逮捕。《诗·大雅·瞻卬》：“此宜无罪，女反收之。”

［14］傳（zhuàn）：递解，即一站一站地押送犯人。許獄：许昌的监狱。建安元年（196），曹操将东汉都城自洛阳迁至许昌（今属河南）。

［15］考驗：拷打审讯。考，通“拷”。首服：同“首伏”，自首认罪。《东观汉记》卷六：“官人盗者，实时首服，不加鞭棰。”

［16］工：高明。

［17］縣：同“悬”，关联，关系。

［18］含宥（yòu）：宽恕。宥，宽恕，赦免（罪过）。

［19］考竟：在狱中处死。《释名·释丧志》：“狱死曰考竟，考得其情，竟其命于狱也。”

［20］活：使动用法，使……活命。

［21］養：豢养，此谓故意拖延或不予根治。

［22］自重：抬高自己。

［23］子：此犹“小人”。

［24］彊死：死于非命。此指硬是由于无法救治而看着死去，眼睁睁地死去。按，曹操幼子曹冲字仓舒，病死于建安十三年。

［25］苦：为动用法，因……而苦恼。

［26］寤：当作“寐”。入睡。范晔《后汉书·方术列传》作“寐”。

［27］臃：“痈”的异体字，溃烂的毒疮。

［28］散兩錢：定语后置，即“两钱散”。散，散药，散状药。錢：钱匕，古代量取药末的器具。

［29］快：畅快；舒服。

［30］將：将息；调养。愛：保重。

［31］故：通“固”，一定。

［32］人有病如成者：定语后置，即“有病如成之人”。

［33］去：通“弃”，收藏。

［34］已：指病愈。故：特地。

［35］見收：被逮捕。見，被。

［36］怱怱：匆促。亦有认为应为悲哀、忧伤惶惑之意。

廣陵吳普、彭城樊阿皆從佗學。普依準佗治，多所全濟[1]。佗語普曰：

“人體欲得勞動[2]，但不當使極爾[3]。動搖則穀氣得消[4]，血脈流通，病不得生，譬猶戶樞不朽是也。是以古之仙者為導引之事，熊頸鴟顧[5]，引輓腰體[6]，動諸關節，以求難老。吾有一術，名五禽之戲[7]：一曰虎，二曰鹿，三曰熊，四曰猨，五曰鳥。亦以除疾，並利蹄足，以當導引[8]。體中不快，起作一禽之戲，沾濡汗出[9]，因上著粉[10]，身體輕便，腹中欲食。”普施行之，年九十餘，耳目聰明[11]，齒牙完堅。阿善鍼術。凡醫咸言背及胸藏之間不可妄鍼，鍼之不過四分，而阿鍼背入一二寸，巨闕胸藏鍼下五六寸，而病輒皆瘳[12]。阿從佗求可服食益於人者，佗授以漆葉青黏散：漆葉屑一升，青黏屑十四兩，以是為率[13]。言久服去三蟲[14]，利五藏，輕體[15]，使人頭不白。阿從其言，壽百餘歲。漆葉處所而有[16]，青黏生於豐、沛、彭城及朝歌云[17]。

［注释］

［1］多所全濟：主谓倒装，即“所全济多”，意为“保全救治的人很多”。

［2］勞動：运动；活动。

［3］極：过度，过分。爾：罢了。

［4］動搖：活动。穀氣：指饮食水谷。

［5］熊頸鴟（chī）顧：熊頸，《后汉书·方术列传》作“熊经”。李贤曰：“若熊之攀枝自悬也。”頸，通“经”，悬吊。《庄子·刻意》：“吹呴呼吸，吐故纳新，熊经鸟申，为寿而已矣。”鴟（chī）顧：谓头如鹞鹰左右顾盼。李贤曰：“身不动而迴顾也。”熊、鸱，均名词活用作状语。

［6］引輓：伸展；牵引。輓，“挽”的异体字，牵引。

［7］五禽之戲：华佗模仿五种动物姿态而创造的健身操。《南濡楛语》卷六引崔寔《政论》：“熊经鸟伸，虽延历之术，非伤寒之理；呼吸吐纳，虽度纪之道，非续骨之膏。然蒙庄之书已称导引，华佗之伎尤重五禽。倘能习之，亦摄生一法也。”猨：“猿”的异体字。

［8］當（dàng）：代替。

［9］沾濡：沾湿，湿润。

［10］著粉：扑粉、敷粉。可以吸汗爽身。如《伤寒论》大青龙汤方后云：“汗出多者，温粉粉之。”著：同“着”。

［11］耳目聰明：合叙（分承）句，即“耳聪目明”。聰，指视力好。明，指听力好。

［12］瘳（chōu）：病愈。

［13］率（lǜ）：比例，标准。

［14］三蟲：据中医传统理论，指蛔虫、赤虫（姜片虫）及蛲虫等三种人体寄生虫。这里泛指多种寄生虫。三，虚数，谓多。

［15］輕：使动用法，使……轻捷。

［16］處所：到处。

［17］云：句末语气词，表结束，无实意。

课后习题

1. 字词解释

游学、（黄琬）辟、（不）就、且（百岁）、节度、（七八）壮、应（除）、（某）许、行（差）、（共）止、难（其异）、自如常、卒（头眩）、中宿、劳事、（中）间、无赖、卒（可）、向来、（卖）饼、县（车边）、逆（见）、属（使）、瞋恚、不快、寻（差）、食顷、（生鱼）脍、（三）期、伤娠、案（脉）、稍（小差）、多（脊痛）、可（尺所）、（此）近、当（得）、暂（还）、数（乞期）、敕（郡县）、食事、（信）病、（便）收、传（付）、考验、首服、含宥、鼠辈、考竟、强死、将爱、故（当死）、去（药）、劳动、（使）极、熊颈鸱顾、（五）禽、因（上着粉）、（为）率、处所、（朝歌）云

2. 句子翻译

（1）游学徐土，兼通数经。沛相陈珪举孝廉，太尉黄琬辟，皆不就。

（2）即如佗言，立吐蛇一枚，县车边，欲造佗。佗尚未还，小儿戏门前，逆见，自相谓曰："似逢我公，车边病是也。"

（3）于是传付许狱，考验首服。荀彧请曰："佗术实工，人命所县，宜含宥之。"

（4）佗语普曰："人体欲得劳动，但不当使极尔。动摇则谷气得消，血脉流通，病不得生，譬犹户枢不朽是也。"

3. 思考分析

（1）"兼通数经"与"合汤不过数种"两句都有"数"这个词，这两个词在表意上有何不同？

（2）怎样理解"然本作士人，以医见业，意常自悔"？

（3）本文从哪几个方面说明华佗是"人命所县"的人？

（4）华佗因何原因被曹操杀害？

4. 经典背诵

吾有一术，名五禽之戏：一曰虎，二曰鹿，三曰熊，四曰猨，五曰鸟。亦以除疾，并利蹄足，以当导引。

5. 扩展阅读

晋侯求医于秦，秦伯使医和视之。曰："疾不可为也。是谓近女室，疾如蛊。非鬼非食，惑以丧志。良臣将死，天命不佑。"公曰："女不可近乎?"对曰："节之。先王之乐，所以节百事也，故有五节。迟速本末以相及，中声以降。五降之后，不容弹矣。于是有烦手淫声，慆堙心耳，乃忘平和，君子弗听也。物亦如之。至于烦，乃舍也已，无以生疾。君子之近琴瑟，以仪节也，非以慆心也。天有六气，降生五味，发为五色，征为五声，淫生六疾。六气曰阴、阳、风、雨、晦、明也，分为四时，序为五节，过则为菑：阴淫寒疾，阳淫热疾，风淫末疾，雨淫腹疾，晦淫惑疾，明淫心疾。女，阳物而晦时，淫则生内热惑蛊之疾。今君不节不时，能无及此乎?"

出，告赵孟。赵孟曰："谁当良臣?"对曰："主是谓矣。主相晋国，于今八年。晋国无乱，诸侯无阙，可谓良矣。和闻之，国之大臣，荣其宠禄，任其大节，有菑祸兴，而无改焉，必受其咎。今君至于淫以生疾，将不能图恤社稷，祸孰大焉？主不能御，吾是以云也。"赵孟曰："何谓蛊?"对曰："淫溺惑乱之所生也；于文，皿虫为蛊；谷之飞亦为蛊；在《周易》，女惑男、风落山谓之蛊，皆同物也。"赵孟曰："良医也!"厚其礼而归之。(选自《左传·昭公元年》)

要求

(1) 试述文中"物亦如之"的"之"指的是什么？"物亦如之"旨在说明什么事理？

(2) 文中"于文，皿虫为蛊""谷之飞亦为蛊""女惑男、风落山谓之蛊"等句所表达的意义各是什么？

孙思邈传

导读

本文节选自《新唐书·孙思邈传》。作者宋祁（公元998～1061年），字子京，安陆（今属湖北）人，北宋文学家、史学家。官至工部尚书。所作《玉楼春》词中，有名句“红杏枝头春意闹”，后人戏称为“红杏尚书”。他参与编修《新唐书》，负责撰写列传一五零卷。

孙思邈为我国唐代著名的医药学家，他年高德劭，一直坚持在民间行医采药，著书立说，总结了唐以前丰富的医疗实践经验和个人的临诊心得，写成《千金要方》和《千金翼方》两部巨著。他重视医生的技能和道德修养，提倡采用服药和施加针、灸等综合疗法，主张健身养生，晚年尚在研究伤寒学说。这篇传记对上述事迹涉及不多，而是着重记录他与卢照邻的一席对话，从中反映了他的医学思想的某些侧面。第一段简述孙思邈的生平。第二段说明天地自然灾变出于阴阳失常，人的疾病则是由于人体的阴阳失常，经过治疗调整，是可以恢复正常的。第三段提出“心小胆大行方智圆”的原则，对后世的医德修养影响颇深。第四段主张“养生”必先“自慎”，“自慎”则应有所敬畏，生活起居等均应恪守一定的规律。第五段略述他对修撰五家史书的贡献以及遗嘱的要点。

孫思邈，京兆華原人[1]。通百家說，善言老子、莊周[2]。周洛州總管獨孤信見其少[3]，異之，曰：“聖童也[4]，顧器大難為用爾[5]！”及長，居太白山[6]。隋文帝輔政[7]，以國子博士召[8]，不拜[9]。密語人曰：“後五十年有聖人出[10]，吾且助之。”太宗初，召詣京師。年已老，而聽視聰瞭[11]，帝歎曰：“有道者！”欲官之，不受。顯慶中[12]，復召見，拜諫議大夫[13]，固辭。上元元年[14]，稱疾還山。高宗賜良馬，假鄱陽公主邑司以居之[15]。

[注释]

[1] 京兆：原为西汉首都长安行政区域名，为三辅之一，今属西安市辖区。后世遂称京都为京兆。華原：县名，属京兆，今陕西耀县。该县孙原村为孙思邈故里。

[2] 莊周：即庄子，周为其名。

［3］周：指公元 557 年宇文觉建立的北周，至公元 581 年为杨坚取代。洛州：今河南洛阳。總管：都督诸州军事之长官。原称督军、都督，至北周改称总管。凡出镇一方者，称为某州总管。独孤信，即独孤如愿，原为北魏将领，后仕北周，赐名信，封卫国公，不久即为宇文获所逼而自杀。据《北史》及《周书》本传，他于西魏文帝三年（公元 537 年）任大都督，"率众与冯翊王元季海入洛阳"，未任洛州总管。

［4］聖童：犹神童。《后汉书·任延传》："年十二，明《诗》《易》《春秋》，时号圣童。"

［5］"顧器大"句：谓不过才器过于宏大，难以被任用。器，才能。《三国志·诸葛亮传》："亮之器能政理，抑亦管、萧之亚匹也。"

［6］太白山：即终南山。因终年积雪，故名。一说为秦岭山脉中之太乙山。

［7］隋文帝：即杨坚，于公元 579 年至公元 580 年任北周丞相，封隋王，总揽朝政。公元 581 年废北周静帝，取而代之，改国号隋，在位二十四年。

［8］國子博士：学官名，为当时最高教育机构国子学中的教授之官。按，杨坚辅政时，孙氏方降生，所记亦疑有误。

［9］不拜：不接受任命。拜，动词，做官，就职。

［10］聖人：指唐太宗李世民，公元 627 年即位。

［11］視：动词用如名词，眼睛。瞭：明亮。《孟子·离娄上》："胸中正，则眸子瞭焉。"

［12］顯慶：唐高宗李治年号，公元 656 年至公元 660 年。

［13］諫議大夫：官名。属门下省，负责规谏。

［14］上元：亦为唐高宗年号，公元 674 年至公元 676 年。

［15］鄱陽公主邑司：指已故的鄱阳公主之府第。卢照邻《病梨赋序》："癸酉（公元 673 年）之岁，余卧疾长安光德坊之官舍，父老云：是鄱阳公主邑司，昔公主未嫁而卒，故其邑废。时有孙思邈处士居之。"邑司，唐代公主所居之府第，并设有邑司令、丞七人主管家产财赋收支等。

思邈於陰陽、推步、醫藥無不善[1]，孟詵、盧照鄰等師事之[2]。照鄰有惡疾，不可為，感而問曰："高醫愈疾，奈何？"答曰："天有四時五行、寒暑迭居[3]，和為雨，怒為風，凝為霜雪，張為虹蜺[4]，天常數也[5]；人之四支五藏，一覺一寐，吐納往來[6]，流為榮衛，章為氣色[7]，發為音聲，人常數也。陽用其形，陰用其精[8]，天人所同也。失則蒸生熱[9]，否生寒[10]；結為瘤贅，陷為癰疽；奔則喘乏，竭則燋槁[11]；發乎面，動乎形。天地亦然：五緯縮贏[12]，孛彗飛流[13]，其危診也；寒暑不時，其蒸否也；石立土踴，是其瘤贅；山崩土陷，是其癰疽；奔風暴雨其喘乏，川瀆竭涸其燋槁。高醫導以藥石，救以砭劑；聖人和以至德，輔以人事，故體有可愈之疾，天有可振之災[14]。"

[注释]

[1] 推步：谓推算天文历法之学。古人以为日月星辰及昼夜寒暑变化，有似人之步履，可推算而知，故云。《后汉书·冯绲传》："绲弟允……善推步之术。"李贤注："推步，谓究日月五星之度，昏旦节气之差。"又《左传·文公元年》孔颖达疏："日月运行于天，犹如人之行步，故推历谓之步历。"

[2] 孟詵：初唐医药学家，进士及第，官至同州刺史。著有《食疗本草》《补养方》《必效方》等。盧照鄰：初唐文学家，与王勃、杨炯、骆宾王合称"初唐四杰"。

[3] 迭居：交替。《文选·东京赋》："四时迭代。"薛注："迭，更也。"

[4] "和為雨"四句：《史记·天官书》正义："阴阳交感，激为雷电，和为雨，怒为风，乱为雾，凝为霜，散为露，聚为云气，立为虹蜺……。"与此相类。蜺，同"霓"，与虹同时出现而颜色浅淡的副虹。

[5] 常數：常为形容词，不变的、固有的。数为名词，法则、规律。

[6] 吐納往來：指古代养生导引之术。

[7] 章：显示。《淮南子·原道训》："纮宇宙而章三光。"高诱注："章，明也。"

[8] "陽用其形"二句：意为阳之气表现为事物的体态形貌，阴之气表现为事物的作用功能。又，《汉书·翼奉传》："天变见于星气日蚀，地变见于奇物震动。所以然者，阳用其精，阴用其形。犹人之有五藏六体，五藏象天，六体象地。故藏病则气色发于面，体病则欠申动于貌。"《翼奉传》之阴阳谓天地，与此不同。

[9] 蒸：《说文·火部》："火气上行曰蒸。"

[10] 否（pǐ）：闭塞不通。此指阳气不通则阴邪弥漫而生寒证。

[11] 燋：通"焦"。

[12] 五緯：古人以水、火、木、金、土五星为五纬，也叫五星。縮贏：或作"赢缩""盈缩"。《史记·天官书》："其趋而前曰赢，退舍曰缩。"《汉书·天文志》谓："凡五星，早出为赢，晚出为缩。五星赢缩，必有天应见杓也。"

[13] 孛：彗星的一种。《晋书·天文志》："孛星，彗之属也。偏指曰彗，芒气四出曰孛。"

[14] 振：挽救。贾谊《论积贮疏》："大命将泛，莫之振救。"古人以为日月蚀，孛彗现，为天将降祸之预兆，最高统治者应修德行仁政以期解脱免除。

照鄰曰："人事奈何?"曰："心為之君，君尚恭，故欲小。《詩》曰：'如臨深淵，如履薄冰[1]'小之謂也；膽為之將，以果決為務，故欲大。《詩》曰'赳赳武夫，公侯幹城[2]'大之謂也；仁者靜[3]，地之象，故欲方[4]。《傳》曰[5]：'不為利回，不為義疚'方之謂也；智者動，天之象，故欲圓。《易》曰[6]'見機而作，不俟終日'圓之謂也。"

［注释］

［1］"如臨"二句：喻"小心"。见《小雅·小旻》。

［2］"赳赳"二句：见《诗经·周南·免罝》。幹，盾牌。城，城廓。干城指御敌的武器和工具，此处意为勇敢之武士，为公侯之捍卫者，临事不惧，勇往直前，以喻"胆大"。

［3］仁者静：仁德之人性多安静。语见《论语·雍也》。

［4］"地之象"二句：意为仁静之人像大地的气象，所以要方正。

［5］傳：《左传》。以下引文见《昭公三十一年》，意为仁者不会因图谋私利而违礼，也不会因违反正义而内疚。以喻仁者"行方"。回，乖违。《礼记·乐记》："回邪曲直。"孔颖达疏："回，谓乖违。"

［6］易：《周易》，以下引文见《击辞下》。意为智者在事态尚处在隐微不显之萌芽阶段，即能察见，就有所作为，不能坐等终日。《淮南子·主术训》引作"心欲小而志欲大，智欲圆而行欲方"。《旧唐书》本传亦以"胆欲大而心欲小，智欲圆而行欲方"作此段总冒。本为处世为人之格言，孙思邈则引申为医德修养之准则，对后世影响颇大。明代医家李中梓曾以此为题，著文论述，见《医宗必读》卷一。

復問養性之要，答曰："天有盈虛，人有屯危[1]。不自慎，不能濟也，故養性必先知自慎也。慎以畏為本，故士無畏則簡仁義[2]，農無畏則墮稼穡[3]，工無畏則慢規矩[4]，商無畏則貨不殖[5]，子無畏則忘孝，父無畏則廢慈，臣無畏則勳不立，君無畏則亂不治。是以太上畏道[6]，其次畏天，其次畏物，其次畏人，其次畏身。憂於身者不拘於人，畏於己者不制於彼，慎於小者不懼於大，戒於近者不侮於遠。知此則人事畢矣。"

初，魏征等修齊、梁、陳、周、隋等五家史[7]，屢諮所遺[8]，其傳最詳。永淳初卒[9]，年百餘歲。遺令薄葬，不藏明器[10]，祭去牲牢。

［注释］

［1］屯（zhūn）危：安危。与上文"盈虚"相对。《易·序卦》："屯者，盈也。"一说，屯危犹屯厄，谓灾难。如《三国志·管宁传》："行遇屯厄，遭罹疾病。"

［2］簡：简慢；轻忽。

［3］隳（huī）：通“隳”，毁坏。《左传·僖公三十三年》：“堕军实而长寇仇。”杜预注：“堕，毁也。”

［4］慢：轻慢。

［5］殖：增殖。《国语·周语》：“财用蕃殖。”韦昭注：“殖，长也。”

［6］太上：最上。亦作“大上”，此指上智之人。《左传·襄公二十四年》：“太上有立德。”道，指产生天地万物的总根源。

［7］“魏征”句：唐太宗贞观三年（公元629年），下令修撰齐、梁、陈、周、隋五朝史书。魏征当时任秘书监，参预朝政，校定秘府图籍，受命对诸史总加修定，撰《齐书》《梁书》《陈书》《隋书》的总论。

［8］諮：征询。所遗，指齐、梁、陈、周、隋等前代的遗闻旧事。

［9］永淳：唐高宗李治的年号，公元682年至公元683年。

［10］明器：古代以竹、木、陶土等材料制作的随葬器物。《礼记·檀弓下》：“其曰明器，神明之也。涂车刍灵，自古有之，明器之道也。”后世则以纸扎送葬品称“冥器”。《云麓漫钞》卷五：“古之明器，神明之也。今以纸为之，谓之冥器；钱曰冥财。”

课后习题

1. 字词解释

不拜、推步、常数、否（生寒）、五纬、稼穑、简（仁义）、慢（规矩）、太上、明器

2. 句子翻译

（1）天有四时五行、寒暑迭居，和为雨，怒为风，凝为霜雪，张为虹蜺，天常数也。

（2）人之四支五藏，一觉一寐，吐纳往来，流为荣卫，章为气色，发为音声，人常数也。阳用其形，阴用其精，天人所同也。

（3）天有盈虚，人有屯危。不自慎，不能济也，故养性必先知自慎也。

3. 思考分析

如何理解“心为之君，君尚恭，故欲小。《诗》曰：‘如临深渊，如履薄冰’小之谓也；胆为之将，以果决为务，故欲大。《诗》曰‘赳赳武夫，公侯干城’大之谓也；仁者静，地之象，故欲方。《传》曰：‘不为利回，不为义疚’方之谓也；智者动，天之象，故欲圆。《易》曰‘见机而作，不俟终日’圆之谓也。”？

4. 经典背诵

“天有盈虚，人有屯危。不自慎，不能济也，故养性必先知自慎也。慎以畏为

本，故士无畏则简仁义，农无畏则堕稼穑，工无畏则慢规矩，商无畏则货不殖，子无畏则忘孝，父无畏则废慈，臣无畏则勋不立，君无畏则乱不治。是以太上畏道，其次畏天，其次畏物，其次畏人，其次畏身。忧于身者不拘于人，畏于己者不制于彼，慎于小者不惧于大，戒于近者不侮于远。知此则人事毕矣。”

5. 扩展阅读

孙思邈京兆华原人也七岁就学日诵千余言弱冠善谈庄老及百家之说兼好释典洛州总管独孤信见而叹曰此圣童也但恨其器大难为用也周宣帝时思邈以王室多故乃隐居太白山隋文帝辅政乃征为国子博士称疾不起尝谓所亲曰过五十年当有圣人出吾方助之以济人及太宗即位召诣京师嗟其容色甚少谓曰故知有道者诚可尊重羡门广成岂虚言哉将授以爵位固辞不受显庆四年高宗召见拜谏议大夫又固辞不受当时知名之士宋令文孟诜卢照邻等执师资之礼以事焉照邻有恶疾医所不能愈乃问思邈名医愈疾其道何如思邈曰吾闻善言天者必质之于人善言人者亦本之于天天有四时五行寒暑迭代其转运也和而为雨怒而为风凝而为霜雪张而为虹蜺此天地之常数也人有四支五藏一觉一寝呼吸吐纳精气往来流而为荣卫彰而为气色发而为音声此人之常数也阳用其形阴用其精天人之所同也及其失也蒸则生热否则生寒结而为瘤赘陷而为痈疽奔而为喘乏竭而为燋枯诊发乎面变动乎形推此以及天地亦如之故五纬盈缩星辰错行日月薄蚀孛彗飞流此天地之危诊也寒暑不时天地之蒸否也石立土踊天地之瘤赘也山崩土陷天地之痈疽也奔风暴雨天地之喘乏也川渎竭涸天地之燋枯也良医导之以药石救之以针剂圣人和之以至德辅之以人事故形体有可愈之疾天地有可消之灾又曰<u>胆欲大而心欲小智欲圆而行欲方</u>诗曰如临深渊如履薄冰谓小心也赳赳武夫公侯干城谓大胆也不为利回不为义疚行之方也见机而作不俟终日智之圆也（选自《旧唐书·孙思邈传》）

要求

（1）给上文断句。

（2）注释文中加点号的词语。

（3）今译文中加横线的句子。

（4）文意理解：

①“羡门、广成，岂虚言哉”的意思是什么？

②“善言天者，必质之于人；善言人者，亦本之于天”有何含意？《内经》中有何相关论述？

③如何理解“胆欲大而心欲小，智欲圆而行欲方”？

李时珍传

导读

本文选自清代顾景星《白茅堂集》第三十八卷。顾景星（公元 1621 ~ 1687 年），字赤方，号黄公。蕲州（今湖北蕲春县）人。儿时遍读经史，时称圣童。22 岁时因避明末战火而客居江苏昆山，两年后因清军南下而迁居湖北老家，结庐而居，一生以著述为务，直到终老。生平著作极丰富，有《顾学集》《书目》《读史论集》《登楼集》等 13 种，现仅流传《白茅堂集》四十六卷。

李时珍（公元 1518 ~ 1593 年），字东璧，晚年自号濒湖山人，湖北蕲春县蕲州镇东长街之瓦屑坝人，是我国明代伟大的医药学家。历经 27 个寒暑，三易其稿，完成了 192 万字的巨著《本草纲目》，为我国和世界医药学做出了杰出贡献。此外对脉学及奇经八脉也有研究，著述有《奇经八脉考》《濒湖脉学》等多种，《本草纲目》在李时珍死后才刊行。关于李时珍生平事迹的文献很少，顾氏之先人与李家素有交往，李时珍曾从顾景星之曾祖父顾阙交游，所以，顾景星采辑李氏《遗表》，兼补自己所闻，写了这篇简单的传记。内容包括四部分，一是概述李氏出身（三代行医之家）及刻苦读书、弃儒习医、弃官行医、著书等简历；二是陈述李氏《遗表》、编写《本草纲目》的情况；三是简介李氏著述成就；四是作者对李氏的评赞。

李時珍，字東璧，祖某[1]，父言聞[2]，世孝友[3]，以醫為業。時珍生，白鹿入室，紫芝產庭[4]，幼以神仙自命。年十四，補諸生[5]；三試於鄉[6]，不售[7]。讀書十年，不出戶庭，博學，無所弗覸[8]。善醫，即以醫自居。富順王嬖庶孽[9]，欲廢適子[10]。會適子疾，時珍進藥，曰“附子和氣湯[11]”，王感悟，立適。楚王聞之[12]，聘為奉祠[13]，掌良醫所事[14]。世子暴厥[15]，立活之。薦於朝，授太醫院判[16]。一歲告歸，著《本草綱目》。

［注释］

［1］祖某：即祖父某某。因不知具体名字，故以“某”作代称。

［2］父言聞：字子郁，号月池。蕲州名医，著有《四诊发明》《痘疹证治》《人参传》《蕲艾传》等。

［3］世孝友：指李时珍的家庭教育很好，世世代代都具有孝敬父母、友爱兄弟的品德。

［4］白鹿入室，紫芝產庭：这是一种迷信的说法，古人认为白鹿和紫芝的出现象征祥瑞，以此表示李时珍出生不凡。

［5］補諸生：即在县里考上秀才。

［6］三試於鄉：三次参加乡试。明代规定，各县秀才每三年到省城参加一次报考举人的考试，称为乡试。

［7］不售：即“不第”，也就是没有考取。

［8］瞡（guī）：视，细看。这里指阅读。

［9］富顺王嬖庶孽：富顺王，即朱厚焜的封号，他是朱元璋的第八世孙。嬖，爱也。庶孽，即庶子，妾所生子曰庶子。这里是说富顺王特别喜欢妾所生的儿子。

［10］欲廢適子：适，同嫡，正妻所生的儿子叫嫡子。在封建社会里，嫡子有世袭父亲官职的权利，欲废嫡子就是要废除嫡子的世袭权。

［11］附子和氣湯：查《本草纲目》只有附子汤，没有附子和气汤，临床上也无此处方。这里用的是谐音，附子和气汤即父子和气汤，寓有讽谏之意。

［12］楚王：这里指朱英裣，他也是明太祖朱元璋的第八世孙，在湖北武昌世袭楚王。

［13］奉祠：即奉祠正，明代各王府主管祭祀和礼仪的小官。

［14］良醫所：明代各王府的医疗保健机构。

［15］世子暴厥：即王侯正妻所生的长子，因有世袭王侯官爵之权，故称世子。暴厥，指突然得暴病失去知觉。

［16］太醫院判：封建王朝的中央医院叫太医院，主要是为宫廷服务。太医院的主管官叫院使，副主管官叫院判。

年七十六，預定死期[1]，為《遺表》[2]，授其子建元[3]。其略曰：“臣幼苦羸疾[4]，長成鈍椎[5]。惟耽嗜典籍[6]，奮切編摩[7]，纂述諸家，心殫釐定[8]。伏念《本草》一書[9]，關係頗重，謬誤實多，竊加訂正[10]，曆歲三十，功始成就。

“自炎皇辨百穀[11]，嘗眾草，分氣味之良毒，軒轅師岐伯，遵伯高，剖經絡之本標[12]，爰有《神農本草》三卷[13]。梁陶弘景益以注釋[14]，為藥三百六十五[15]。唐高宗命李勣重修[16]，長史蘇恭表請增藥一百一十四[17]。宋太祖命劉翰詳較[18]，仁宗再詔補注[19]，增藥一百。唐慎微合為《證類》[20]，修補諸本，自是指為全書。

夷考其間[21]，瑕疵不少[22]。有當析而混者：葳蕤、女萎二物，併入一條[23]；有當並而析者：南星、虎掌一物，分為兩種[24]。生薑、薯蕷，菜也，而列为草品[25]；檳榔、龍眼，果也，而列木部[26]。八穀，生民之天[27]，不能辨其種類；三菘，日用之蔬[28]，罔克灼其質名[29]。黑豆、赤菽[30]，大小同條；硝石、芒硝，水火混注[31]。蘭花為蘭草，卷丹為百合[32]，寇氏《衍義》之舛謬[33]；黃精即鉤吻[34]，旋花即山薑[35]，陶氏《別錄》之差謬[36]。酸漿、苦膽[37]，草菜重出，掌氏之不審[38]；天花、栝樓[39]，兩處圖形，蘇氏之欠明[40]。五倍子，構蟲窠也[41]，認為木實；大蘋草[42]，田字草也，指為浮萍。似兹不類，不可枚舉。

臣不揣愚陋，僭肆刪述[43]，復者芟[44]，缺者補。如磨刀水、潦水[45]、桑柴火、艾火、鎖陽、山奈[46]、土茯苓、番木鼈[47]、金柑[48]、樟腦、蠍虎、狗蠅[49]、白蠟[50]、水蛇、狗寶[51]，今方所用，而古本則無；三七、地羅[52]、九仙子[53]、蜘蛛香[54]、豬腰子[55]、勾金皮之類[56]，方物土苴[57]，而稗官不載[58]。舊藥一千五百一十八，今增三百七十四。分一十六部，五十二卷。正名為綱，附釋為目，次以集解、辨疑、正誤，詳其出產、氣味、主治。上自墳典[59]，下至稗記，凡有攸關，靡不收掇[60]。雖命醫書，實賅物理[61]。

[注释]

[1] 預定死期：预先估计到死亡的期限。

[2] 遺表："表"是臣属向封建帝王打的报告。"遗表"则是臣子生前写好，死后再呈递给皇帝的报告。

[3] 建元：李时珍的次子，当时任黄州府儒学增广生员。

[4] 羸病：羸，瘦弱。羸病，即瘦弱多病。

[5] 鈍椎：愚笨，指思维迟钝而不聪明。

[6] 耽嗜典籍：耽，沉溺，入迷，喻心之专一于某事。嗜，嗜好，喜欢。这里指特别喜欢读书。

[7] 奮切編摩：摩，揣摩研究之意。决心奋发努力地从事本草的编写和研究。

[8] 心殫釐定：费尽心思加以整理订正。

[9] 伏念：俯伏思考，这是封建社会里对上陈述自己想法的恭敬之词，也写作"伏惟"。

[10] 竊：私自，这是谦称之词。

［11］炎皇辨百穀：炎皇即神农氏，古代有神农氏发明播种百谷（众多谷物）的传说。

［12］本標：树的根干叫本，枝叶叫标，这里指经络的起点和终点。

［13］爰：于是。

［14］陶弘景：梁代医药学家。字通明，著有《神农本草经集注》。

［15］為藥三百六十五：这里指在《神农本草经》的基础上新增加药物365种，大多是魏晋以来名医所用的药物，所以这些新增加部分的内容又叫《名医别录》。

［16］唐高宗命李勣重修：唐高宗，系唐太宗的儿子，名叫李治，公元650年至公元683年在位。李勣：本姓徐，名世勣，字懋功，因有功于唐，封英国公，赐姓李。因避唐太宗李世民之名讳，故改名李勣。李勣奉唐高宗之命主持编修的《新修本草》，也称《英公本草》，共收录药物850种。

［17］長史蘇恭：长史，官名。苏恭，又名苏敬，唐代医药学家，曾与长孙无忌等奉命撰《新修本草》。

［18］宋太祖命劉翰詳較：宋太祖赵匡胤，北宋开国皇帝，公元960年至公元976年在位。宋太祖命令医官刘翰等人对唐本草进行审修，书成之后名曰《开宝复位本草》，简称《开宝本草》，共收录药983种。較：同“校”，即校对或校勘。

［19］仁宗再詔補注：宋仁宗赵祯，北宋第四代皇帝，公元1023年至公元1063年在位。宋仁宗再次命令医官掌禹锡、林亿等人对《开宝本草》进行审订和补注，书成之后定名为《嘉佑补注神农本草》，简称《嘉佑本草》，共收录药1082种。

［20］唐慎微：字审元，北宋著名医药学家。他在《嘉佑本草》和苏颂《本草图经》的基础上，增补新的药物及药方，修成《经史证类备急本草》，简称《证类本草》，共收录药物1746种（根据《明史》的记载为1558种）。

［21］夷：句首语气助词，无具体意义。

［22］瑕疵：即缺点、错误。瑕：玉石上的斑点。疵：毛病。

［23］“葳蕤、女萎”二句：葳蕤，一作萎蕤，即玉竹。《证类本草》却把葳蕤和女萎错误地看成同一种药物而合并为一条加以记载。中药的来源复杂，历史悠久，加之时间的变迁，地区的差异，以及抄写的讹错等原因，同名异种、同种异名的现象普遍存在。有研究认为，《本经》《本经疏证》所载女萎，《吴普本草》所载葳蕤，《别录》《本草经集注》《新修本草》《证类本草》等所载女萎、萎蕤，《本草纲目》《本草崇原》《雷公炮炙论》所载萎蕤，即现代之玉竹；而《药录》《本草纲目》及《新修本草》中所载女萎，则是毛莨科植物女萎。

［24］“南星、虎掌”二句：南星和虎掌是同一植物的两个不同名称，而《开宝本草》却把南星和虎掌误分为两种药物。虎掌外形如虎足，梁陶弘景云“四边

有子如虎掌”，唐苏敬云“四畔有圆芽，看如虎掌，故有此名”。苏颂《图经本草》上的“冀州虎掌”附图与前述文字描述基本吻合，是现存本草文献中最早的虎掌形象，可确定为掌叶半夏。有考证认为《开宝本草》的虎掌来源于天南星科植物掌叶半夏，而天南星的来源是同科天南星属植物。《本草纲目》则认为“南星即本经虎掌也。”即二者为一物，均来源于掌叶半夏。现代用药，虎掌来源于天南星科植物掌叶半夏的干燥块茎，南星来源于天南星科植物天南星、异叶天南星或东北天南星的干燥块茎。

［25］“生薑、薯蕷”二句：薯蓣即山药，是一种健脾补气药物。生姜是一种温中散寒药物。两者均为药食两用。《政和本草》把这两种药物列在草部，《本草纲目》改入菜部。

［26］“檳榔、龍眼”二句：槟榔是槟榔树的成熟种子，可以杀虫。龙眼即桂圆，其假种皮入药，是一种养血药物。《政和本草》将这两种植物列在木部，《本草纲目》改入果部。

［27］八穀生民之天：八谷指黍、稷、稻、粱、禾、麻、菽、麦等，其中菽、麻之类并非谷物。古代有“民以食为天”的说法，喻粮食之重要，所以说“八谷生民之天”。

［28］三菘：菘始载于《名医别录》，为重要的食疗药物之一。历代本草对菘的品种记载十分混乱，有考证认为三菘指芜菁、莱菔和白菜3种常食之蔬菜。

［29］罔克灼其質名：不能明白地弄清3种菘菜的实质和准确名称。

［30］黑豆、赤菽：即黑豆和赤小豆，是豆类中两个不同品种，而《神农本草经》把两者放在同一条叙述。

［31］硝石、芒硝，水火混注：硝石即火硝，主要成分是硝酸钾。芒硝又叫盐硝，主要成分为含水硫酸钠。诸家本草未弄清硝石和芒硝的区别而乱加注释。

［32］蘭花為蘭草，卷丹為百合：把兰花当作兰草，卷丹看成百合。有考证认为，兰草指的是菊科佩兰或泽兰等植物，兰花为百合科植物，二者名称相近；卷丹与百合系同一科属而种不同，外形颇为相似。

［33］寇氏《衍義》之舛謬：寇氏即北宋医药学家寇宗奭（shì），著有《本草衍义》。舛（chuǎn）谬，错误，差错。寇宗奭把兰花与兰草、卷丹与百合等都混同起来，这是他在《本草衍义》中出现的错误。

［34］黄精即鉤吻：把黄精看成钩吻。黄精为百合科植物，无毒，是一种益精润肺的药物；钩吻有大毒，有考证认为，本草钩吻来源复杂，毛茛科毛茛属植物、漆树科野葛、马钱科胡蔓藤、百部科黄精叶钩吻、卫矛科雷公藤属等多种植物，在不同历史时期，均被作为钩吻，也有人认为钩吻系乌头的别名。把黄精看成钩

吻，当时的钩吻可能为百部科黄精叶钩吻，二者外形有相似之处。

［35］旋花即山薑：把旋花和山姜混同起来。旋花即鼓子花，是一种多年生藤蔓植物，有考证认为是旋花科篱天剑；山姜为姜科山姜属植物，《纲目》云："山姜，生南方。叶似姜，花赤色，甚辛；子似草豆蔻，根如杜若及高良姜。"

［36］陶氏《别錄》之差謬：陶氏《别录》即梁陶弘景的《名医别录》。謬：同讹，错误。

［37］酸漿、苦膽：酸浆和苦胆都是挂金灯的别名，因其子酸而苗苦，而得上述两个名称。

［38］掌氏之不審：掌氏即北宋官掌禹锡，他所主持编修的《嘉佑本草》在草部收了酸浆，而在菜部又列苦胆，所以说他不审慎。

［39］天花、栝樓：天花粉和栝楼实是同一植物的根和果实，是两个不同部分。现代将栝楼的果实写作瓜蒌。

［40］蘇氏之欠明：指北宋苏颂的《本草图经》把天花粉和栝楼实绘制成了两种图形。

［41］構蟲窠也：指五倍子蚜虫形成的虫瘿。窠：窠穴。

［42］大蘋草：即苹草，又有田字草、四叶菜、破铜钱等别名。

［43］僭：超越本分。

［44］芟（shān）：删除。

［45］潦水：降雨而成的积水。

［46］山奈：来源于姜科，辛温，无毒，具有行气温中，消食，止痛的作用。

［47］番木鼈：又叫马钱子，苦寒，有大毒，具有通络止痛，散结消肿的作用。

［48］金桔：应为金柑，即金橘。

［49］狗蠅：双翅类昆虫，时珍云："狗蝇生狗身上，状如蝇，黄色能飞。"

［50］白蠟：是雄白蜡虫寄生在白蜡树上所分泌的白色蜡质，能生肌敛疮、止血定痛。

［51］狗寶：狗的胃结石，能降逆、开郁、解毒。

［52］地羅：即锦地罗，主治山岚瘴气及疮毒等。

［53］九仙子：一名仙女娇，蔓生植物，主治咽痛喉痹等。

［54］蜘蛛香：草本植物，其根入药，能辟瘟疫。

［55］豬腰子：蔓生植物，结荚形似猪腰子，主治疮毒及箭伤。

［56］勾金皮：草本植物，能治乳娥（扁桃体发炎）、牙痛、无名肿毒及恶疮等。

［57］方物土苴（jū）：指下贱微细之物。方物即土特产，土苴乃泥土草芥。苴，本指大麻所结的子，故引申为细小之物。

［58］稗官：本指小官，后用于指野史和小说，与下文的“稗记”含义相同。

［59］墳典：古代称三皇（伏羲、神农、黄帝）之书为“三坟”，称五帝（少昊、颛顼、帝喾、尧、舜）之书为“五典”，这里泛指古代文献。

［60］凡有攸關，靡不收掇：凡属有关医药的内容，没有不加以采纳的。攸关：所关。靡：无，没有。掇，拾取。

［61］雖命醫書，實賅物理：虽然名义上是医药学著作，实际上概括着物类的规律和道理。赅：概括，完备。

萬曆中，敕中外獻書[1]。建元以《遺表》進，命禮部謄寫[2]，發兩京、各省布政刊行[3]。

晚年，自號瀕湖山人。又著《薖所館詩》[4]《醫案》[5]《脈訣》[6]《五藏圖論》《三焦客難》《命門考》《詩話》[7]。……詩文他集失傳，惟《本草綱目》行世[8]。搜羅百氏，採訪四方，始於嘉靖壬子[9]，終於萬曆戊寅[10]，凡二十八年而成書。舊本附方二千九百三十五，增千一百六十一[11]。

贊曰：“李公份份[12]，樂道遺榮[13]；下學上達[14]，以師古人；既智且仁，道熟以成[15]。遐以媲之[16]？景純通明[17]。

［注释］

［1］萬曆中，敕中外獻書：万历（公元 1573 ~ 1620 年），明神宗朱翊钧的年号。敕，封建帝王的命令。中外，指京城内外，意指命令全国各地献书。

［2］禮部：礼部是明代主管祭祀礼仪、典章制度和文化教育的中央机关。

［3］發兩京、各省布政刊行：两京即北京和南京。布政，即布政使，明代各省的行政长官叫“布政使”。全句大意是说，命令两京和各省出版《本草纲目》。

［4］薖（kē）所館詩：薖，舒适宽敞之意，薖所馆是李时珍的住所，他在这里所写的《薖所馆诗》没有流传下来。

［5］醫案：又叫《濒湖医案》，已失传。

［6］脈訣：即《脉诀考证》。

［7］《五臟圖論》《三焦客難》《命門考》《詩話》：这些书均已失传。

［8］惟《本草綱目》行世：这句话不确切，因为还有《濒湖脉学》《奇经八脉考》等著作流传至今。

［9］嘉靖壬子：嘉靖，明世宗朱厚熜的年号。嘉靖壬子，即嘉靖三十一年（公元 1552 年）。

［10］萬曆戊寅：即万历六年（公元 1578 年）。

［11］增千一百六十一：这个数字不正确。《本草纲目》附方达 11096 则，几乎等于《证类本草》附方的 4 倍，应改为“增八千一百六十一”。

［12］份份：音意同“彬彬”，即文质彬彬之意。

［13］樂道遺榮：乐于研究医药学术而抛弃荣华富贵。

［14］下學上達：指从下面群众中学到的各种实际知识能够上升为高深的理论阶段。

［15］道熟以成：医道精熟而成就很高。

［16］遐以媲之：遐，何；媲，媲美。意即拿什么人可以和李时珍媲美呢？

［17］景純、通明：景纯即郭璞，字景纯，晋代博物学家，曾注释《尔雅》。通明即陶弘景，字通明，梁代医药学家。

课后习题

1. 字词解释

不售、羸病、钝椎、耽嗜典籍、心殚厘定、窃、本标、瑕疵、潦水、稗官、坟典、遐以媲之

2. 句子翻译

（1）其略曰：“臣幼苦羸疾，长成钝椎。惟耽嗜典籍，奋切编摩，纂述诸家，心殚厘定。伏念《本草》一书，关系颇重，谬误实多，窃加订正，历岁三十，功始成就。

（2）正名为纲，附释为目，次以集解、辨疑、正误，详其出产、气味、主治。上自坟典，下至稗记，凡有攸关，靡不收掇。虽命医书，实赅物理。

3. 思考分析

（1）如何理解“李公份份，乐道遗荣；下学上达，以师古人；既智且仁，道熟以成。遐以媲之？景纯通明”？

（2）李时珍编纂《本草纲目》的原因是什么？《本草纲目》共收药多少种？其体例如何？

4. 经典背诵

李时珍，字东璧，祖某，父言闻，世孝友，以医为业。时珍生，白鹿入室，紫芝产庭，幼以神仙。年十四，补诸生；三试于乡，不售。读书十年，不出户庭，博学，无所弗瞡。善医，即以医自居。富顺王嬖庶孽，欲废适子。会适子疾，时珍进药，曰“附子和气汤”，王感悟，立适。楚王闻之，聘为奉祠，掌良医所事。

世子暴厥，立活之。荐于朝，授太医院判。一岁告归，著《本草纲目》。

5. 扩展阅读

陶弘景，字通明，丹阳秣陵人也。幼有异操。年十岁，得葛洪《神仙传》，昼夜研寻，便有养生之志。谓人曰："仰青云，睹白日，不觉为远矣。"及长，身长七尺四寸，神仪明秀，朗目疏眉，细形长耳。读书万余卷。善琴棋，工草隶。未弱冠，齐高帝作相，引为诸王侍读，除奉朝请。虽在朱门，闭影不交外物，唯以披阅为务。朝仪故事，多取决焉。

永明十年，脱朝服挂神武门，上表辞禄，诏许之，赐以束帛。及发，公卿祖之于征虏亭，供帐甚盛，车马填咽，咸云宋、齐以来，未有斯事。朝野荣之。

始从东阳孙游岳受符图经法。遍历名山，寻访仙药。每经涧谷，必坐卧其间，吟咏盘桓，不能已已。谓门人曰："吾见朱门广厦虽识其华乐而无欲往之心望高岩瞰大泽知此难立止自恒欲就之且永明中求禄得辄差舛若不尔岂得为今日之事岂谓身有仙相亦缘势使之然。"时沈约为东阳郡守，高其志节，累书要之，不至。

弘景为人，圆通谦谨，出处冥会，心如明镜，遇物便了，言无烦舛，有亦辄觉。

永元初，更筑三层楼，弘景处其上，弟子居其中，宾客至其下，与物遂绝，唯一家僮得侍其旁。特爱松风，每闻其响，欣然为乐。有时独游泉石，望见者以为仙人。性好著述，尚奇异，顾惜光景，老而弥笃。尤明阴阳五行，风角星算，山川地理，方图产物，医术本草。着《帝代年历》，又尝造浑天象，云"修道所须，非止史官是用"。高祖既早与之游，及即位后，恩礼逾笃，书问不绝，冠盖相望。

天监四年，移居积金东涧。善辟谷导引之法，年逾八十而有壮容。深慕张良之为人，云"古贤莫比"。曾梦佛授其菩提记，名为胜力菩萨。乃诣鄮县阿育王塔自誓，受五大戒。后太宗临南徐州，钦其风素，召至后堂，与谈论数日而去，太宗甚敬异之。大通初，令献二刀于高祖，其一名养胜，一名成胜，并为佳宝。大同二年，卒，时年八十五。颜色不变，屈申如恒。诏赠中散大夫，谥曰贞白先生，仍遣舍人监护丧事。弘景遗令薄葬，弟子遵而行之。（选自《梁书·列传第四十五处士》）

要求

（1）对文中加点字词进行解释。

（2）断句：吾见朱门广厦虽识其华乐而无欲往之心望高岩瞰大泽知此难立止自恒欲就之且永明中求禄得辄差舛若不尔岂得为今日之事岂谓身有仙相亦缘势使之然。

（3）句子翻译：

①虽在朱门，闭影不交外物，唯以披阅为务。

②时沈约为东阳郡守，高其志节，累书要之，不至。

第二章　序文选

概述

序文，也称“序”“小引”“引”，如今之“序言”“前言”“题记”等。通常用以说明书籍编著或出版的主题、范围、宗旨、经过、价值或意义，以及作者的期许等，也可以是对作品的介绍，或对整个内容的评论，或对某些问题的阐述。行文多为阐发或评论为主。

《汉书·艺文志》序及方技略

导读

本文节选自《汉书·艺文志》。《汉书》为我国第一部纪传体断代史。作者班固（公元32~92年），字孟坚，扶风（今陕西咸阳）人，东汉著名的史学家。《汉书》分十二帝纪、八表、十志、七十列传，全书共一百篇。书中所载史料，汉武帝以前的，大都本于《史记》；武帝以后的，则以其父班彪之《后传》为基础，进一步充实材料，加工整理而撰成。它的史学观点与文学成就虽逊于《史记》，但行文整洁，记事周密，仍不失为一部有价值的作品。故后人往往把《汉书》与《史记》并称。

《艺文志》系据刘向父子之《辑录》《七略》著录而成，后人简称“汉志”，是当时国家藏书的总目，是我国现存最早的目录学文献。总序中，概述秦汉以来图书典籍的播迁经历，记载刘向父子奉诏校书概况。《方技略》分医经、经方、神仙、房中四种。在医经、经方的小序中，分述它们的用途，并反复向医生提示不能“失理”“失宜”。所列书目，现已大都佚失，但从中可窥知当时医学著述已相当丰富，且可分类。最后在《方技略》总序中则对方技的学术渊源、作用等，作了简要的总结，指出它们的作用是“生生之具”，历来受到重视，被列为“王官之一守”。

（一）《漢書·藝文志》序

昔仲尼沒而微言絕[1]，七十子喪而大義乖[2]，故《春秋》分爲五[3]，《詩》分爲四[4]，《易》有數家之傳[5]。戰國從衡[6]，眞僞分爭，諸子之言紛然殽亂[7]。至秦患之，乃燔滅文章[8]，以愚黔首。漢興，改秦之敗[9]，大收篇籍，廣開獻書之路。迄孝武世[10]，書缺簡脫[11]，禮壞樂崩，聖上喟然而稱曰：“朕甚閔焉[12]！”於是建藏書之策[13]，置寫書之官，下及諸子傳說，皆充秘府。至成帝時[14]，以書頗散亡[15]，使謁者陳農求遺書於天下[16]，詔光祿大夫劉向校經傳、諸子、詩賦[17]，步兵校尉任宏校兵書[18]，太史令尹咸校數術[19]，侍醫李柱國校方技[20]。每一書已，向輒條其篇目[21]，撮其旨意[22]，錄而奏之[23]。會向卒，哀帝復使向子侍中奉車都尉歆卒父業[24]。歆於是總群書而奏其《七略》，故有《輯略》[25]，有《六藝略》[26]，有《諸子略》，有《詩賦略》，有《兵書略》，有《術數略》，有《方技略》。今删其要，以備篇籍[27]。

［注释］

［1］仲尼：即孔子，名丘，字仲尼。沒：同“歿”。死亡。微言：精微要妙之言论。

［2］七十子：指孔子门下才德出众的七十余位弟子。据《史记·孔子世家》云，孔门弟子三千，身通六艺有姓名可考的七十二人（一说七十七人），七十系举其成数而言。大義：谓正道，亦谓诸经要义。乖：违背。按，刘歆《移书让太常博士》中曾称：“及夫子没而微言绝，七十子卒而大义乖。”

［3］“《春秋》”句：传注春秋的有五家（即左丘明、公羊高、谷梁赤及邹氏、夹氏，今存前三家）。

［4］《詩》分為四：颜师古作《汉书注》（以下均简称颜注），引韦昭曰：“谓毛氏、齐、鲁、韩。”毛指毛亨；齐指齐人辕固；鲁为鲁人申培；韩是燕人韩婴。今存毛亨一家，世称《毛诗》。

［5］“《易》有”句：据《汉志·六艺略》载，易经有施（雠）、孟（喜）、梁丘（贺）等数家之传。今皆亡佚。

［6］從（zòng）衡：同“纵横”。指战国时各国之间合纵连横错综复杂的政治形势。

［7］諸子：指先秦的各种学术流派。《汉志·诸子略》列有儒、道、阴阳、法、名、墨、纵横、杂、农、小说诸家。

［8］燔（fán）滅文章：据《史记》载，秦始皇三十四年焚书，“非博士官所职，天下敢有藏诗、书、百家语者，悉指守尉杂烧之。”但医药卜筮农书除外。此外，史官所藏史籍除秦纪外，别国史记概行毁没。

［9］改秦之敗：改革秦代之弊政。敗，犹弊。汉初，萧何收秦之图籍；惠帝四年废除挟书之令；汉文帝时诏太常使人从伏生受《尚书》，并设置五经博士，等等。

［10］孝武：指汉武帝刘彻，公元前141年至公元前87年在位。世：代。父子相承为一世。

［11］簡脱：竹简散脱。当时书籍多写于竹木简上，以丝绳编次而成，绳断则简散脱。

［12］閔：忧患；忧虑。《左传·宣公十二年》载“寡君少遭闵凶。”杜预注：“闵，忧也。”《汉书·武帝纪》：元朔五年（公元前124年）夏六月诏曰：“盖闻

导民以礼，风之以乐，今礼坏乐崩，朕甚闵焉。”

［13］策：原指策书，即成编之竹简。此指“策府”，亦作“册府”，古代帝王藏书之府。颜注转引刘歆《七略》云：“外则有太常、太史、博士之藏，内则有延阁、广内、秘室之府。”下文“秘府”即指皇帝藏图籍之处。

［14］成帝：汉成帝刘骜，公元前32年至公元前7年在位。成帝河平三年（公元前26年）八月，令陈农求遗书于天下。

［15］頗：相当地。此偏指颇多。

［16］謁者：官名。掌管接待宾客事宜。其首长为谒者仆射。

［17］光禄大夫：官名。掌顾问应对，无常事，随皇帝所令辨事。刘向（约前77～前6年），沛人，字子政，西汉经学家、文学家及最早的目录学家。奉命校阅群书，编著《别录》（见下文“録而奏之”释义，已佚），并有《洪范五行传》《新序》《说苑》等和辞赋多篇。校：校勘，校雠。《文选·魏都赋》李善注转引《别录》云：“校雠：一人读书，校其上下，得谬误为校。一人持本，一人读书，若怨家相对为雠。”

［18］步兵校尉：汉代官名。掌宿卫兵。

［19］數術：颜师古作《汉书注》，颜注谓“占卜之书”。

［20］侍醫：《隋书·经籍志》引作“太医监”。方技：颜注谓“医药之书”。

［21］條：分条陈述，用如动词。

［22］撮：概括摭取。旨意：指一书之大意。

［23］録而奏之：谓每书校毕，写一叙录并向皇帝呈奏。据余嘉锡《目录学发微·目录释名》：“当时古书多篇卷单行，各本多寡不一。向乃合中外之书，除其重复，定著为若干篇，遂著其篇目以防散佚，……篇目之后又作叙一篇，发明其意，随书奏上。……诸书所载向、歆之奏，亦或谓之叙录。”汇集各书之叙录为一书，即名《别录》。刘向之叙录，今存战国策、管子、晏子、列子、荀子、邓析子、说苑等七篇。

［24］“哀帝”句：侍中奉车都尉，汉代官名，掌御兵舆车，皇帝出巡时则随从奉侍。歆，刘向之子刘歆（？～23年），字子骏，《隋书·经籍志》：“哀帝使歆嗣父之业，乃徙温室（宫殿名）中书于天禄阁上，歆遂总括群篇，撮其旨要，著为七略。”《汉志》即据《七略》而写成。

［25］輯略：颜注，“辑，与集同，谓诸书之总要。”略，概要。据后人研究，《汉志》每略的叙文，即取《辑略》而成。

［26］六藝略：指收集有关六经和史学著作方面的书名目录。六艺指易、诗、书、礼、乐、春秋等六经。

[27]“今刪”二句：颜注，“刪去浮冗，取其指要也。”刪：取，选取。備篇籍，使所收藏的书籍完备。

（二）方技略

《黄帝内經》十八卷　　《外經》三十七卷
《扁鵲内經》九卷　　《外經》十二卷
《白氏内經》三十八卷　　《外經》三十六卷
《旁篇》二十五卷

右醫經七家，二百一十六卷[1]。

醫經者，原人血脈、經落、骨髓、陰陽、表裏[2]，以起百病之本[3]，死生之分，而用度箴石湯火所施[4]，調百藥齊和之所宜[5]。至齊之得[6]，猶慈石取鐵[7]，以物相使。拙者失理，以瘉爲劇[8]，以生爲死。

[注释]

[1] 二百一十六卷：据所记为一百七十五卷，少四十一卷。颜注：“其每略所条家及篇数，有与总凡不同者，转写脱误，年代久远，无以详知。”

[2] 原：推原；追究根源。落：通“络”。《汉书·李寻传》：“落脉通。”颜注：“落，谓经络也。”

[3] 起：阐发；说明。《释名·释言语》：“起，启也。”

[4] 度（duó）：揣度；估量。箴：同“针”。石：谓砭石。颜注：“即石箴也。古者攻病则有砭，今其术绝矣。”所施：所用之治病方法。王念孙认为“所施”上亦当有“之”字，方与下句“调百药齐和之所宜”一例。见《读书杂志》五。

[5] 齊（jì）和：配合协调。

[6] 至齊之得：最好的药剂功效。齊，同“剂”。得，指取得之功效、作用。

[7] 慈石：即磁石。

[8] 爲：治。

《五藏六府痹十二病方》三十卷[1]　　《五藏六府疝十六病方》四十卷[2]
《五藏六府癉十二病方》四十卷[3]　　《風寒熱十六病方》二十六卷
《泰始黄帝扁鵲俞拊方》二十三卷　　《五藏傷中十一病方》三十一卷
《客疾五藏狂顛病方》十七卷　　《金瘡瘲瘛方》三十卷[4]
《婦人嬰兒方》十九卷　　《湯液經法》三十二卷

《神農黄帝食禁》七卷

右經方十一家，二百七十四卷[5]。

經方者[6]，本草石之寒溫，量疾病之淺深，假藥味之滋[7]，因氣感之宜[8]，辯五苦六辛[9]，致水火之齊[10]，以通閉解結，反之於平[11]。及失其宜者，以熱益熱，以寒增寒，精氣内傷，不見於外，是所獨失也。故諺曰："有病不治，常得中醫[12]。"

[注释]

[1] 痹：颜注："风湿之病。"

[2] 疝：颜注："心腹气病。"

[3] 癉（dàn）：颜注："黄病。"黄疸病。

[4] 瘛瘲：颜注："小儿病也。"指小儿四肢抽搐一类的病。王念孙说："师古注瘲音在前，瘛音在后，则瘛瘲当为瘲瘛。"

[5] 二百七十四卷：据所记为二百九十五卷，多二十一卷。

[6] 經方：古代记载医方之书。姚明辉注："经方者，乃上古相传之医方，后世莫能出其范围，故冠以经名也。"或谓久经实践检验的效方，称之为经方。此与"时方"对举之"经方"涵义不同。

[7] 假：借，谓凭借。

[8] 氣感：谓四气感应。

[9] 辯：通"辨"。五苦六辛：指各种药性。具体说法不一，参见《素问·至真要大论》。张从正《儒门事亲》卷二谓："夫五者，五脏也，脏者，里也；六者，六腑也，腑者，表也。病在里者属阴方，宜以苦寒之药涌之泄之。病在表者属阳方，宜以辛温之剂发之汗之。此五苦六辛之意也。颜师古不注，盖阙其疑也。"

[10] 水火之齊：指药性寒凉与温热的药剂。姚明辉以为"制剂有水火之不同。凡药，火制四，煅、煨、炙、炒也；水制三，浸、泡、洗也；水火共制二，蒸、煮也。此制剂各有所宜也。"

[11] 平：调和；正常。《素问·调经论》："神气乃平。"王冰注："平，谓平调也。"

[12] "有病"二句：意为有病与其被庸医误治，不如不治，有时亦能自愈。钱大昭《汉书辨疑》谓："今吴人犹云不服药为中医。"中醫：中等水平的医生。一说为符合医理，中，符合。

《容成陰道》二十六卷[1]　　《務成子陰道》三十六卷[2]

《堯舜陰道》二十三卷　　《湯盤庚陰道》二十卷[3]
《天老雜子陰道》二十五卷[4]　　《天一陰道》二十四卷[5]
《黄帝三王養陽方》二十卷　　《三家内房有子方》十七卷

右房中八家，百八十六卷[6]。

房中者，情性之極，至道之際[7]，是以聖王制外樂以禁内情[8]，而爲之節文[9]。《傳》曰[10]：“先王之作樂，所以節百事也。”樂而有節，則和平壽考[11]。及迷者弗顧，以生疾而殞性命。

[注释]

[1] 容成：相传为黄帝的大臣，历法的发明者。陰道：指房中术。

[2] 務成子：即务成昭，舜的老师。

[3] 湯盤庚：湯与盘庚均为殷商君主。汤即武王，为商朝开国君主，盘庚为殷商中兴之主。

[4] 天老：相传为黄帝辅臣。

[5] 天一：即天乙。商朝开国君主汤之名。

[6] 百八十六卷：所记为一百九十一卷，多五卷。

[7] 際：会合。

[8] 外樂：外在的音乐。内情：自身情欲。

[9] 節文：制定礼仪。

[10] 傳：指《左传》。

[11] 和平壽考：气血平和，寿命长久。考，老。

《宓戲雜子道》二十篇[1]　　《上聖雜子道》二十六卷
《道要雜子》十八卷　　《黄帝雜子步引》十二卷
《黄帝岐伯按摩》十卷　　《黄帝雜子芝菌》十八卷
《黄帝雜子十九家方》二十一卷　　《泰壹雜子十五家方》二十二卷[2]
《神農雜子技道》二十三卷　　《泰壹雜子黄治》三十一卷[3]

右神僊十家[4]，二百五卷[5]。

神僊者，所以保性命之真，而遊求於外者也[6]。聊以盪意平心[7]，同生死之域[8]，而無怵惕於胷中[9]。然而或者專以爲務，則誕欺怪迂之文彌以增多[10]，非聖王之所以教也。孔子曰：“索隱行怪，後世有述焉，吾不爲之矣[11]。”

［注释］

［1］宓戲：即伏羲。雜子道：神仙家修身养性以求长生的方法。

［2］泰壹：即泰一，天神名。

［3］黄冶：冶炼丹砂之法。

［4］神僊：指神仙家养生术。僊，“仙”的异体字。

［5］二百五卷：所记为二百一卷，少四卷。

［6］遊求於外：指向身外大自然广求养生之道。

［7］盪意平心：净化意念，平定心神。盪，“荡”的异本字，洗涤。

［8］同生死之域：认为生死的境界相同。

［9］怵惕：恐惧。胷，“胸”的异体字。

［10］迂：迂曲。不切合实际。

［11］“索隱”三句：语见《礼记·中庸》。索隐行怪，谓求阴暗之事，行怪异之道。述，遵循。

凡方技三十六家，八百六十八卷[1]。

方技者，皆生生之具[2]，王官之一守也[3]。太古有岐伯、俞拊，中世有扁鵲、秦和，蓋論病以及國，原診以知政[4]。漢興有倉公。今其技術晻昧[5]，故論其書，以序方技爲四種[6]。

［注释］

［1］“凡方技”二句：按照四类书籍的实际统计，为三十六家，八百六十二卷，少六卷。

［2］生生之具：使生命长生不息之工具。

［3］王官之一守：天子之官中的一种职守。王官：天子之官，王朝之职官。按，如《周礼·天官》之医师，秦汉之太医令、侍医，皆可视为王官之一。

［4］“論病”二句：意为高明之医诊察分析国君之疾病，可推谕及政情国事。参见本书《秦医缓和》。又《国语·晋语四》：“上医医国，其次疾人，固医官也。”

［5］晻昧：湮没，埋没。晻，“暗”的异体字。

［6］序：依次排列。四種：《方技略》中共列医经、经方、房中、神仙四种。

课后习题

1. 字词解释

艺文、微言、传、燔、黔首、书缺简脱、喟然、策、写、官、传说、遗书、经传、数术、方技、卒、删、篇籍、箴石汤火、齐和、以物相使、瘀瘀、右、五苦六辛、水火之齐、生生之具、守、原诊以知政、晻昧。

2. 句子翻译

（1）医经者，原人血脉、经落、骨髓、阴阳、表里，以起百病之本，死生之分，而用度箴石汤火所施，调百药齐和之所宜。至齐之得，犹慈石取铁，以物相使。拙者失理，以愈为剧，以生为死。

（2）经方者，本草石之寒温，量疾病之浅深，假药味之滋，因气感之宜，辩五苦六辛，致水火之齐，以通闭解结，反之于平。及失其宜者，以热益热，以寒增寒，精气内伤，不见于外，是所独失也。

3. 思考分析

为什么故谚曰："有病不治，常得中医"？

4. 经典背诵

（1）医经者，原人血脉、经落、骨髓、阴阳、表里，以起百病之本，死生之分，而用度箴石汤火所施，调百药齐和之所宜。至齐之得，犹慈石取铁，以物相使。拙者失理，以愈为剧，以生为死。

（2）经方者，本草石之寒温，量疾病之浅深，假药味之滋，因气感之宜，辩五苦六辛，致水火之齐，以通闭解结，反之于平。及失其宜者，以热益热，以寒增寒，精气内伤，不见于外，是所独失也。故谚曰："有病不治，常得中医。"

5. 扩展阅读

夫释缚脱艰，全真导气，拯黎元于仁寿，济羸劣以获安者，非三圣道，则不能致之矣。孔安国序《尚书》曰："伏羲、神农、黄帝之书，谓之三坟，言大道也。"班固《汉书·艺文志》曰："《黄帝内经》十八卷。"《素问》即其经之九卷也，兼《灵枢》九卷，乃其数焉。虽复年移代革，而授学犹存；惧非其人，而时有所隐，故第七一卷，师氏藏之；今之奉行，惟八卷尔。然而其文简，其意博，其理奥，其趣深。天地之象分，阴阳之候列，变化之由表，死生之兆彰。不谋而遐迩自同，勿约而幽明斯契。稽其言有征，验之事不忒。诚可谓至道之宗，奉生之始矣。

假若天机迅发，妙识玄通。蒇谋虽属乎生知，标格亦资于诂训，未尝有行不由径、出不由户者也。然刻意研精，探微索隐，或识契真要，则目牛无全，故动则有成，犹鬼神幽赞，而命世奇杰，时时间出焉。则周有秦公，汉有淳于公，魏有张公、华公，皆得斯妙道者也。咸日新其用，大济蒸人。华叶递荣，声实相副。盖教之着矣，亦天之假也。

冰弱龄慕道，夙好养生。幸遇真经，式为龟镜。而世本纰缪，篇目重叠，前后不伦，文义悬隔。施行不易，披会亦难。岁月既淹，袭以成弊。或一篇重出，而别立二名；或两论并吞，而都为一目；或问答未已，别树篇题；或脱简不书，而云世阙。重《经合》而冠《针服》，并《方宜》而为《欬篇》；隔《虚实》而为《逆从》，合《经络》而为《论要》；节《皮部》为《经络》，退《至教》以先《针》。诸如此流，不可胜数。且将升岱岳，非径奚为？欲诣扶桑，无舟莫适。乃精勤博访，而并有其人。历十二年，方臻理要，询谋得失，深遂夙心。时于先生郭子斋堂，受得先师张公秘本，文字昭晰，义理环周，一以参详，群疑冰释。恐散于末学，绝彼师资，因而撰注，用传不朽。兼旧藏之卷，合八十一篇二十四卷，勒成一部。冀乎究尾明首，寻注会经，开发童蒙，宣扬至理而已。

其中简脱文断，义不相接者，搜求经论所有，迁移以补其处；篇目坠缺，指事不明者，量其意趣，加字以昭其义；篇论吞并，义不相涉，阙漏名目者，区分事类，别目以冠篇首；君臣请问，礼仪乖失者，考校尊卑，增益以光其意。错简碎文，前后重叠者，详其指趣，削去繁杂，以存其要；辞理秘密，难粗论述者，别撰《玄珠》，以陈其道。凡所加字，皆朱书其文，使今古必分，字不杂糅。庶厥昭彰圣旨，敷畅玄言，有如列宿高悬，奎张不乱，深泉净滢，鳞介咸分。君臣无夭枉之期，夷夏有延龄之望。俾工徒勿误，学者惟明，至道流行，徽音累属，千载之后，方知大圣之慈惠无穷。

时大唐宝应元年岁次壬寅序。（选自《重广补注黄帝内经素问》）

要求

（1）试述整理《素问》的原因。

（2）简述整理校正的具体做法有哪些？

《伤寒论》序

导读

本文选自《伤寒论》，据明代赵开美本排印。作者张机（约公元150~219年），字仲景，南郡涅阳（今河南南阳）人，相传曾任长沙太守，故又称“张长沙”，是东汉末年与华佗齐名的著名医学家。著有《伤寒杂病论》，是我国临床医学的奠基性经典巨著。

这篇序文实为《伤寒杂病论》的序文，因《伤寒杂病论》后来分为《伤寒论》和《金匮要略》二书而各自流传，序文则置于《伤寒论》前，故名。序中除交代了撰写《伤寒杂病论》的原因、经过和目的等内容之外，特别从医学独有的价值出发，痛切地批评了当时的“居世之士”轻视医药、追逐名利的错误行为和医生们学术上狭隘自足、治病时不负责任的恶劣习气，指出医生应当努力做到“才高识妙”，掌握医学的精髓，以济世救人。

余每覽越人入虢之診，望齊侯之色，未嘗不慨然歎其才秀也[1]！怪當今居世之士，曾不留神醫藥[2]，精究方術，上以療君親之疾，下以救貧賤之厄，中以保身長全，以養其生，但競逐榮勢，企踵權豪[3]，孜孜汲汲[4]，惟名利是務[5]，崇飾其末，忽棄其本，華其外而悴其內[6]。皮之不存[7]，毛將安附焉[8]？卒然遭邪風之氣[9]，嬰非常之疾[10]，患及禍至，而方震栗[11]；降志屈節[12]，欽望巫祝[13]；告窮歸天[14]，束手受敗。賫百年之壽命[15]，持至貴之重器[16]，委付凡醫，恣其所措。咄嗟[17]！嗚呼！厥身已斃[18]，神明消滅[19]，變爲異物[20]，幽潛重泉[21]，徒爲啼泣[22]。痛夫！舉世昏迷[23]，莫能覺悟，不惜其命，若是輕生，彼何榮勢之云哉[24]！而進不能愛人知人[25]，退不能愛身知己[26]，遇災值禍，身居厄地，蒙蒙昧昧，惷若遊魂[27]。哀乎！趨世之士，馳競浮華，不固根本，忘軀徇物[28]，危若冰谷[29]，至於是也！

［注释］

［1］歎：赞叹。秀：出众，高超。

［2］曾（zēng）：竟然。

［3］企踵（zhǒng）：踮起脚跟，指仰慕。

［4］孜孜汲汲：贪求不已、迫不及待的样子。

［5］惟名利是務：宾语前置，即“惟务名利”。務，追求，追逐。

［6］華、悴：均使动用法，使……华丽，使……衰敝。内：指身体。

［7］“皮之不存”二句：语出《左传·僖公十四年》，这里藉以比喻身体对人的根本意义。

［8］安附：宾语前置，即“附安”。安，哪里，什么地方。

［9］卒：通“猝”，突然。邪風之氣：又称“虚邪贼风”，指乘虚伤人的外来邪气。

［10］嬰：触，缠绕。引申为感受，遭受。

［11］栗：通“慄”，发抖。

［12］降志：谓降低身份。屈節：失去尊严。

［13］巫祝：即巫师，替人向鬼神祈祷求福的人。一说巫术和祈祷。

［14］告窮歸天：谓办法用尽仍无济于事，只得归于天命。

［15］賫（jī）：持，拿着。

［16］重器：喻身体。

［17］咄嗟（duōjiē）：表痛心、悲叹的感叹词。

［18］厥：其，他们。

［19］神明：指人的精神。

［20］異物：原指尸体，此指鬼魂。《史记·贾生传》：“化为异物兮，又何足患！”《索隐》：“谓死而形化为鬼，是为异物也。”

［21］幽潛重（chóng）泉：到深深的黄泉之下去苦苦度日。重泉，即九泉、黄泉，阴曹地府。

［22］徒：徒然，白白地。

［23］昏迷：谓糊涂且执迷不悟。

［24］何榮勢之云：宾语前置，即“云何荣势”。云，谈论。

［25］進：进身，指求仕为官。

［26］退：谓退隐为民。

［27］遊魂：漫无目的、随处飘荡的鬼魂，此犹“行尸走肉”。

［28］徇物：谓追求名利地位等。物，指名利地位等身外之物。

［29］冰谷：“履薄冰、临于谷”之省，喻危险的境地。语本《诗经·小雅·小宛》：“惴惴小心，如临于谷，如履薄冰。”

余宗族素多，向餘二百。建安紀年以來[1]，猶未十稔[2]，其死亡者，三分有二，傷寒十居其七。感往昔之淪喪[3]，傷橫夭之莫救[4]，乃勤求古訓[5]，博采衆方，撰用《素問》《九卷》《八十一難》《陰陽大論》《胎臚藥録》[6]，並平脈辨證[7]，爲《傷寒雜病論》合十六卷。雖未能盡愈諸病，庶可以見病知源[8]。若能尋余所集[9]，思過半矣[10]。

［注释］

［1］建安：汉献帝刘协的年号（公元196～219年）。

［2］稔（rěn）：年。

［3］感：为动用法，为……而悲伤。淪喪：谓家族的衰落与人口的丧亡。

［4］傷：同上句“感”。橫夭：指暴死与夭折的人。突遭意外而死为横，未成年而死为夭。

［5］古訓：古代圣贤留下的经典著述，此指古代流传下来的医学经典著作。

［6］撰用：写东西时选择参用。撰，通“选”。《九卷》：《灵枢经》的古名之一。《八十一难》：《难经》的别称。《陰陽大論》《胎臚藥録》：均古医经名，早佚。

［7］並：结合。平：通“辨”。

［8］庶：也许，或许。

［9］尋：探求。

［10］思過半：大部分领悟掌握（《伤寒杂病论》的内容），语出《周易·系辞下》。

夫天布五行，以運萬類；人稟五常[1]，以有五藏。經絡府俞[2]，陰陽會通[3]，玄冥幽微[4]，變化難極。自非才高識妙[5]，豈能探其理致哉！上古有神農、黃帝、岐伯、伯高、雷公、少俞、少師、仲文，中世有長桑、扁鵲，漢有公乘陽慶及倉公[6]。下此以往，未之聞也。觀今之醫，不念思求經旨，以演其所知[7]；各承家技，終始順舊；省病問疾，務在口給[8]；相對斯須[9]，便處湯藥。按寸不及尺，握手不及足[10]；人迎趺陽[11]，三部不參[12]；動數發息[13]，不滿五十。短期未知決診[14]，九候曾無髣髴[15]；明堂闕庭[16]，盡不見察，所謂窺管而已[17]。夫欲視死別生[18]，實爲難矣！

［注释］

［1］五常：指五行的常气，即五行生克不已的永恒特性。常，恒。参见《素问·五常政大论》。

［2］府俞：分别为经气会聚之处和脉气灌注之处，这里泛指腧穴。俞，通“腧”。

［3］陰陽：指气血。

［4］玄冥幽微：玄妙深奥。

［5］自：如果。

［6］公乘陽慶：西汉名医，仓公的师傅。仓公：姓淳于，名意，西汉名医。仓公与公乘阳庆的事迹，详《史记·扁鹊仓公列传》。

［7］演：推衍；扩大。

［8］口給（jǐ）：犹口辩，谓口才敏捷，善于应辩。此谓以善辩的口才对付病人，即“口头应付”的意思。

［9］相：有指代作用的特殊副词，指其后动词涉及的对象，此指病人。斯須：片刻，不大一会儿。

［10］“按寸不及尺”二句：谓诊脉时只诊察寸部之脉而不诊察尺部之脉，或只诊察手部之脉而不诊察足部之脉。手，指寸口之脉。足，指下句所谓趺阳脉。

［11］人迎趺陽：均上古诊脉的部位。人迎在颈部喉结两侧动脉应手处，趺阳在在足背前胫动脉应手处。

［12］三部：指手腕部寸口的脉象。寸口有寸、关、尺三部，故云。一说指上部人迎、中部寸口、下部趺阳三部的脉象。

［13］動數：脉动的次数。發息：调节呼吸。

［14］短期：病危将死之时。

［15］九候：九部的脉象。依《素问·三部九候论》，为上部的两额、两颊与耳前，中部的寸口、合谷与神门，下部的内踝后、大趾内侧、大趾与次趾之间等九处之脉。依《难经·十八难》，则为寸口的寸、关、尺三部以浮、中、沉取时之脉。髣髴：“仿佛”的异体字，此谓模糊的印象。

［16］明堂：指鼻子，为望诊的基准部位。下文的“闕”“庭”，亦望诊的重要部位。闕：指眉间。庭：指前额。

［17］窺管：“以管窥天”之意，喻见识片面，狭隘。

［18］視死别生：判别生死。

孔子云：生而知之者上，學則亞之[1]。多聞博識，知之次也[2]。余宿尚方術，請事斯語[3]。

［注释］

［1］“生而知之者上”二句：语本《论语·季氏》，“生而知之者，上也；学

而知之者，次也。”上：指上等智慧的人。亞：次于。

［2］“多聞博識”二句：语本《论语·述而》，“多闻，择其善者而从之，多见而识之，知之次也。”識（zhì）：记。

［3］請：副词，表自谦，意为“请允许我”。斯語：指上文的“学”和“多闻博识”。斯，这些。

课后习题

1. 字词解释

未尝、叹、亲、贫贱、厄、企踵、孜孜汲汲、婴、降志屈节、告穷归天、赍、重器、异物、幽潜重泉、游魂、冰谷、稔、横夭、思过半、府俞、玄冥幽微、口给、斯须、动数发息、短期、堂阙庭、学则亚之、多闻博识、五常、请事斯语。

2. 句子翻译

（1）怪当今居世之士，曾不留神医药，精究方术，上以疗君亲之疾，下以救贫贱之厄，中以保身长全，以养其生，但竞逐荣势，企踵权豪，孜孜汲汲，惟名利是务，崇饰其末，忽弃其本，华其外而悴其内。

（2）痛夫！举世昏迷，莫能觉悟，不惜其命，若是轻生，彼何荣势之云哉！而进不能爱人知人，退不能爱身知己，遇灾值祸，身居厄地，蒙蒙昧昧，惷若游魂。

（3）趋世之士，驰竞浮华，不固根本，忘躯徇物，危若冰谷，至于是也！

3. 思考分析

怎样理解“观今之医，不念思求经旨，以演其所知；各承家技，终始顺旧；省病问疾，务在口给；相对斯须，便处汤药。”这段话。

4. 经典背诵

余每览越人入虢之诊，望齐侯之色，未尝不慨然叹其才秀也！怪当今居世之士，曾不留神医药，精究方术，上以疗君亲之疾，下以救贫贱之厄，中以保身长全，以养其生，但竞逐荣势，企踵权豪，孜孜汲汲，惟名利是务，崇饰其末，忽弃其本，华其外而悴其内。皮之不存，毛将安附焉？卒然遭邪风之气，婴非常之疾，患及祸至，而方震栗；降志屈节，钦望巫祝；告穷归天，束手受败。赍百年之寿命，持至贵之重器，委付凡医，恣其所措。咄嗟！呜呼！厥身已毙，神明消灭，变为异物，幽潜重泉，徒为啼泣。痛夫！举世昏迷，莫能觉悟，不惜其命，若是轻生，彼何荣势之云哉！而进不能爱人知人，退不能爱身知己，遇灾值祸，身居厄地，蒙蒙昧昧，惷若游魂。哀乎！趋世之士，驰竞浮华，不固根本，忘躯徇物，危若冰谷，至于是也！

5. 扩展阅读

昔者农皇之治天下也，尝百业，立九候，以正阴阳之变沴，以救性命之昏札，俾厥土宇，用能康宁，广矣哉！洎周之王，亦有冢卿，格于医道，掌其政令，聚毒药以供其事焉。岁终稽考而制其食，十全为上，失四下之。我国家率由兹典，动取厥中，置医学，颁良方，亦所以极元气之和也。夫圣人之德，又何以加于此乎？故三代常道，百王不易，又所从来者远矣。自雷、岐、仓、缓之作，彭、扁、华、张之起，迨兹厥后，仁贤间出。岁且数千，方逾万卷，专车之不受，广厦之不容。然而载祀绵远，简编亏替，所详者虽广，所略者或深。讨简则功倍力烦，取舍则论甘忌苦。永言笔削，未暇尸之。

余幼多疾病，长好医术。遭逢有道，遂蹑亨衢。七登南宫，两拜东掖，便繁台阁二十余载，久知弘文馆图籍方书等。繇是覩奥升堂，皆探其秘要。以婚姻之故，贬守房陵，量移大宁郡，提携江上，冒犯蒸暑，自南徂北，既僻且陋，染瘴婴痾，十有六七。死生契阔，不可问天。赖有经方，仅得存者。神功妙用，固难称述。遂发愤刊削，庶几一隅。凡古方纂得五六十家，新撰者向数千百卷，皆研其总领，核其指归。近代释僧深、崔尚书、孙处士、张文仲、孟同州、许仁则、吴升等十数家，皆有编录，并行于代。美则美矣，而未尽善。何者？各擅风流，递相矛盾。或篇目重杂，或商较繁芜。今并味精英，钤其要妙，俾夜作昼，经之营之。捐众贤之砂砾，掇群才之翠羽，皆出入再三，伏念旬岁。上自炎昊，迄于圣唐，括囊遗阙，稽考隐秘，不愧尽心焉。

客有见余此方曰："嘻，博哉！学乃至于此耶！"余答之曰："吾所好者，寿也，岂进于学哉！至于遁天倍情，悬解先觉，吾常闻之矣。投药治疾，庶几有瘳乎！"又谓余曰："禀生受形，咸有定分，药石其如命何？"吾甚非之。请论其目："夫喜怒不节，饥饱失常，嗜欲攻中，寒温伤外，如此之患，岂由天乎？夫为人臣、为人子，自家刑国，由近兼远，何谈之容易哉？则圣人不合启金滕，贤者曷为条玉版？斯言之玷，窃为吾子羞之。"客曰："唯唯。"

呜呼！齐梁之间，不明医术者，不得为孝子。曾闵之行，宜其用心。若不能精究病源，深探方论，虽百医守疾，众药聚门，适足多疑，而不能一愈之也。主上尊贤重道，养寿祈年，故张王李等数先生继入，皆钦风请益，贵而遵之。故鸿宝金匮、青囊绿帙，往往而有，则知日月所照者远，圣人所感者深。至于啬神养和、休老补病者，可得闻见也。余敢采而录之，则古所未有，今并缮缉，而能事毕矣。若乃分天地至数，别阴阳至候，气有余则和其经渠以安之，志不足则补其复溜以养之，溶溶液液，调上调下，吾闻其语矣，未遇其人也。不诬方将，请俟来哲。

其方凡四十卷，名曰《外台秘要方》。非敢传之都邑，且欲施于后贤。如或询谋，亦所不隐。是岁天宝十一载，岁在执徐月之哉生明者也。(选自《外台秘要》序)

要求

(1) 作者在《外台秘要》序中哪些观点与张仲景在《伤寒杂病论》序的观点相一致？

(2) 作者编写《外台秘要》的取舍原则和目的是什么？

《雷公炮炙论》序

导读

本文选自《雷公炮炙论》。作者雷敩（xiào），南朝刘宋时医药学家，生活在公元5世纪。所著《炮炙论》（又称《雷公炮炙论》）三卷，成书于南北朝刘宋时期，为我国最早的中药炮制学专著。全面总结了南北朝刘宋时期以前的中药炮制技术和经验，是中国历史上对中药炮制技术的第一次大总结，初步奠定了炮制学基础，使中药炮制成为一门学科。

《雷公炮炙论》原书已佚，其佚文多存于《经史证类备急本草》中，据统计多达240余条。清末张骥所辑《雷公炮炙论》为此书最早辑佚本，收录佚文180余条。现代中医文献学家尚志钧所辑《雷公炮炙论》，计收载原书药物288种，校注详尽，书后附研究论文数篇，代表了当代《雷公炮炙论》辑佚、研究的最高水平。

若夫世人使藥，豈知自有君臣；既辯君臣，寧分相制。只如栨毛今鹽草也沾溺，立銷[1]班[2]腫之毒；象膽揮黏[3]，乃知藥有情異。鮭魚[4]插樹，立便[5]乾枯；用狗塗之以犬膽灌之，插魚處立如故也，卻當榮盛。無名無名異，形似玉柳石[6]，又如石灰[7]，味別止楚[8]，截指而似去甲毛。聖石[9]開盲，明目而如雲離日。當歸止血、破血，頭尾效各不同頭止血，尾破血。蕤子熟生，足睡、不眠立据。弊箄淡鹵[10]常使者甑中箄，能淡鹽味，如酒沾交[11]今蜜枳，繳枝，又云交加枝。鐵遇神砂，如泥似粉。石經鶴糞，化作塵飛。栨見橘，花似髓。斷弦[12]折劍[13]，遇鸞血而如初以鸞血煉作膠，粘折處，鐵物永不斷。海竭江枯，投游波燕[14]於是也，而立泛。令鉛[15]拒火，須仗修天今呼為補天石。如要形堅，豈忘紫背[16]有紫背天葵，如常食葵菜，只是背紫面青，能堅鉛形。留砒住鼎，全賴宗心別有宗心草，今呼石竹，不是食[17]者棕[18]，恐誤。其草出欵[19]州，生處多蟲獸。雌得芹花其草名為立起，其形如芍藥，花色青，可長三尺以[20]來，葉上黃班色，味苦澀，堪用，煮雌黃立住火，立便成庚[21]；硇遇赤須[22]其草名赤須，今呼為虎須草，是用煮硇砂，即生火驗，水[23]留金鼎。水中生火，非猾[24]髓而莫能海中有獸，名曰猾，以髓入在油中，其油沾水，水中火生，不可救之。用酒噴之即煖[25]。勿於屋下收。長齒生牙，賴雄鼠之骨末其齒若折，年多不生者，取雄鼠脊骨作末，揩折處，齒立生如故。發眉墮落，塗半夏而立生眉發墮落者，以生半夏莖煉[26]之取涎，塗發落處立生；目辟眼𥌒[27]，有五花而自正五加皮是也。其葉有雄雌，三葉為雄，五葉為雌，須使五葉者，作末，酒浸飲之，其目𥌒者正。腳生肉枤[28]，裩系菪根腳有肉枤者，取莨菪根於裩帶上系之，感應永不痛。囊皺旋[29]多，夜煎竹木多小便者，夜煎萆薢一件[30]服之，永不夜起也。體寒腹大，全賴鸕鷀若患腹大如鼓，米飲調鸕鷀末服，立枯如故也。血泛經過，飲調瓜[31]子甜瓜子內仁搗作末，去油，飲調服之，立絕。咳逆數數，酒服熟雄天雄炮[32]過，以酒調一錢匕[33]服，立定也。遍體疹[34]風，冷調生側附子旁生者曰側子，作末冷酒服，立差[35]也。腸虛瀉痢，須假[36]草零搗五倍子作末，以熟水[37]下之，立止也。久渴心煩，宜投竹瀝。除癥去塊，全仗硝[38]硇硝硇即硇砂、硝石二味，於乳缽中研作粉，同煆了，酒服，神效也。益食加觴[39]，須煎蘆樸不食者，並飲酒少者，煎逆水蘆根並厚樸二味湯服。強筋健骨，須是蓯鱔[40]蓯蓉並鱔魚二味，作末，以黃精汁丸服之，可力倍常十也，出《乾寧記》宰[41]。駐色延年，精[42]蒸神錦[43]出顏色，服[44]黃精自然汁，拌細研神錦，于柳木甑中蒸七日了，以木[45]蜜[46]丸服，顏貌[47]可如幼女之容色也。知瘡所在，口點陰膠陰膠即是甑中氣垢，少許於口中，即[48]知藏[49]腑所起，直徹至住處知痛，足可醫也。產後肌浮，甘皮酒服產後肌浮，酒服甘皮立愈。口瘡舌坼，立愈黃蘇[50]口瘡舌坼，以根黃塗蘇炙作末，含之立瘥。腦痛欲亡，鼻投硝末頭痛者，以硝石作末納鼻中，立止。心痛欲死，速覓延胡以延胡索作散，酒服之，立愈也。如斯百種，是藥之功。某忝遇明時，謬看醫理，雖尋聖法，難可窮微。略陳藥餌之功能，豈溺仙人之要術？其製藥炮、熬、煮、炙，不能記年月哉！欲審元由，須看海集。某不量短見，直錄炮、熬、煮、炙，列藥制方，分為上中下三卷，有三百件名，具陳於後。

[注释]

[1] 銷：通“消”。

[2] 班：《本草纲目》作“斑”，互为通假字。

[3] 象膽揮黏：据《本草纲目》记载，象胆明目，能去尘膜。

[4] 鮭魚：即河豚。

[5] 便：《品汇》作“使”。

[6] 柳石：《品汇》《纲目》均作“仰面”。

[7] 灰：《纲目》作“炭”。

[8] 無名止楚：无名即无名异；楚，即痛苦之意。据《纲目》记载，无名异能止伤折之痛。

[9] 聖石：即光明盐。

［10］弊箄淡卤：箄为竹制蒸架，弊箄即甑蔽。据唐陈藏器《本草拾遗》记载，故甑蔽能止咸味。

［11］如酒沾交：交，即交加枝，又名枳椇。据唐孟诜《食疗本草》记载，香酒沾上交加枝即化为水味。

［12］弦：《经史证类备急本草》作“㭰”，系“弦”之异体字，今改。

［13］劍：《经史证类备急本草》作“㡊”，系“剑”之异体字，今改。

［14］燕：《经史证类备急本草》作“鷰”，系“燕”之异体字，今改。

［15］鉛：《经史证类备急本草》作“鈆”，系“铅”之异体字，今改。

［16］紫背：即紫背天葵，又名天葵、菟葵。据郑樵《通志》记载，凡丹石之类，得天葵而后能神。合下文“能坚铅形”之意。

［17］食：《品汇》作“石”。

［18］棕：《纲目》作“粽心”。

［19］欻（xū）：《品汇》《纲目》俱作“歘”。

［20］以：《品汇》《纲目》俱作“已”。

［21］庚：《品汇》《纲目》俱作“庚”。

［22］赤須：即灯心草。据《纲目》记载，外丹家以灯心草伏硫黄、硇砂。

［23］水：《品汇》作“木”；《纲目》灯心草条李时珍引文改作“永”，与上文“立”字互为对文，意为长。

［24］猾：《品汇》《纲目》俱作“猾”（huá）。

［25］烻（yǎn）：光盛起。《大观》作“灭”，《品汇》《纲目》俱作“止”。

［26］煉：《品汇》《纲目》俱作“杵”。

［27］瞴：音未详。意为目不正也。

［28］栨：《纲目》莨菪条作“刺”。

［29］旋：《品汇》《纲目》俱作“漩”，互为通假字。

［30］件：《品汇》作“片”。

［31］瓜：《证类》作“苽”，系“瓜”之异体字，今改。

［32］炮：《纲目》作“泡”。

［33］一錢匕：钱匕，为中医古方用量中的特殊计量单位。一钱匕，即汉代的五铢钱抄取药末以不落为度。其重量，金石药末约等于现代的1.2g；草木药末约等于现代的0.6g。

［34］疹：《证类》作“㾮”，系“疹”之异体字，今改。

［35］差（chài）：《品汇》《纲目》俱作“瘥”，互为通假字。

［36］假：通“借”。

［37］熟水：即热汤，又称百沸汤。乃百沸之水也。

［38］硝：《品汇》《纲目》俱作“消”，互为通假字。

［39］觞（shǎng）：古代喝酒用的器具。此引申为饮酒之意。

［40］鳝：《证类》作“鱓”，系“鳝”之异体字，今改。

［41］宰：《品汇》《纲目》俱作“中”。

［42］精：即黄精。

［43］神錦：疑为神砂，神砂即朱砂。

［44］服：疑当作“取”。

［45］木：《品汇》作“末”。

［46］木蜜：即枳椇。

［47］貌：《证类》作“儿”，系“貌”之异体字，今改。

［48］即：《纲目》作“可”。

［49］藏（zàng）：《品汇》《纲目》俱作“脏”，互为通假字。

［50］蘇：疑当作“酥”。

课后习题

1. 字词解释

无名止楚、弊箅淡卤、一钱匕、熟水、觞

2. 句子翻译

（1）若夫世人使药，岂知自有君臣；既辩君臣，宁分相制。

（2）某忝遇明时，谬看医理，虽寻圣法，难可穷微。略陈药饵之功能，岂溺仙人之要术？其制药炮、熬、煮、炙，不能记年月哉！欲审元由，须看海集。

3. 思考分析

为什么说“若夫世人使药，岂知自有君臣；既辩君臣，宁分相制。”，结合当代中医药现状，您有何思考？

4. 经典背诵

若夫世人使药，岂知自有君臣；既辩君臣，宁分相制。只如枕毛沾溺，立销班肿之毒；象胆挥黏，乃知药有情异。鲑鱼插树，立便干枯；用狗涂之，却当荣盛。无名止楚，截指而似去甲毛。圣石开盲，明目而如云离日。当归止血、破血，头尾效各不同。蕤子熟生，足睡、不眠立据。弊箅淡卤，如酒沾交。铁遇神砂，如泥似粉。石经鹤粪，化作尘飞。枕见橘，花似髓。断弦折剑，遇鸾血而如初。海竭江枯，投游波而立泛。令铅拒火，须仗修天。如要形坚，岂忘紫背。留砒住鼎，全赖宗心。雌得芹花，立便成庚；硇遇赤须，水留金鼎。水中生火，非猾髓而莫能。长齿生牙，赖雄鼠之骨末。发眉堕落，涂半夏而立生。目辟眼䀹，有五花而自正。脚生肉秋，裩系菪根。囊皱旋多，夜煎竹木。体寒腹大，全赖鸬鹚。血泛经过，饮调瓜子。咳逆数数，酒服熟雄。遍体疹风，冷调生侧。肠虚泻痢，须假草零。久渴心烦，宜投竹沥。除癥去块，全仗硝硇。益食加觞，须煎芦朴。强筋健骨，须是苁鳝。驻色延年，精蒸神锦。知疮所在，口点阴胶。产后肌浮，甘皮酒服。口疮舌坼，立愈黄苏。脑痛欲亡，鼻投硝末。心痛欲死，速觅延胡。如斯百种，是药之功。

5. 扩展阅读

上药一百二十种为君，主养命以应天，无毒，多服久服不伤人，欲轻身益气，不老延年者，本上经。

中药一百二十种为臣，主养性以应人，无毒有毒，斟酌其宜，欲遏病补虚羸者，本中经。

下药一百二十五种为佐使，主治病以应地，多毒，不可久服，欲除寒热邪气、破积聚愈疾者，本下经。

药有君臣佐使，以相宣摄合和，宜用一君二臣三佐五使，又可一君三臣九佐使也。药有阴阳配合，子母兄弟，根叶华实，草石骨肉。有单行者，有相须者，有相使者，有相畏者，有相恶者，有相反者，有相杀者。凡此七情，合和视之。相须相使者良，勿用相恶相反者。若有毒宜制，可用相畏相杀者，不尔，勿合用也。药有酸咸甘苦辛五味，又有寒热温凉四气，及有毒无毒，阴干暴干，采造时月，生熟，土地所出，真伪陈新，并各有法。药性有宜丸者，宜散者，宜水煮者，宜酒渍者，宜膏煎者，亦有一物兼宜者，亦有不可入汤酒者，并随药性，不得违越。凡欲疗病，先察其原，先候病机。五脏未虚，六腑未竭，血脉未乱，精神未散，服药必活。若病已成，可得半愈。病势已过，命将难全。若用毒药疗病，先起如黍粟，病去即止，不去，倍之，不去，十之，取去为度。疗寒以热药，疗热以寒药，饮食不消以吐下药，鬼疰蛊毒以毒药，痈肿疮瘤以疮药，风湿以风湿药，各随其所宜。病在胸膈以上者，先食后服药。病在心腹以下者，先服药而后食。病在四肢血脉者，宜空腹而在旦。病在骨髓者，宜饱满而在夜。夫大病之主，有中风伤寒、寒热温疟、中恶霍乱、大腹水肿、肠澼下利、大小便不通、贲豚上气、咳逆呕吐、黄疸消渴、留饮癖食、坚积癥瘕、惊邪癫痫鬼疰、喉痹齿痛、耳聋目盲、金创踒折、痈肿恶疮、痔瘘瘿瘤、男子五劳七伤虚乏羸瘦、女子带下崩中血闭阴蚀、虫蛇蛊毒所伤。此大略宗兆，其间变动枝节，各宜依端绪以取之。（选自《神农本草经·序录》）

要求

（1）简述《神农本草经》三品分类？

（2）简述“七情”及其配伍宜忌？

《医方考》自序

导读

选自《医方考》，作者吴昆，字山甫，号鹤皋，又号鹤皋山人、参黄子、参黄生，徽州府歙县澄塘村人，明代医家，新安医学名家之一，生于公元1552年，卒年不详。吴氏有感于当时医界中“不明医方之旨与医方之证，而盲目开方治病”的弊端，广摭博采，旁征博引，去芜存菁，由博返约，集历代医家之精华，以及自己过人的学识和丰富的临床经验，精选了内科、外科、妇科、儿科、五官科以及情志等病证常用方剂780余首，编辑成《医方考》一书。书中既收选了《伤寒论》《金匮要略》等经方，又收选了刘河间、李东垣、朱丹溪、张从正等著名医家的效方，以及民间验之有效的验方。

上醫治未病，方無尚也[1]，垂經論焉[2]。經論，醫之奥者[3]。中醫治已病，於是乎始有方。方，醫之粗也[4]，非其得已，視斯民之疾苦，故因病以立方耳。季世人，知醫尚矣[5]。習方，其簡也。窮經，其煩也。乃率以方授受[6]，而求經論者無之。舍斯道之奥，寶斯道之粗[7]，安望其術之神良也！

［注释］

［1］尚：崇尚，尊重。

［2］垂：流传。

［3］奥：指内在的本质的东西。

［4］粗：指相对浅易的东西。

［5］季世：指近世。季，排行在最后的。

［6］率：一概。

［7］寶：视……为珍宝，珍视。

余年十五志醫術，逮今十有八稔[1]，懼辱醫名，蚤夜遑遑[2]，惟經論是蒐[3]，不敢自是，遊海内者數年[4]，就有道者而贄謁之[5]。見賤工什九，良工什一。不唯上古之經論昧焉[6]，雖中古之方，猶弗達也[7]。弗明方之旨與方之證，及諸藥升降浮沈[8]，寒熱溫平，良毒之性，與夫宣、通、補、瀉、輕、重、滑、澁、燥、濕，反正類從之理，而徒執方以療病[9]，惡能保其不殃人乎？迺為之湣惻[10]，取古昔良醫之方七百餘首，揆之於經[11]，酌以心見，訂之於證，發其微義，編為六卷，題之端曰《醫方考》。蓋以考其方藥，考其見證，考其名義[12]，考其事迹，考其變通，考其得失，考其所以然之故，匪徒苟然志方而已[13]。

［注释］

［1］逮：及，至。稔（rěn）：年。

［2］蚤："早"的通假字。遑遑：匆匆忙忙的样子。

［3］蒐：寻找。

［4］遊：外出求学。

［5］就：接近。贄（zhì）：古代初次拜见尊长所送的礼物，这里用作状语，指带着礼物。謁（yè）：拜见。

［6］昧：不明白，愚昧。

［7］達：通晓，明白。

［8］沈：同"沉"。

［9］徒：只，仅仅。

［10］湣（mǐn）惻：怜悯。南朝刘义庆《世说新语·识鉴》："江州（王彬）当人强盛时，能抗同异，此非常人所行，及覩衰厄，必兴愍惻。"

［11］揆：度量，揣度。

［12］名義：事物立名的取义。

［13］匪：非，不是。苟然：草率的样子。志：记述。

君子曰：夫夫也[1]，弱齡譾陋[2]，輕議古人，則崑有罪焉爾。世有覺者，觸目而疵之[3]，從而可否之，吾幸吾之得師也。遊藝[4]者，玩索而惜之，存而左右之[5]，吾幸吾之朋與也。如山野之陬[6]，湖海之遠，求良醫而不速得，開卷撿方，能究愚論而斟酌自藥焉，則吾濟人之一念也。或者尚論千古，末張、孫而本軒、岐，劣群方而優經論，則孟軻氏所謂遊於聖人之門者難為言矣[7]，安用夫斯籍之贅也[8]！皇明萬曆十二年[9]，歲次甲申，孟冬月。古歙吴崑序。

［注释］

［1］夫夫（fú fū）：《礼记·檀弓上》载，"曾子指子游，而示人曰：'夫夫

也，为习于礼者。'" 郑玄注："夫夫，犹言此丈夫也。" 前"夫"，为代词，这，那。后"夫"指丈夫。"夫夫"意思是"这个丈夫"。

[2] 譾（jiǎn）陋：浅薄。

[3] 疵（cī）：毛病。

[4] 遊藝：从事某种技能。藝，技能。

[5] 左右：指放在身边。

[6] 陬（zōu）：隅，角落。

[7] 遊于聖人之門者難為言：出于《孟子·尽心上》，孟子曰："孔子登东山而小鲁，登泰山而小天下。故观于海者难为水，游于圣人之门者难为言。观水有术，必观其澜。日月有明，容光必照焉。流水之为物也，不盈科不行；君子之志于道也，不成章不达。"

[8] 贅（zhuì）：多余的，多而无用的。

[9] 萬曆十二年：即公元1584年。

课后习题

1. 字词解释

尚、奥、粗、季世、稔、遑遑、贽谒、昧、愍恻、揆、谫陋、游艺、陬、赘

2. 句子翻译

（1）上医治未病，方无尚也，垂经论焉。经论，医之奥者。中医治已病，于是乎始有方。方，医之粗也，非其得已，视斯民之疾苦，故因病以立方耳。

（2）季世人，知医尚矣。习方，其简也。穷经，其烦也。乃率以方授受，而求经论者无之。舍斯道之奥，宝斯道之粗，安望其术之神良也！

3. 思考分析

作者为何著《医方考》？该书做了哪些工作？

4. 经典背诵

君子曰：夫夫也，弱龄谫陋，轻议古人，则昆有罪焉尔。世有觉者，触目而疵之，从而可否之，吾幸吾之得师也。游艺者，玩索而惜之，存而左右之，吾幸吾之朋与也。如山野之陬，湖海之远，求良医而不速得，开卷捡方，能究愚论而斟酌自药焉，则吾济人之一念也。或者尚论千古，末张、孙而本轩、岐，劣群方而优经论，则孟轲氏所谓游于圣人之门者难为言矣，安用夫斯籍之赘也！

5. 扩展阅读

凡人不能无病，病必延医服药。然医有时而难逢，药有时而昂贵。富者固无

虑此，贫者时有束手之忧。为方便计，自莫良于单方一门矣。单方最伙，选择宜精，果能方与症对，则药到病除，无医亦可。余幼时，见人有良方，秘而不传世，心窃鄙之。因立愿广求，不遗余力，或见于古今之载籍，或得之戚友之传闻，皆手录之。久之，荟萃甚富，各门俱备，乃删其不甚经验及数方相同与夫贵药不能力致者。今之所存，期于有是病即有是方，有是方即有是药，且有不费一钱而其效如神者。虽至穷乡僻壤之区，马足船唇之地，无不可以仓卒立办，顷刻奏功。区区救世之苦心，校雠不倦，寝食与俱，盖二十年于兹矣。同人见之，谓可传世，遂集资以付手民，而志其缘起如此。后有所得，当俟读刻云。道光丙午仲春月善化鲍相璈选于粤西武宣官廨。(选自清·鲍相璈《验方新编》)

要求

简述作者为什么要著《验方新编》？其选方原则是什么？

《新修本草》序

导读

序文选自《新修本草》。作者孔志约，初唐人，籍贯及生平不详。曾任礼部郎中兼宏文馆学士，参加《新修本草》的编辑工作，并撰有《本草音义》二十卷（已佚）。《新修本草》成书于唐代显庆四年（公元659年），是中国第一部由中央政府主持编修的药学著作，故又称《唐本草》，是世界上最早的一部类似药典的书，比公元1542年编成的纽伦堡药典要早八百多年。

《新修本草》以陶弘景的《本草经集注》为基础，增加药物114种，所增加的药物中，有一部分外来药物，如安息香、龙脑香、胡椒、诃黎勒等，使载药数达844种。此书至北宋渐亡佚，但其基本内容仍保存在《证类本草》中。公元1889年在敦煌发现部分残卷，另外在日本也发现一部分相当于我国唐代的手抄卷子本。今有近代尚志钧辑本。本序文概述《新修本草》的编撰缘起、编写原则和特点。此文虽属骈偶文体，但不尚雕琢堆砌，叙事要而不繁，遣词用典亦较朴实。

蓋聞天地之大德曰生[1]，運陰陽以播物；含靈之所保曰命，資亭育以盡年[2]。蟄穴棲巢[3]，感物之情蓋寡；範金揉木[4]，逐欲之道方滋。而五味或爽[5]，時昧甘辛之節；六氣斯沴[6]，易愆寒燠之宜[7]。中外交侵[8]，形神分戰[9]。飲食伺釁[10]，成腸胃之眚[11]；風濕候隙，遘手足之災[12]。幾纏膚腠[13]，莫知救止[14]；漸固膏肓，期於夭折。暨炎暉紀物[15]，識藥石之功；雲瑞名官[16]，窮診候之術。草木咸得其性，鬼神無所遁情[17]。刳麝剸犀[18]，驅泄邪惡；飛丹煉石[19]，引納清和[20]。大庇蒼生，普濟黔首。功侔造化[21]，恩邁財成[22]。日用不知，於今是賴。岐、和、彭、緩[23]，騰絕軌於前[24]；李、華、張、吳[25]，振英聲於後[26]。昔秦政煨燔，茲經不預[27]；永嘉喪亂，斯道尚存[28]。

［注释］

［1］"天地"七字：语见《易·繫辞下》。

［2］亭育：又作"亭毒""化育"。《老子》五十一章："长之育之，亭之毒

之。”王弼注：“亭，谓品其形；毒（今讹作毒），谓成其质。言化育之也。”高亨《老子正诂》以为“亭”通“成”，“毒”通“育”，即“成育”之意。

［3］蟄穴：指穴居。《易·繫辞下》：“上古穴居而野处，后世圣人易之以宫室。”棲巢：指巢居。《庄子·盗跖》：“古者禽兽多而人民少，于是民皆巢居以避之。”

［4］範金：谓熔化金属注入模型以铸造器皿。範：铸造金属器皿的模子，用如动词。

［5］五味或爽：指对五味偏好太多，没有节制。五味：酸、苦、甘、辛、咸五种味道。爽，伤也。语本《老子》十二章：“五味令人口爽。”王弼注：“爽，差失也。失口之用，故谓之爽。”

［6］六氣斯沴（lì）：即“六沴”，谓六气不和。六氣：风、寒、暑、湿、燥、火六种气候。沴：伤害。《汉书·孔光傳》：“六沴之作。”又，《五行志》：“气相伤谓之沴。沴独临莅，不和意也。”

［7］燠（yù）：温热。《礼记·内则》：“问衣燠寒。”《释文》：“燠，暖也。”

［8］中外交侵：身体内外病邪相侵。如嵇康《养生论》所谓：“夫以蕞雨之躯，攻之者非一涂；易竭之身，而内外受敌。”

［9］分战：独言分头应战。

［10］釁：即“衅”，间隙、缝隙，此指体虚之隙。《国语·楚语》：“苟国有衅。”韦昭注：“衅，隙也。”

［11］眚（shěng）：指病患。《文选·东京赋》：“勤恤民隐而除其眚。”李善引薛综注：“眚，病也。”

［12］遘（gòu）：通“构”，造成。《文选·王仲宣七哀诗》：“豺虎方遘患。”

［13］幾纏：谓疾病缠缚。幾，微，一开始的状态。借指疾病刚刚开始。

［14］救止：治愈。《吕览·爱士》：“病则止。”高诱注：“止，愈也。”

［15］炎暉：指炎帝神农氏。相传神农氏以火德王，以火名官，故称炎帝。晖，日光。紀物：谓记事，此指作《神农本草经》。

［16］雲瑞名官：指黄帝与岐伯等众医官讨论医事。《左傳·昭公十七年》：“昔者黄帝氏以云纪，故为云师而云名。”杜注：“黄帝受命有云瑞，故以云纪事，百官师长，皆以云为名号。”

［17］“鬼神”句：此谓能穷尽诊病之术，疾病虽如鬼神之幽冥多变，亦可洞悉，无处隐遁。语本《易·繫辞上》：“精气为物，游魂为变，是故知鬼神之情状。”

［18］刳麝剸（tuán）犀：据《神农本草经》记载，犀角与麝香，均有“除

邪”及“辟恶气”之功用。剸：割断。

［19］飛丹煉石：水飞朱砂，火炼金石，泛指炼制丹药。《南史·陶弘景传》：“弘景……以为神丹可成，而苦无药物，帝给黄金、朱砂、曾青、雄黄等，后合飞丹，色如霜雪，服之体轻。”

［20］引納清和：导引吐纳清和之气。

［21］侔（móu）：相等。造化：指创造化育万物的天地自然界。《淮南子·精神训》：“伟哉！造化者其以我为此拘拘邪？”

［22］财成：亦作“裁成”，本谓剪裁制成。语本《易·泰卦》：“天地交泰，后以财成天地之道。”孔疏以“剪财成就”“财节成就”释“财成”。此指筹谋成就万物的帝王。

［23］彭：传说中的上古医者巫彭。《吕览·勿躬》：“巫彭作医。”《山海经·海内西经》郭璞注：“巫彭，神医也。”相传巫彭创制丸药。

［24］絕軌：优异卓绝的功绩。

［25］李：疑指东汉蜀医李助，通经方本草，与郭玉齐名。或谓指李当之。但李当之为华佗弟子，不当列于华前。张：指张仲景。吴：华佗弟子吴普。

［26］英聲：英名。何晏《景福殿赋》：“故当时享其功利，后世赖其英声。”

［27］秦政：秦始皇嬴政。不預：不列入。指秦始皇焚书，医药之书不在其列。

［28］“永嘉”二句：谓经历永嘉之乱，书籍大量焚失，而医药之学因为师徒传授得以保存。永嘉，西晋怀帝司马炽的年号。永嘉五年（公元311年），匈奴贵族刘聪、石勒等攻破晋都洛阳，俘怀帝，大焚宫殿国籍，史称“永嘉之乱”。隋代牛弘称此为“书之四厄”。

梁陶弘景雅好攝生[1]，研精藥術。以為《本草經》者，神農之所作，不刊之書也[2]。惜其年代浸遠，簡編殘蠹，與桐、雷眾記[3]，頗或踳駁[4]。興言撰緝[5]，勒成一家，亦以雕琢經方[6]，潤色醫業[7]。然而時鍾鼎峙[8]，聞見闕于殊方[9]；事非僉議[10]，詮釋拘於獨學。至如重建平之防己[11]，棄槐里之半夏[12]。秋採榆人[13]，冬收雲實[14]。謬粱米之黃、白[15]，混荊子之牡、蔓[16]。異繁蔞於雞腸[17]，合由跋於鳶尾[18]。防葵、狼毒，妄曰同根[19]；鉤吻、黃精，引為連類[20]。鉛、錫莫辨[21]，橙、柚不分[22]。凡此比例[23]，蓋亦多矣。自時厥後，以迄於今。雖方技分鑣[24]，名醫繼軌[25]，更相祖述[26]，罕能釐正。乃復採杜蘅於及己[27]，求忍冬於絡石[28]；捨陟釐而取莇藤[29]，退飛廉而用馬薊[30]。承疑行妄，曾無有覺；疾瘵多殆，良深慨歎。

［注释］

［1］雅好：素好，为汉魏时熟语。汉张衡《西京赋》："雅好博古。"《三国志·司马朗傳》："虽在军旅，常粗衣恶食，俭以率下，雅好人伦典籍。"

［2］不刊之書：无须改动、不可磨灭之著作。刊，删改。扬雄《答刘歆书》："是悬诸日月，不刊之书也。"

［3］桐雷眾記：指桐君、雷公等人的著述。相传桐、雷两人均为黄帝时医官，著《桐君药录》《雷公药对》等，实为后人所假托。

［4］踳駮：亦作"舛驳"，差错杂乱。《文心雕龙·诸子》："其纯粹者入矩，踳驳者出规。"

［5］輿言：犹"薄言"。句首助词，无意。《诗·小雅·小明》："念彼共人，兴言出宿。"马瑞辰《毛诗传笺通释》："兴言独云薄言，皆语词也。"

［6］雕琢：研讨琢磨。《抱朴子·崇教》："雕琢切磋，勿纳于邪伪。"

［7］潤色：原指修饰文辞，增加文采，此指增光。左思《吴都赋》："其奏乐也，则木石润色。"

［8］鐘：当，逢遇。刘琨《劝进表》："方今钟百王之季。"李善注："钟，当也。"鼎峙：指南北朝时天下不统一，有如鼎足三分峙立。

［9］殊方：指异域、他乡。班固《西都赋》："踰昆仑，越巨海，殊方异类，至于三万里。"

［10］僉議：众议。佥，众人。

［11］重建平之防己：据《新修本草》（辑复本，下同）载"陶云，（防己）今出宜都、建平，大而青白色虚软者好。案：本出汉中者，作车辐解，黄实而香。青白而虚软者，名木防己，都不见用。陶谓之佳者，盖未见汉中者耳。"

［12］棄槐裡之半夏：《新修本草》载"陶云，槐里属扶风，今（半夏）第一出青州，吴中亦有。案：江南者大乃径寸，南人特重之。顷来互相用，功状殊异。"

［13］秋採榆人：《新修本草》载"陶云，三月采（榆）皮，取白暴干；八月采实。案：榆三月实熟，寻即落荚。"又《说文》段注："果人之字，自宋元以前，本草方书，诗歌记载，无不作人字。自明成化重刊本草，乃盍改为仁字，于理不通，学者所当知也。"

［14］冬收雲實：云实，豆科植物，晚秋采摘。《新修本草》载"陶云，生河间川谷，十月采，暴干。"

［15］謬粱米之黄、白：《新修本草》载“陶云，（白粱）今处处有，襄阳竹根者最佳。案：陶云竹根，竹根乃黄粱，非白粱也。”

［16］牡蔓：指牡荆实与蔓荆实。《新修本草》载“陶云，既是牡荆，不应有子。牡荆子即是小荆子。案：陶误以小荆为蔓荆，遂将蔓荆子为牡荆子也。牡荆茎劲，作树不为蔓生，故称之为牡，非然实之谓也。”

［17］異繁蔞於雞腸：繁蒌即鸡肠。《新修本草》载“陶云，繁蒌（一作“缕”）主积年恶疮不愈。又云：鸡肠草主毒肿，止小便利。案：此（繁蒌）草即是鸡肠也。……流俗通谓鸡肠，雅士总名繁蒌。”

［18］合由跋於鳶尾：把天南星科的由跋（由跋是虎掌新根，宿根即虎掌），混合于鸢尾科的鸢尾。《新修本草》载“陶云，由跋状如乌翣（即射干）而布地，花紫色，根似附子。苦酒摩，涂肿。案：寻陶所注，乃是鸢尾根，即鸢头也。今陶云由跋，正说鸢尾根茎也。”

［19］“防葵”二句：防葵和狼毒，错认为同根。《新修本草》载“陶云，（防葵）今用建平间者。云本与狼毒同根，……但置水中不沉耳。案：（防葵）根叶似葵花子根，香味似防风，故名防葵。采依时间，亦能沉水。”防葵最早见于《本经》，有考证认为应来源于伞形科短毛独活。狼毒亦最早见于《本经》，有毒，临床上使用的狼毒十分混乱，主要有瑞香科瑞香狼毒；大戟科的狼毒大戟和月腺大戟；此外两广地区主要以天南星科植物海芋入药，又称广狼毒或土狼毒；湖南地区以毛茛科乌头属牛扁入药；等等。有本草考证认为瑞香科狼毒才是历代本草记载的狼毒正品，《中国药典》2015年版中记载的狼毒来源为大戟科的狼毒大戟和月腺大戟。

［20］“鉤吻”二句：把黄精和钩吻认为同类植物。《新修本草》载“陶云，黄精叶与钩吻相似，钩吻叶似黄精而茎紫，……初生极似黄精。案，黄精直生，两叶或四五叶相对；钩吻蔓生，叶如柿叶。”黄精为百合科植物，无毒，是一种益精润肺的药物；钩吻有大毒，有考证认为，本草钩吻来源复杂，毛茛科毛茛属植物、漆树科野葛、马钱科胡蔓藤、百部科黄精叶钩吻、卫矛科雷公藤属等多种植物，在不同历史时期，均被作为钩吻，也有人认为钩吻系乌头的别名。

［21］鉛錫莫辨：《新修本草》载“陶云，粉锡，即今化铅所作胡粉也。案：实用锡造，陶又言化铅作之，亦为误矣。”

［22］橙柚不分：《新修本草》载“陶云，柚子皮乃可食，而不复入药用。案：今俗人或谓橙为柚，非也。”据《本草术义》卷十八载，橙皮“或取皮合汤待宾，未见入药。”陶氏所说“柚子皮”，殆谓橙皮，而橘柚皮可入药用。

［23］比例：比类，魏晋时熟语。《颜氏家训·风操》：“如此比例，触类慎之，

不可陷于轻脱。”

［24］分镳：分道扬镳。此指医学与本草学的研究分头进行。

［25］繼軌：继踵，继承前人之业绩。《晋书·元帝纪》：“三叶重光，四圣继轨。”

［26］祖述：师法前人加以陈述。《礼记·中庸》：“仲尼祖述尧舜，宪章文武。”

［27］“採杜蘅”句：《新修本草》载“（杜蘅）今俗以及己代之，谬矣。及己独茎，茎端四叶，叶间白花，殊无香气，有毒，服之令人吐。惟疗疮疥，不可乱杜蘅也。”又云“（及己）入口使人吐，而今以当杜蘅，非也。”杜蘅为马兜铃科植物，别名马蹄香；及己为金粟兰科植物。

［28］“求忍冬”句：忍冬，即金银花藤。络石，指夹竹桃科藤本植物络石藤。二者科属、性能各别，而当时混用，故《新修本草》指出忍冬“今人或以络石当之，非也”。

［29］陟釐：蕨类植物，生水中，又名石发，可止痢。剪藤：不详。

［30］“退飛廉”句：摒退菊科的飞廉不用，而用马蓟。马蓟，今又名大蓟。有人认为飞廉即漏芦，飞廉与漏芦在《神农本草经》《本草纲目》中，均列为二药。漏芦释名条下有野兰、荚蒿、鬼油麻等名；在飞廉释名条下有漏芦、木禾、飞雉等名。因此飞廉亦有别名称为漏芦，故有人将飞廉、漏芦误以为一物。现代用药，漏芦为菊科植物祁州漏芦或禹州漏芦的根；飞廉为菊科植物飞廉的全草或根。

既而朝議郎行右監門府長史騎都尉臣蘇敬[1]，摭陶氏之乖違[2]，辨俗用之紕紊[3]，遂表請修定，深副聖懷。乃詔太尉揚州都督監修國史上柱國趙國公臣無忌、太中大夫行尚藥奉御臣許孝崇等二十二人[4]，與蘇敬詳撰。竊以動植形生[5]，因方舛性；春秋節變，感氣殊功[6]。離其本土，則質同而效異[7]；乖於採摘，乃物是而時非。名實既爽，寒溫多謬。用之凡庶，其欺已甚；施之君父，逆莫大焉。於是上稟神規[8]，下詢衆議；普頒天下，營求藥物。羽、毛、鱗、介，無遠不臻；根、莖、華、實，有名咸萃[9]。遂乃詳探秘要，博綜方術。《本經》雖闕，有驗必書；《別錄》雖存，無稽必正。考其同異，擇其去取。鉛翰昭章[10]，定羣言之得失；丹青綺煥[11]，備庶物之形容。撰本草並圖經、目錄等，凡成五十四卷[12]。庶以綱羅今古，開滌耳目，盡醫方之妙極，拯生靈之性命。傳萬祀而無昧[13]，懸百王而不朽。

［注释］

［1］朝議郎：唐代官名，正六品上。行：唐代官制，凡官员之身份级别高于其职务官之品级时，在官名前加“行”字。右監門府長史：《文献通考》卷五八《职官·左右监门卫》：隋初有左右监门府将军，掌宫殿门禁及守卫事。唐代左右监门府置大将军、中郎将、长史等官。騎都尉：唐代第八等军功勋。

［2］摭（zhí）：拾取，采集。

［3］紕紊：错误紊乱。

［4］太尉：唐代优礼大臣的最高官阶。監修國史：领衔编修国史，实际上不参加具体编撰，挂名而已。上柱國：唐代第一等军功勋号。趙國公：唐代开国大臣长孙无忌的封爵，后因反对唐高宗立武则天为皇后，被放逐黔州（今四川黔江一带），旋又赐死。太中大夫：唐代从四品下的文官。尚藥奉御：《旧唐书·职官志》载，尚药奉御为尚药局主管，掌“合和御药及诊候方脉之事”。

［5］形生：谓生长形态。《庄子·大宗师》：“大块载我以形，劳我以生。”《列子·力命》张湛注：“智动者不以权力乱其素分，矜名者不以矫抑亏其形生。”

［6］“春秋”二句：春夏秋冬四时节气改变，药物受气候影响，功效也会不同。陶弘景《本草经集注序录》载“春宁宜早，秋宁宜晚。其华实茎叶，乃各随其成熟耳。”

［7］“離其”二句：《本草经集注序录》又谓“自江东以来，小小杂药，多出近道，气力性理，不及本邦。假令荆、益不通，则全用历阳当归、钱唐三建，岂得相似？所以疗病不及往人，亦当缘此故也。”

［8］神規：指《神农本草经》的规范。

［9］萃：聚集。《左传·宣公十二年》：“楚师方状，若萃于我，我师必尽。”

［10］鉛翰：指文字记录。鉛，指铅粉笔。翰，指毛笔。

［11］丹青：本指丹砂、青雘两种矿物颜料。又泛指颜料、绘书艺术。此指所绘之彩色药物图谱。

［12］五十四卷：《新修本草》由本草（文字部分）二十卷及目录一卷、药图二十五卷及目录一卷、图经（药图之文字说明部分）七卷组成，共五十四卷。《蜀本草》引李勣进《本草表》作五十三卷，因其中未列药图目录。

［13］萬祀：万年。《尔雅·释天》：“夏曰岁，商曰祀，周曰年，唐虞曰载。”

课后习题

1. 字词解释

蛰穴、五味或爽、六气斯沴、眚、几缠、侔、雅好、踳驳、润色、佥议、形生、萃

2. 句子翻译

（1）蛰穴栖巢，感物之情盖寡；范金揉木，逐欲之道方滋。而五味或爽，时昧甘辛之节；六气斯沴，易愆寒燠之宜。中外交侵，形神分战。饮食伺衅，成肠胃之眚；风湿候隙，遘手足之灾。几缠肤腠，莫知救止；渐固膏肓，期于夭折。

（2）窃以动植形生，因方舛性；春秋节变，感气殊功。离其本土，则质同而效异；乖于采摘，乃物是而时非。名实既爽，寒温多谬。用之凡庶，其欺已甚；施之君父，逆莫大焉。

3. 思考分析

简述《新修本草》的编撰缘起、编写原则和特点。

4. 经典背诵

暨炎晖纪物，识药石之功；云瑞名官，穷诊候之术。草木咸得其性，鬼神无所遁情。刳麝剸犀，驱泄邪恶；飞丹炼石，引纳清和。大庇苍生，普济黔首。功侔造化，恩迈财成。日用不知，于今是赖。岐、和、彭、缓，腾绝轨于前；李、华、张、吴，振英声于后。昔秦政煨燔，兹经不预；永嘉丧乱，斯道尚存。

5. 扩展阅读

纪称：望龙光知古剑，觇宝气辨明珠。故萍实商羊，非天明莫洞；厥后博物称华，辨字称康，析宝玉称倚顿，亦仅仅晨星耳。

楚蕲阳李君东璧，一日过予弇山园谒予，留饮数日。予窥其人，睟然貌也，癯然身也，津津然谭议也，真北斗以南一人。解其装，无长物，有《本草纲目》数十卷。谓予曰："时珍，荆楚鄙人也。幼多羸疾，质成钝椎，长耽典籍，若啖蔗饴。遂渔猎群书，搜罗百氏，凡子、史、经、传、声韵、农圃、医卜、星相、乐府诸家，稍有得处，辄着数言。古有《本草》一书，自炎皇及汉、梁、唐、宋，下迨国朝，注解群氏旧矣。第其中舛谬差讹遗漏，不可枚数。乃敢奋编摩之志，僭纂述之权。岁历三十稔，书考八百余家，稿凡三易。复者芟之，阙者缉之，讹者绳之。旧本一千五百一十八种，今增药三百七十四种，分为一十六部，著成五十二卷。虽非集成，亦粗大备，僭名曰《本草纲目》。愿乞一言，以托不朽。"

予开卷细玩，每药标正名为纲，附释名为目，正始也；次以集解、辨疑、正误，详其土产形状也；次以气味、主治、附方，著其体用也。上自坟典，下至传奇，凡有相关，靡不备采。如入金谷之园，种色夺目；如登龙君之官，宝藏悉陈；如对冰壶玉鉴，毛发可指数也。博而不繁，详而有要，综核究竟，直窥渊海。兹岂仅以医书观哉？实性理之精微，格物之通典，帝王之秘箓，臣民之重宝也。李君用心嘉惠何勤哉！噫，碔玉莫剖，朱紫相倾，弊也久矣。故辨专车之骨，必俟鲁儒；博支机之石，必访卖卜。予方着《弇州卮言》，恚博古如《丹铅卮言》后乏人也，何幸睹兹集哉！兹集也，藏之深山石室无当，盍锲之，以共天下后世味《太玄》如子云者。时万历岁庚寅春上元日，弇州山人凤洲王世贞拜撰。(《本草纲目》原序)

要求

(1) 请对加横线的字词进行解释。

(2) 为什么说《本草纲目》为“格物之通典”?

《良方》自序

导读

本文选自《梦溪笔谈校正》。作者沈括（公元 1031 ~ 1095 年），字存中，晚年自号梦溪老人，钱塘（今浙江杭州）人，北宋著名政治家、杰出科学家。曾参与王安石变法，官至翰林学士、三司使，不久遭贬，晚年定居润州梦溪（今江苏丹阳县）。著有《梦溪笔谈》《长兴集》《别次伤寒》《灵苑方》《良方》《忘怀录》等，《梦溪笔谈》记载他在自然科学范围内的广泛见解与见闻，是我国科学史上的重要资料，被国外学者誉为“中国科技史上的坐标”。《别次伤寒》《灵苑方》《良方》都是沈括的医药专著。此外，在《梦溪笔谈》中，有的卷、条专论医药，在《忘怀录》等书中，也有一些医药卫生方面的论述。《灵苑方》一书，系统收集民间治疗内、外、妇、儿、骨伤、五官等许多疾病的经验单方外，还记述了药物真伪考订和治病医案。《良方》原十五卷，后人将苏轼有关医药的论述也附入其中，改称《苏沈良方》。

序文从辨疾、治疾、饮药、处方和辨药等方面论证医药是一门精细严密的科学，强调因时因地辨证施治的重要性，并说明编写《良方》的方法和用意。

予嘗論治病有五難：辨疾、治疾、飲藥、處方、别藥，此五也。

今之視疾者，惟候氣口六脈而已[1]。古之人視疾，必察其聲音、顏色、舉動、膚理[2]、情性、嗜好，問其所爲[3]，考其所行[4]，已得其大半，而又徧診人迎、氣口、十二動脈[5]。疾發於五藏，則五色爲之應[6]，五聲爲之變，五味爲之偏，十二脈爲之動。求之如此其詳[7]，然而猶懼失之。此辨疾之難，一也。

［注释］

［1］氣口：因该处距鱼际一寸，故又名寸口。因寸口可诊察脉气之盛衰，故亦称气口。六脉：谓两手气口的寸、关、尺三部脉象。

［2］膚理：即腠理，肌肤之纹理。

［3］所爲：指从事的工作。

［4］所行：指生活的经历。

［5］徧："遍"的异体字。十二動脈：指十二经脉在体表脉搏应手的部位。

［6］爲（wèi）：随；因。

［7］其：助词，表示修饰关系，相当于"地（dè）"。

今之治疾者，以一二藥，書其服餌之節[1]，授之而已。古之治疾者，先知陰陽運曆之變故[2]，山林川澤之竅發[3]。而又視其人老少、肥瘠、貴賤、居養、性術、好惡、憂喜、勞逸[4]，順其所宜[5]，違其所不宜[6]，或藥，或火，或刺，或砭，或湯，或液[7]，矯易其故常[8]，捭摩其性理[9]，擣而索之[10]，投幾順變[11]，間不容髮[12]。而又調其衣服，理其飲食，異其居處，因其情變，或治以天，或治以人。五運六氣，冬寒夏暑，暘雨電雹[13]，鬼靈厭蠱[14]，甘苦寒溫之節[15]，後先勝復之用[16]，此天理也。盛衰強弱，五藏異稟，循其所同，察其所偏，不以此形彼，亦不以一人例衆人，此人事也。言不能傳之於書，亦不能喻之於口，其精過於承蜩[17]，其察甚於刻棘[18]。目不捨色，耳不失聲，手不釋脈，猶懼其差也。授藥遂去，而希其十全[19]，不其難哉？此治疾之難，二也。

［注释］

［1］節：方法，注意事项。

［2］運曆：谓历法与节气等。古人以木、火、土、金、水五行分别主一年之时令，每运七十二天，合一年之数。《素问·天元纪大论》："论言五运相袭而皆治之。"王冰注："运谓五行，应天之五运，各周三百六十五日而为纪者也。"

［3］竅發：指地气的生发变化。

［4］肥瘠：胖瘦。性術：性情及其表达方式。

［5］所宜：指适宜治病的因素。

［6］違：避开，回避。

［7］"或藥"六句：或，代词，有的。药、火、刺、砭、汤、液，皆名词用作动词，分别意为"用药治疗、用灸法治疗、用针刺治疗、用砭石治疗、用汤剂治疗、用酒剂治疗"。

［8］矯易：纠正改变。故常：指病人旧有的不利于治病的习惯。

［9］捭：通"擘"（bāi），分析。摩：研究。

［10］擣："捣"的异体字，这里是"综合"的意思。

［11］投幾：即"投机"。顺应时机。

［12］間（jiàn）不容发：间隙中容不下一丝头发。喻诊治疾病要抓紧时机，刻不容缓。

［13］暘（yáng）：《说文》称“旸，日出也。”此指晴天。

［14］厭：通“魘”，梦魇，恶梦。蠱：毒虫，毒虫一类的害人之物。

［15］甘苦寒溫之節：指药物各种性味相互制约的规律。

［16］後先勝復之用：据运气学说，一年之中六气有盛有衰，有胜有复。若上半年寒气偏胜，则下半年必有偏盛之火气以报复之。

［17］承蜩（tiáo）：粘蝉，把蝉黏住。比喻全神贯注，技艺高超。典出《庄子·达生》。

［18］刻棘：在细刺端雕刻猕猴。比喻观察深刻，精细入微。典出《韩非子·外储说左上》。

［19］十全：病人全部治愈。语出《周礼·医师章》，原谓十治十愈，此谓痊愈。全，同“痊”。

古之飲藥者，煑煉有節[1]，飲啜有宜[2]。藥有可以久煑，有不可以久煑者；有宜熾火，有宜溫火者。此煑煉之節也。宜溫宜寒，或緩或速[3]；或乘飲食喜怒[4]，而飲食喜怒爲用者[5]；有違飲食喜怒[6]，而飲食喜怒爲敵者[7]，此飲啜之宜也。而水泉有美惡[8]，操藥之人有勤惰[9]。如此而責藥之不效者，非藥之罪也。此服藥之難，三也。

［注释］

［1］煑煉：煎煮，指煎药。節：法度。

［2］飲啜（chuò）：饮用，指服药。宜：适宜，指适宜的方法。

［3］“宜溫宜寒”二句：二句是就服药而言的，又文意互见，故其意为“（药）或宜温服，或宜寒服，或宜缓服，或宜速服”。或，代词，有的。

［4］或：代词，有时；有的。乘：顺着。

［5］而……者：连词性固定结构，表假设，如果……的话。爲用：产生效用，谓对治病有利。

［6］有：代词，有时；有的。

［7］爲敵：作对，谓对治病不利。敵，对立，对抗。

［8］美惡：偏义词，意偏“恶”，指水质不好、恶劣。

［9］操藥：指炮制药物与煎药。操，操作，加工。勤惰：偏义词，意偏“惰”。

藥之單用爲易知，藥之復用爲難知[1]。世之處方者，以一藥爲不足，又以衆藥益之。殊不知藥之有相使者[2]，相反者[3]，有相合而性易者[4]。方書雖有使佐畏惡之性[5]，而古人所未言，人情所不測者[6]，庸可盡哉[7]！如酒之於人，有飲之踰石而不亂者[8]，有濡吻則顛眩者[9]；漆之於人，有終日摶漉而無害者[10]，有觸之則瘡爛者[11]。焉知藥之於人[12]，無似此之異者？此稟賦之異也。南人食豬魚以生[13]，北人食豬魚以病，此風氣之異也[14]。水銀得硫磺而赤如丹[15]，得礬石而白如雪。人之欲酸者，無過於醋矣；以醋爲未足，又益之以橙，二酸相濟，宜甚酸而反甘[16]。巴豆善利也[17]，以巴豆之利爲未足，而又益之以大黄，則其利反折[18]。蟹與柿，嘗食之而無害也。二物相遇，不旋踵而嘔[19]。此色爲易見，味爲易知，而嘔、利爲大變，故人人知之。至於相合而之他藏[20]，致他疾者，庸可易知耶？如乳石之忌參、朮[21]，觸者多死；至於五石散則皆用參、朮[22]，此古人處方之妙，而人或未喻也[23]。此處方之難，四也。

［注释］

［1］復用：指配伍使用。

［2］殊：完全。相使：几种药物同用，以一药为主，其余为辅，叫相使。

［3］相反：两种药物同用，产生剧烈的副作用，叫相反。

［4］易：改变。

［5］使：能引导诸药直抵病患所在，或能协调诸药使之发挥功效者，谓之使。佐：能辅佐主药充分发挥作用，或能抑制减轻主药之毒性者，谓之佐。畏：指"相畏"，一药能降低或消除另一药毒副作用者，谓之畏。恶（wù）：即"相恶"，以一药减弱另一药之作用者，谓之恶。

［6］人情：名词活用作状语，按照人的才情。不测：不能预知，此谓不能弄清。

［7］庸：副词，表反诘语气，哪里，怎么。

［8］踰："逾"的异体字，超过。石（dàn）：十斗。

［9］濡吻：沾湿嘴唇。顛：头。

［10］摶（tuán）：搅拌。漉（lù）：过滤。

［11］瘡：名词活用作动词，生疮，长疮。

［12］焉：副词，表反诘语气，哪里，怎么。

［13］豬魚：所指不详，一说指海豚鱼（生长于江中者名江豚、江猪），一说指河豚。

［14］風氣：风土气候。

［15］得：遇到。这里意为“与……相合”。

［16］宜：应当。这里意为“想必”。

［17］利：泻利。

［18］折（shé）：减弱。

［19］不旋踵：比喻时间短暂，很快。旋踵，旋转脚后跟。

［20］之：动词，到。

［21］乳石之忌参、术：《本草纲目·石钟乳》引《相感志》：“服乳石，忌参、术，犯者多死。”

［22］五石散：即寒食散，有毒。配方中有紫石英、白石英、赤石脂、钟乳石、硫黄等五石，故名。服后全身发热，宜进冷食，故又名寒食散。

［23］喻：明白；弄清楚。

醫誠藝也[1]，方誠善也，用之中節也[2]，而藥或非良[3]，其奈何哉！橘過江而爲枳[4]，麥得濕而爲蛾，雞踰嶺而黑[5]；鸜鵒踰嶺而白[6]，月虧而蚌蛤消[7]，露下而蚊喙坼[8]，此形器之易知者也[9]。性豈獨不然乎[10]？予觀越人藝茶畦稻[11]，一溝一隴之異[12]，遠不能數步[13]，則色味頓殊[14]；況藥之所生，秦、越、燕、楚之相遠，而又有山澤、膏瘠、燥濕之異稟，豈能物物盡其所宜[15]？又《素問》說：陽明在天，則花實戕氣；少陽在泉，則金石失理[16]。如此之論，採掇者固未嘗晰也[17]。抑又取之有早晚[18]，藏之有焙眼[19]；風雨燥濕，動有槁暴[20]。今之處藥，或有惡火者，必日之而後咀[21]，然安知採藏之家不常烘煜哉[22]？又不能必[23]。此辨藥之難，五也。

此五者，大概而已。其微至於言不能宣[24]，其詳至於書不能載，豈庸庸之人而可以易言醫哉[25]？

［注释］

［1］藝：技能，此谓技能高超。

［2］中節：符合法度。

［3］或：如果。

［4］枳：又称“枸橘”“臭橘”。味酸肉少，不堪食用。

［5］嶺：指五岭，即越城岭、都庞岭、萌渚岭、骑田岭、大庾岭，地处广东、广西、湖南、江西等省区交界处，是我国江南最大的横向构造带山脉，也是长江

和珠江二大流域的分水岭。黑：形容词活用作动词，变黑。

[6] 鸜鵒（qú yù）：亦作“鸲鹆”“鸜鹆”，即八哥鸟。白：形容词活用作动词，变白。

[7] 虧：月缺。消：消瘦。

[8] 露下：谓白露过后。露，指白露。下，谓过后。喙（huì）：鸟兽及某些其它动物（如乌龟和章鱼）的嘴。坼（chè）：裂开。

[9] 形器之易知者：定语后置，即“易知之形器”。形器，有形的事物。

[10] 性：指药性（的变化）。

[11] 越人：南方人。越，我国古代对南方、东南方各民族的通称。藝：种植。畦：名词活用作动词，一畦一畦地栽种。

[12] 隴：通“垄”，田埂。

[13] 遠：距离。

[14] 頓：立刻；一下子。

[15] 盡其所宜：都享有适宜的生长条件。

[16] “陽明在天”四句：见《素问·五常政大论》。阳明属燥金，花实为草木，金能克木，故阳明当令则“木伐草萎”。少阳属相火，火能克金，故少阳当令能影响金石一类矿物的质地。戕（qiāng），伤害，残害。

[17] 晰：明白。

[18] 抑又：另外。取：指采药。

[19] 焙（bèi）：用微小火烘烤。晾（làng）：晒干。

[20] 動：副词，常常。槁暴（pù）：干枯。暴，同“曝”。

[21] 日：名词活用作动词，晒。咀：“㕮咀”之省，按照一定的方法切碎药物。

[22] 安：副词，表反诘语气，哪里。常：通“尝”。曾经。烘煜（yù）：烘烤。

[23] 必：确定。

[24] 宣：说出来。

[25] 易：轻易，轻率。

予治方最久[1]。有方之良者[2]，輒爲疏之[3]。世之爲方者[4]，稱其治效，常喜過實。《千金》《肘後》之類[5]，猶多溢言[6]，使人不敢復信。予所謂良方者，必目睹其驗，始著於篇，聞不預也[7]。然人之疾，如向所謂五難者[8]，方豈能必良哉？一睹其驗，即謂之良，殆不異乎刻舟以求遺劍者[9]！予所以詳著其狀於方尾[10]，疾有相似者，庶幾偶值云爾[11]。篇無次序，隨得隨註，隨以與人。拯道貴速[12]，故不暇待完也。

［注释］

［1］予：我。治：研究。

［2］方之良者：定语后置，即“良方”。

［3］疏：注释，说明。

［4］爲：创制。

［5］《千金》：指唐·孙思邈的《千金要方》《千金翼方》。《肘後》：指晋葛洪的《肘后备急方》。

［6］猶：尚且。溢言：溢美之言，过头话。

［7］聞：指听到的良方。預：参预，此指列入。

［8］向：先前，以上。

［9］刻舟以求遺劍：即“刻舟求剑”，比喻拘泥不知变通。典出《吕氏春秋·察今》。

［10］所以：……的原因。

［11］庶幾：或许。云爾：语气助词，罢了。

［12］貴：意动用法，以……为贵。

课后习题

1. 字词解释

气口、肤理、肥瘠、性术、矫易、饮啜、操药、中节、

2. 句子翻译

（1）古之饮药者，煮炼有节，饮啜有宜。药有可以久煮，有不可以久煮者；有宜炽火，有宜温火者。此煮炼之节也。

（2）药之单用为易知，药之复用为难知。世之处方者，以一药为不足，又以众药益之。殊不知药之有相使者，相反者，有相合而性易者。

3. 思考分析

为什么说“治病有五难：辨疾、治疾、饮药、处方、别药”？

4. 经典背诵

古之饮药者，煮炼有节，饮啜有宜。药有可以久煮，有不可以久煮者；有宜炽火，有宜温火者。此煮炼之节也。宜温宜寒，或缓或速；或乘饮食喜怒，而饮

食喜怒为用者；有违饮食喜怒，而饮食喜怒为敌者。此饮啜之宜也。而水泉有美恶，操药之人有勤惰。如此而责药之不效者，非药之罪也。此服药之难，三也。

5. 扩展阅读

孔子曰："能近取譬，可谓仁之方也已。"夫仁为心性之学，尚不可以无方，况于百家众艺，可以无方而能善此乎？诸艺之中，医尤为重。以其为生人之司命，而圣人之所必慎者也。窃尝思之，凡病必有症；症者，证也，有斯病必形斯候者也。证必有脉；脉者，脏腑经络、虚实寒热所由分也。有与证相符者，有与证不相符者，必参验之，而后可施治者也。察脉辨证，而方立焉。方者，一定不可易之名。有是病者，必主是药，非可移游彼此，用之为尝试者也。

方之祖始于仲景，后人触类扩而充之，不可计殚，然皆不能越仲景之范围。盖前人作法，后人因焉。创始者难为力，后起者易为功。取古人已验之成规而斟酌用之，为效不既易乎？然而执方医病，而病不能瘳，甚或反以杀人者，又何以说焉？则以脉候未辨，药性未明，惑于似而反失其真，知有方而不知方之解故也。

方之有解，始于成无己。无己慨仲景之书后人罕识，爰取《伤寒论》而训诂之，诠证释方，使观者有所循入。诚哉仲景之功臣，而后觉之先导矣。厥后名贤辈出，谓当踵事增华，析微阐奥，使古方时方大明于世，宁不愉快？夫何著方者日益多，注方者不再见，岂金针不度欤？抑工于医者未必工于文，词不能达意，遂置而不讲欤？迄明，始有吴鹤皋之集《医方考》，文义清疏，同人脍炙。是以梨枣再易，岂为空谷足音，故见之而喜欤？然吴氏但一家之言，其于致远钩深，或未彻尽。兹特博采广搜，网罗群书，精穷奥蕴，或同或异，各存所见，以备参稽。使探实者不止一藏，尝鼎者不仅一脔。庶几病者观之，得以印证；用者据之，不致径庭。宁非卫生之一助欤？或曰：善师者不陈，得鱼者忘筌，运用之妙，在于一心，何以方为？余曰：般倕不弃规矩，师旷不废六律。夫《易》之为书，变动不居，然亦有变易不易二义，故曰"蓍之德，圆而神，卦之德，方以智"。夫卦诚方矣，岂方、智之中遂无圆、神之妙也哉？吾愿读吾书者，取是方而圆用之，斯真为得方之解也已。（本文选自《医方集解》）

要求

（1）在《医方集解》序文中，作者指出正确对待医方的态度是什么？

（2）作者引用《易经》中"蓍之德，圆而神，卦之德，方以智"的用于在于说明什么？

第三章　凡例选

概述

凡例是书前说明本书内容或编撰体例的文字。晋杜预《春秋经传集解序》："其发凡以言例，皆经国之常制，周公之垂法，史书之旧章。"又《左传·隐公七年》"凡诸侯同盟，于是称名，故薨则赴以名，告终称嗣也，以继好息民，谓之礼经"。杜预注："此言凡例，乃周公所制礼经也。"后因以"凡例"指体制、章法或内容大要，今多指书前说明本书内容或编纂体例的文字。

《千金要方》凡例

导读

本文选自《备急千金要方·新校备急千金要方例》，北宋医家高保衡、孙奇、林亿等人曾对《素问》《千金方》等书进行整理研究，为继承发掘古代医药学遗产做出了一定的贡献。本文是他们给《备急千金要方》所写的凡例。

《千金方》舊有例數十條，散在諸篇[1]。凡用一法皆宜徧知之，雖素熟其書者，臨事尚慮有所遺失，況倉卒遘疾，按證為治，不能無未達之惑；及新加撰次，不可無法[2]。今撮集舊凡，並新校之意，為例一篇，次於今序之末，庶後之施用者無疑滯焉[3]。

［注释］

［1］千金方：书名。包括《备急千金要方》和《千金翼方》。此指《备急千金要方》。唐代孙思邈撰。例：凡例，体例。下文“例”同此。

［2］宜：“宜”的异体字。素：平素，一向。臨事：指遇到疾病。遘（gòu）疾：患病。遘，遇，遭遇。未達：不通达，不明白。撰次：编集，编纂。次，编次，编纂。

［3］撮集：编集。舊凡：原有的凡例。次：排列。庶：希望。疑滯：困阻，疑难。

凡和劑之法，有斤兩、升合、尺寸之數，合湯藥者不可不知[1]。按吳有復秤、單秤[2]，隋有大升、小升[3]，此制雖復紛紜，正惟求之太深，不知其要耳，陶隱居撰《本草序錄》，一用累黍之法[4]。神農舊秤為定，孫思邈從而用之。孫氏生於隋末，終于唐永淳中，蓋見《隋志》《唐令》之法矣，則今之此書當用三兩為一兩，三升為一升之制[5]。世之妄者乃謂古今之人大小有異，所以古人服藥劑多，無稽之言，莫此為甚。今之用藥定以三兩為今一兩，三升為今一升。方中雖皆復有用尺寸處，舊例已有準折斤兩法，今則不復重述也。

［注释］

［1］和劑：炮制，宋代有专门炮制成药的机构——和剂局。和，调和。劑，

按比例调配药物。斤两：二个重量单位名，1 斤 =16 两。升合（gě）：二个容量单位名，1 升 =10 合。尺寸：二个长度单位，1 尺 =10 寸。按，历代度量衡的用字相同，但具体计量大小不同。合（湯藥者）：调配，调制。

［2］復秤：两端系盘的古药秤天平，也称古秤、南秤，东汉末以前使用。單秤：一端系盘的药用提系杆秤，也称今秤，晋秤，始兴于东汉末。

［3］大升：等于三小升。隋唐 1 大升 =600 毫升。小升：通常的 1 升，隋唐 1 小升 =200 毫升。按，唐度量衡多袭隋制，《旧唐书·食货志》载唐初时“三升为大升，三斗为大斗”，“三两为大两”。“调钟律、测晷景、合汤药及冠冕，制用小升小两，自余公私用大升大两”。

［4］陶隱居：陶弘景，字通明，号华阳隐居，南朝梁代医药学家，著《本草经集注》。书中序录部分述及度量衡。一：一律。累（lěi）黍：古代重量单位名。1 累 =10 黍，1 两 =24 累。

［5］“二两爲一两”二句：我国南北朝时，南北方度量衡不同，南方承古制，北方实际计量则是南方的三倍。如同为 1 升，南方合今 200 毫升，北方合今 600 毫升；同为 1 两，南方合今 13.75 克，北方合今 41.25 克。隋统一全国后，兼用南北两制，但各用于不同的场合，如中药行业使用南方的小计量。唐代开始，逐渐废南方小计量，统一用大计量。故下文有“世有妄者”句。

凡古方治疾，全用湯法，百十之中，未有一用散者。今世醫工，湯散未辨，宜其多說異端，承疑傳謬[1]。按湯法㕮咀為各切如麻豆，散法治篩為治擇擣篩[2]。卒病賊邪，須湯以蕩滌；長病痼疾，須散以漸漬[3]。此古人用湯液煑散之意也。後世醫工惟務力省，一切為散，遂忘湯法。傳用既久，不知其非，一旦用湯，妄生疑訝[4]。殊不知前世用湯，藥劑雖大，而日飲不過三數服，而且方用專一。今人治病，劑料雖薄，而數藥競進，每藥數服[5]。以古較今，豈不今反多乎？又昔人長將藥者[6]，多作煑散法，蓋取其積日之功。故每用一方寸匕為一服[7]，多不過三方寸匕，然而須以帛裹，煑時微微振動。是古人之意豈須欲多服藥哉？又服丸之法，大率如梧子者二十丸[8]，多不過三十、四十丸。及服散者，少則刀圭、錢五匕，多則方寸而已[9]。豈服湯特多，煑散、丸散則少乎？是知世人既不知斤兩升合之制，又不知湯液煑散之法。今從舊例，率定以藥二十古兩，水一小斗，煑取今一升五合，去滓滓，分三服[10]。自餘利湯欲少水而多取數，補湯欲多水而少取數，各依方下別法[11]。

［注释］

［1］醫工：医生。宜：当然，无怪。多說異端：众说纷纭。异端，各种说法，不同见解。

［2］㕮咀（fǔ jǔ）：将药物切细捣碎，如同咀嚼。麻豆：大麻子和赤小豆。治篩：炮制过筛。治，修治，炮制。按，小字为原文自注。

［3］卒病：指新起之病。長病：指长期之病。漸漬：（jiàn zì）：浸润，浸泡。同义复用，此指慢慢消除疾病。

［4］疑訝：疑惑惊奇。

［5］劑料：指药量。剂，量词。一付（也作“服”）中药为一剂。料，量词。配制丸药时，处方剂量的全份为一料。數服：服几次。

［6］長將藥者：长期服药者。

［7］方寸匕：古代量取药末的器具名。其形状如刀匕，大小为古代一寸正方，故名。

［8］梧子：梧桐子。古人常用圆形物品，如鸡蛋黄、梧桐子、大麻子等的大小来作为中药的计量单位。

［9］刀圭：古代量取药末的器具。一刀圭＝1/10 方寸匕。钱匕：古代量取药末的器具。用汉代的五铢钱盛取至不散落为一钱匕。如只盖取钱上的“五”字，只称“钱五匕”，约 1/4 钱匕。方寸：即方寸匕。

［10］率：一概，一律。滓埿（yìn）：渣滓。埿，泥渣。

［11］自餘：其余，此外。“别法”以下删节 1609 字。

课后习题

1. 字词解释

遘（疾）、（撰）次、（升）合、絫黍、㕮咀、渐渍、方寸匕、刀圭、钱五匕、率、自余

2. 句子翻译

况仓卒遘疾，按证为治，不能无未达之惑；及新加撰次，不可无法。今撮集旧凡，并新校之意，为例一篇，次于今序之末，庶后之施用者无疑滞焉。

3. 思考分析

何谓“煮散法”？其功用与汤法有何不同？

4. 经典背诵

《千金方》旧有例数十条，散在诸篇。凡用一法皆宜徧知之，虽素熟其书者，

临事尚虑有所遗失，况仓卒遘疾，按证为治，不能无未达之惑；及新加撰次，不可无法。今撮集旧凡，并新校之意，为例一篇，次于今序之末，庶后之施用者无疑滞焉。

5. 扩展阅读

一、明药性者，始自神农，而伊尹配合而为汤液。仲景《伤寒》《金匮》之方，即其遗书也。阐阴阳之秘，泄天地之藏，所以效如桴鼓。今人不敢用者，缘唐、宋以后，诸家之臆说盛行，全违圣训，查对与经方所用之药不合，始疑之，终且毁之也。

二、《神农本草》药止三百六十品，字字精确，遵法用之，其效如神。自陶弘景以后，药味日多，而圣经日晦矣。张洁古、李东垣辈，分经专派。徐之才相须、相使、相恶、相反等法，皆小家伎俩，不足言也。是刻只录一百余种，其余不常用与不可得之品阙之。其注解俱遵原文，逐字疏发，经中不遗一字，经外不溢一词。

三、是刻只录时用之药，其品弟及字样，不尽遵旧本。考陶隐居本草，有朱书墨书之别：朱书为《神农本经》，墨书为《名医别录》。开宝间重定印本，易朱书为白字，兹因其近古而遵之。是刻遵古分上中下三品，《别录》等本，采附于后。

四、药性始于神农。用药者不读《本草经》，如士子进场作制艺，不知题目出于四子书也。渠辈亦云药性，大抵系《珍珠囊药性赋》《本草备要》及李时珍《本草纲目》之类，杂收众说，经旨反为其所掩，尚可云本草耶？

五、近传《本草崇原》，越之张隐庵著也。《本草经解》，吴之叶天士著也；二书超出诸群书之上。然隐庵专言运气，其立论多失于蹈虚；天士囿于时好，其立论多失于肤浅；而隐庵间有精实处，天士间有超脱处，则修园谢不敏矣，故兹刻多附二家之注。

六、上古以司岁备物，谓得天地之专精。如君相二火司岁，则收取姜、桂、附子之热类；如太阳寒水司岁，则收取黄芩、大黄之寒类；如太阴土气司岁，则收取芪、术、参、苓、山药、黄精之土类；如厥阴风木司岁，则收取羌活、防风、天麻、钩陈之风类；如阳明燥金司岁，则收取苍术、桑皮、半夏之燥类。盖得主岁之气以助之，则物之功力倍厚。中古之世，不能司岁备物，故用炮制以代天地之气，如制附子曰炮，助其热也；制苍术曰炒，助其燥也；制黄连以水浸，助其寒也。今人识见不及，每用相反之药，而反制之，何异束缚手足而使之战斗哉？侣山堂之说最精，故节录之。按制药始于雷公炮制，荒谬难以悉举。要知此人名敩，宋时人，非黄帝时之雷公也。

七、熟地黄、枸杞，取其润也；市医炒松则上浮，烧灰则枯燥矣。附子、干姜，取其烈也；市医泡淡则力薄，炮黑则气浮矣。以及竹沥盐、咸枳实之类，皆庸医两可之见，不足责也。至于枣仁生则令人不眠，熟则令人熟睡；黄芪生用则托里发汗，炒熟则补中止汗；麦门冬不去心，令人烦燥；桑白皮不炒，大泻肺气之类，数百年相沿之陋，不得不急正之。

八、本经每药主治，不过三、四证及六、七证而止。古圣人洞悉所以然之妙，而得其专长，非若后世诸书之泛泛也。最陋是李时珍《纲目》，泛引杂说而无当；李士材、汪讱庵，每味必摘其所短，俱是臆说，反启时辈聚讼纷纷。修园为活人计，不得不痛斥之。

九、神农尝草而作《本草经》，实无可考，其为开天明道之圣人所传无疑也。张仲景、华元化起而述之，陶隐居之说不诬也。汉时去古未远，二公为医中之杰，遵所闻而记之，谓非神农所著可也，谓为神农所著亦可也。

十、每药注解，必透发出所以然之妙，求与《内经》《难经》仲景等书，字字吻合而后快。古云群言淆乱衷于圣，愿同志者取法乎上。（选自《神农本草经读》凡例）

要求

（1）从作者的观点来看，为什么药物需要进行炮制？

（2）不同炮制品作用为何不同，请简述之。

《简明医彀》凡例

导读

本文选自《简明医彀》。作者孙志宏，字克容，别号台石，明代医家。《简明医彀》是一部综合性医书，共八卷，以"其书备而不冗，约而不漏，义类浅显，人人可解，若射必有彀（gòu），故名曰《简明医彀》。

是編諸論，首《内經》要旨，次先哲格言，次感受根源，次本證形狀，次治療方法，次脈理大體[1]。悉從簡徑明白，藥名字眼依俗，欲令覽者易了也[2]。

是編最便宦遊旅客、鄉居僻處，及暮夜叵測、迎醫不給者，簡捷去病，故於微言奥義，惟采切要[3]。

是編於各門各病，備載感受之由，加以警戒之語。尊生君子，預知調攝，可避疾迓壽[4]。

［注释］

［1］是編：此书。感受：遭受病邪。大體：大要，要旨。

［2］簡徑：简明直接。了：明了，明白。

［3］宦遊：外出做官。遊，"游"的异体字。叵测：不可推测。叵，不可。不给（jǐ）：犹言不暇，来不及。切要：确切扼要，此指确切扼要的内容。

［4］尊生：养生。也作"遵生"。調攝：调理保养。迓（yà）：迎，迎接。

諸證主方，後附成方，皆前哲造理精妙，兼以祖傳家秘，参酌用之，無不奏效[1]。至如末附簡方，亦皆選驗無誤，更便無藥者[2]。

傷寒法祖仲景，方兼節庵，及胎產、痘疹、外科，比諸證關係尤重，故特加詳備[3]。

諸病唯嘔證不能納藥[4]。服時欲嘔，預備薑湯兼送，更以炒鹽二包，輪熨喉下至胸，多炒、頻熨即安[5]。

藥品必取真實、新鮮、方產最佳者，依法制度，迺得獲痊[6]。倘低偽顛蛀，或捨貴用賤，及制配鹵莽，或遇略知醫者，妄亂加減，皆無效，非方之咎[7]。

治病分寒熱虛實，不可混。須細玩方論，如有疑惑，先配小劑少服，相安漸加進之，病癒即止，勿多服[8]。若攻利藥，尤不宜過。

是書成後，惟願高明重加訂梓，用廣拯濟，志宏幸甚[9]。

[注释]

[1] 造理：合乎事理。

[2] 至如：至于。用于句首，表示另提一事。

[3] 節庵：陶华，字尚文，号节庵，明代著名医家，著有《伤寒六书》。及：至于。比：和……相比。

[4] 納藥：服药。

[5] 兼：同时。

[6] 方產：土产，此指产地。制度：炮制，制作。

[7] 低偽：低劣虚假。黰（zhěn）："鬒"的异体字。本指头发稠密而黑，此指药物颜色霉黑。

[8] 細玩：研习，细细体会。

[9] 訂梓：修订印刷。用：以，以便。

课后习题

1. 字词解释

感受、尊生、迓（寿）、造理、至如、订梓

2. 句子翻译

是编最便宦游旅客、乡居僻处及暮夜叵测、迎医不给者，简捷去病，故于微言奥义，惟采切要。

3. 思考分析

(1)《简明医彀》凡例从哪几个方面对该书作了说明？

(2) 试述对"药品必取真实、新鲜、方产最佳者，依法制度，乃得获痊。"这句话的理解？

4. 经典背诵

治病分寒热虚实，不可混。须细玩方论，如有疑惑，先配小剂，少服相安，渐加进之，病愈即止，勿多服。若攻利药，尤不宜过。

5. 扩展阅读

一是书前曾托名叶天士，今特收回。

一是书论证治法，悉遵古训，绝无臆说浮谈；以时法列于前，仲师法列于后，由浅入深之意也。

一坊刻《万病回春》《嵩崖尊生》《古今医统》《东医宝鉴》等书，所列病症，不可谓不详，而临时查对，绝少符合，即有合处，亦不应验，盖以逐末而忘其本也。试观《内经》《难经》《伤寒论》《金匮要略》，每症只寥寥数语，何所不包，可知立言贵得其要也。此书如怔忡、头痛、历节诸症，非遗之也。怔忡求之虚痨，头痛有邪求之伤寒，无邪求之眩晕。虚痨、历节，寻其属风、属湿、属虚而治之，所以寓活法也。学医始基，在于入门。入门正则始终皆正，入门错则始终皆错。此书阐明圣法，为入门之准，不在详备，若得其秘诀，未尝不详备也。有症见于此，而治详于彼者；有论此症，而彼症合而并论者；有论彼症，绝未明言此症，而即为此症之金针者。实无他诀，唯其熟而已，熟则生巧，自有左右逢原之妙。

论中所列诸方，第三卷、第四卷俱载弗遗，唯《伤寒论》《金匮要略》方，非熟读原文，不能领会。此书偶有阙而未载者，欲人于原文中寻其妙义，阙之即所以引之也，阅者鉴余之苦心焉。

一方后附论，或采前言，或录一得，视诸书较见简括，阅者自知。（选自《时方歌括》凡例）

要求

（1）简述《时方歌括》撰写的目的是什么？

（2）如何理解“学医始基，在于入门。入门正则始终皆正。入门错则始终皆错”？

《医编》凡例

导读

本文选自《医编》。作者何梦瑶（公元1693～1764年），字报之，号西池，清代官吏、文人兼医家，广东南海人。雍正年间进士，旁通百家，历官思恩、辽东等地。所著《医编》七卷，论述内科杂病，力陈滥用温补之弊。对张仲景、刘河间、李东垣、朱丹溪诸家之医理，叙述详明，并掺以个人见解，予人以启发。"碥"乃上下车的踏脚石，本文作者以之名书，表明愿为学医者铺垫阶梯的态度。此外，尚著有《本草韵语》《妇科良方》《幼科良方》等，为清代医家具有代表性人物之一。

——論證須明其所以然，則所當然者不言而喻。茲集務窮其源，故論證詳而繫方畧[1]。如怒、太息等篇，並不繫一方，但明其理，則方在其中，如必欲考古人成法，於《準繩》等書檢求可也[2]。

——論中所引古人成說，欲令讀者易曉，不無修飾之處，即非古人原文，故多不著其名氏，非掠美也，諒之[3]。

——議論多出臆見，間與古人牴牾，不避不敏，求正有道，幸恕狂瞽[4]。

——河間言暑火，乃與仲景論風寒對講，丹溪言陰虛，乃與東垣論陽虛對講，皆以補前人所未備，非偏執也[5]。後人動議劉朱偏用寒涼，矯以溫補，立論過當，遂開酷烈之門[6]。今日桂、附之毒，等於刀鋸。夢瑤目睹時弊，不得不救正其失，初非偏執，讀者幸勿以辭害意[7]。

——是集宦遊所作，自粵西而遼左[8]，十餘年來，風鷀煙江，霜輪沙磧，偶有所得，隨付小吏錄之。以故體裁無定，亦欲改從畫壹[11]，而多事倉卒未能也。

[注释]

[1] 繫（xì）方：附方。系，联缀，归属。下文同此。

[2]《準繩》：指《证治准绳》，又名《六科证治准绳》，明代王肯堂撰。

[3] 掠美：夺人之美为己有。

［4］“詳論”五句：为自谦之语。臆見：个人见解；主观看法。間：间或。牴牾（wǔ）：抵触，冲突。牴，“抵”的异体字。牾，逆，违逆。不敏：不才。有道：有道之人，高明之人。幸：希望。狂瞽（gǔ）：狂妄无知。瞽，眼瞎，引申为不明事理。

［5］對講：观点截然相反的言论。偏執：片面而固执。

［6］動：常常。過當：失当，不恰当。酷烈：猛烈。

［7］初非：绝非。初，完全，绝。幸：希望。以辭害意：因拘泥于辞义而误会曲解作者的原意。

［8］粵西：广西。作者曾任职广西思恩。遼左：即辽东，辽河以东地区。今辽宁东部和南部地区。

［9］風鷁（yì）煙江：乘风行船于烟雾弥漫的江面，比喻旅途艰辛困苦。鷁，鸟名，古代常画鷁于船首，故以鷁指代船。煙江，烟雾弥漫的江面。

［10］霜輪沙磧（qì）：顶霜乘车于沙漠，比喻路途艰辛困苦。輪：代称车子。沙磧：沙漠。

［11］畫一：划一，一致。

——論中主治諸方，隸別門者，注明見某門字樣[1]；其不注者即本門方。或雖隸別門，而一篇之中重出數見，亦但於首見者注之，餘不復注。

——方下例繫主治，以著本方之功，即以明用藥之理。知某藥為某病設也。凡品味龐雜者，必所治之證不一，丹溪所謂雜合之病，須用雜合之藥治之也。本宜備錄，以鋟板力絀刪之[2]，用方者當因病加減，更詳考原方主治為佳。諸方多從《準繩》錄入，按門索之。

——藥品分兩輕重，古今不同，炮製亦異，當酌宜用之。

——此書止論雜症，尚有《傷寒論近言》《婦科輯要》《幼科輯要》《痘疹輯要》《本草韻語》《針灸吹雲集》等書，俟續刻呈教[3]。

——五卷《四診》，宰思恩時輯以教邑醫者，本自為一書，今附《醫碥》之末，頗多改竄，與舊本歧出，當以今刻為定[4]。

［注释］

［1］隸：隶属；附属。

［2］鋟（qǐn）：刻，雕刻。力絀（chù）：力量不足。绌，短缺。

［3］俟：等待。呈教：呈上请教。敬词。

［4］五卷《四診》：指第五卷《四诊》。宰思恩：任职于思恩。宰，主宰，治

理。邑醫：乡医。岐出：旁出，指不一致。

课后习题

1. 字词解释

掠美、牴牾、对讲、狂瞽、霜轮沙碛、画一、锓（板）、（力）绌、呈教、邑医、岐出

2. 句子翻译

（1）是集宦游所作，自粤西而辽左，十余年来，风鹢烟江，霜轮沙碛，偶有所得，随付小吏录之。以故体裁无定，亦欲改从画一，而多事仓卒未能也。

（2）方下例系主治，以着本方之功，即以明用药之理。知某药为某病设也。凡品味庞杂离者，必所治之证不一，丹溪所谓杂合之病，须用杂合之药治之也。

（3）五卷《四诊》，宰思恩时辑以教邑医者，本自为一书，今附《医碥》之末，颇多改窜，与旧本岐出，当以今刻为定。

3. 思考分析

用摘要或概括的方法，归纳《医碥》各条凡例的主旨。

4. 经典背诵

论证须名其所以然……读者幸勿以辞害意。

5. 扩展阅读

伤寒论与金匮要略原是一书自林亿校刊遂分为二殊失先贤之意后赵开美仍合为一书今复其旧使后学知伤寒与杂证原非有二也全书经文诸家旧本或字有增减或节有分合或重出不书衍文或正误各不相同是集则以仲景全书为准而参之各家以昭画一书中辞精义奥注释诚难若徒尚辞华必支离蔓衍何以阐发微言是注惟期简易明显发挥经旨间或旁参互证亦惟援引本经不事虚文用滋眩惑（清·吴谦等《医宗金鉴·订正仲景全书凡例》）

要求

（1）给上文断句。

（2）解释加点的词语。

（3）翻译划横线的句子。

第四章 药论选

概述

药论即药物的论述。药论是以药物的名称、产地、性味、功能、采收、炮制、剂量、服用等内容中的某一项或数项为中心议题，进行事理论断，或具有说明、辨析性质的文体。药论散见于各种医药专著或文史科技等著作中，一般篇幅简短，主题明确。

白　矾

导读

本文选自《雷公炮炙论》，作者雷敩（见《雷公炮炙论》序）。本文主要介绍了矾石的两种加工炮制方法：一为火煅阴埋，一为加药火煅。

凡使，須以瓷瓶盛，於火中煅，令內外通赤，用鉗揭起蓋，旋安石蜂窠於赤瓶子中[1]，燒蜂窠盡爲度[2]。將鉗夾出[3]，放冷，敲碎，入鉢中，研如粉。後於屋下掘一坑，可深五寸，卻以紙裹[4]，留坑中一宿，取出，再研。每修事十兩[5]，用石蜂窠六兩，盡爲度。

［注释］

［1］旋：随即。石蜂窠：蜂窠的一种。大如拳，色青黑，内居青色蜂十四至二十一只。

［2］度：限度。

［3］將：用。

［4］卻：再。

［5］修事：炮制。

又云：凡使，要光明如水精[1]，酸、鹹、澀味全者，研如粉，於瓷瓶中盛。其瓶盛得三升以來[2]，以六一泥泥[3]，於火畔炙之令乾[4]。置研了白礬於瓶內[5]，用五方草、紫背天葵二味自然汁各一鎰[6]，旋旋添白礬於中[7]，下火逼令藥汁乾[8]，用蓋子並瓶口[9]，更以泥泥上下，用火一百斤煅[10]，從巳至未[11]，去火，取白礬瓶出，放冷，敲破，取白礬。若經大火一煅，色如銀，自然伏火[12]，銖絫不失[13]。搗細，研如輕粉[14]，方用之。

［注释］

［1］水精：即水晶，无色透明的石英结晶体矿石。精，通“晶”。

［2］以來：左右。

［3］六一泥：又称“神泥”，道家炼丹用以封炉的一种泥。是六种加一种材料混合炼制而成，取义于“天一生水，地六成之”。后一“泥”：涂抹。用如动词。

［4］畔：边。

［5］了：毕。

［6］五方草：马齿苋的全草。镒（yì）：古代重量单位，一般重二十两或二十四两。但据雷敩《论合药分剂料理法则》文，为十二两。

［7］旋旋：缓缓。

［8］逼：通“煏”，用火烘干。

［9］并：合上。

［10］火：指木炭等燃料。

［11］巳：九至十一时。未：十三至十五时。

［12］伏火：炼制外丹的一种方法谓降除石药中的火毒之气。经伏火法炼制过的状态，亦称“伏火”。

［13］銖絫：古代重量单位。絫，“累”的异体字。《汉书·律历志》颜师古注：“十黍为絫，十絫为铢。”此比喻极小的分量。

［14］輕粉：由水银、白矾、食盐等加工而成的氯化亚汞粉末，有毒。

课后习题

1. 字词解释

旋（安）、将（钳）、却（以纸裹）、修事、以来、（研）了、旋旋、（下火）逼、并（瓶口）、伏火、铢絫、轻粉

2. 句子翻译

凡使，须以瓷瓶盛，于火中煅，令内外通赤，用钳揭起盖，旋安石蜂巢于赤瓶子中，烧蜂巢盖为度。将钳夹出，放冷，敲碎，入钵中，研如粉。

3. 思考分析

白矾有哪两种加工炮制方法？

4. 经典背诵

凡使，须以瓷瓶盛，于火中煅，令内外通赤，用钳揭起盖，旋安石蜂窠于赤瓶子中，烧蜂窠尽为度。将钳夹出，放冷，敲碎，入钵中，研如粉。后于屋下掘一坑，可深五寸，却以纸裹，留坑中一宿，取出，再研。每修事十两，用石蜂窠六两，尽为度。

5. 扩展阅读

雷公云：凡使，先须细认，勿误用。有乌头、乌喙、天雄、侧子，木鳖子。

乌头少有茎苗，长身乌黑，少有旁尖。乌喙皮上苍，有大豆许者，孕八九个，周遭底陷，黑如乌铁。宜于武火中，炮令皴坼，即劈破用。天雄身全矮，无尖，周匝四面有附，孕十一个，皮苍色，即是天雄。宜炮皴坼后，去皮尖底用。不然，阴制用并得。侧子只是附子旁，有小颗附子，如枣核者是，宜生用。治风疹神妙。木鳖子，只是诸喙、附、雄、乌、侧中毗者，号曰木鳖子，不入药中用。若服，令人丧目。若附子底平有九角，如铁色，一个个重一两，即是气全，堪用。夫修事十两，于文武火中炮令皴坼者去之，用刀刮上孕子，并去底尖，微细劈破，于屋下平地上掘一坑，可深一尺，安于中一宿。至明取出，焙干用。夫欲炮者，灰火勿用杂木火，只用柳木最妙。若阴制使，即生去尖皮底了，薄切，用东流水并黑豆浸五日夜，然后漉出，于日中晒令干用。凡使，须阴制去皮尖了，每十两，用生乌豆五两，东流水六升。（选自《雷公炮炙论》）

要求

（1）解释加点的词语。

（2）为什么附子“凡使，先须细认，勿误用”？

采　药

导读

本文选自《梦溪笔谈》卷二十六，作者沈括。(见《良方》自序)

本文论证了采药时间不能拘以二月、八月，而应根据药用部分、药物生长情况以及地理气候条件灵活决定的道理。

古法採草藥多用二月、八月，此殊未當。但二月草已芽，八月苗未枯，採掇者易辨識耳，在藥則未爲良時。大率用根者，若有宿根[1]，須取無莖葉時採，則津澤皆歸其根[2]。欲驗之，但取蘆菔、地黄輩觀[3]：無苗時採，則實而沈；有苗時採，則虚而浮。其無宿根者，即候苗成而未有花時採，則根生已足而又未衰。如今之紫草[4]，未花時採，則根色鮮澤；花過而採，則根色黯惡[5]。此其效也。用葉者，取葉初長足時；用牙者，自從本説[6]；用花者，取花初敷時[7]；用實者，成實時採：皆不可限以時月。緣土氣有早晚，天時有愆伏[8]。如平地三月花者，深山中則四月花。白樂天《遊大林寺》詩云[9]："人間四月芳菲盡，山寺桃花始盛開。"蓋常理也。此地勢高下之不同也。如筀竹筍有二月生者[10]，有三四月生者，有五月方生者，謂之晚筀；稻有七月熟者，有八九月熟者，有十月熟者，謂之晚稻。一物同一畦之間，自有早晚，此物性之不同也。嶺嶠微草[11]，淩冬不凋[12]，並汾喬木[13]，望秋先隕[14]。諸越則桃李冬實[15]，朔漠則桃李夏榮[16]。此地氣之不同也。一畝之稼，則糞溉者先牙；一丘之禾，則後種者晚實。此人力之不同也。豈可一切拘以定月哉？

[注释]

[1] 宿根：多年生草本植物来年能重新发芽生长的根。

[2] 津澤：植物的汁液。

[3] 蘆菔（fú）：即萝卜，入药功能消积化痰，行气宽中。地黄：多年生草本植物，块根入药，生地黄能清热凉血，养阴生津。熟地黄能补血滋阴，益精填髓。

[4] 紫草：多年生草本植物，根入药，能清热凉血，活血解毒。

[5] 黯（àn）惡：灰暗难看。

［6］牙：通“芽”。本説：原说，指上文“古法采药多用二月八月”中的“二月”。

［7］敷：开放。

［8］愆（qiān）伏：谓阴阳失调，多指气候失常。语本《左传·昭公四年》：“冬无愆阳，夏无伏阴。”

［9］大林寺：在江西庐山。

［10］筀（guì）竹：竹名，又名“桂竹”，笋入药用治小儿痘疹不出。筍：“笋”的异体字。

［11］嶺嶠（qiáo）：即五岭，位于湖南、江西、广东、广西交界处，是长江和珠江两大流域的分水岭。此泛指我国南方。

［12］淩冬：越冬。

［13］並汾：相当于今山西省一带，此泛指我国北方。並（bīng），古州名。汾（fén），汾水。

［14］望：临近。

［15］諸越：即百越，又称“百粤”，此指我国南方。越，古代民族，又称“粤”，居住在中国的东南及南部地区为主。古代中原人泛称南方民族为“越”。

［16］朔漠：北方沙漠地带。此泛指我国北方。榮：开花。

课后习题

1. 字词解释

黯恶、（初）敷、愆伏、岭峤、凌冬、望（秋）、朔漠

2. 句子翻译

岭峤微草，凌冬不凋，并汾乔木，望秋先陨。诸越则桃李冬实，朔漠则桃李夏荣。此地气之不同也。一亩之稼，则粪溉者先牙，一丘之禾，则后种者晚实。此人力之不同也。岂可一切拘以定月哉？

3. 思考分析

作者从哪几个方面说明了采药不可拘以定月的道理？

4. 经典背诵

大率用根者，若有宿根，须取无茎叶时采，则津泽皆归其根。欲验之，但取芦菔、地黄辈观：无苗时采，则实而沉；有苗时采，则虚而浮。其无宿根者，即候苗成而未有花时采，则根生已足而又未衰。如今之紫草，未花时采，则根色鲜

泽；花过而采，则根色黯恶。此其效也。

5. 扩展阅读

塞外有雪莲，生崇山积雪中，状如今之洋菊，名以莲耳。其生必双，雄者差大，雌者小。然不并生，亦不同根，相去必一两丈。见其一，再觅其一，无不得者。盖如菟丝茯苓，一气所化，气相属也。凡望见此花，默往探之则获。如指以相告，则缩入雪中，杳无痕迹，即斸雪求之，亦不获。草木有知，理不可解。土人曰："山神惜之。"其或然欤？此花生极寒之地，而性极热。盖二气有偏胜，无偏绝，积阴外凝，则纯阳内结。坎卦以一阳陷入二阴之中，剥复二卦，以一阳居五阴之上下，是其爻象也。然浸酒为补剂，多血热妄行；或合媚药，其祸尤烈。盖天地之阴阳均调，万物乃生；人身之阴阳均调，百脉乃合。故《素问》曰："亢则害，承乃制。"自丹溪立"阳常有余，阴常不足"之说，医家失其本旨，往往以苦寒伐生气。张介宾辈矫枉过直，遂偏于补阳，而参芪桂附，流弊亦至于杀人。是未知易道扶阳，而乾之上九，亦戒以"亢龙有悔"也。嗜欲日盛，羸弱者多，温补之剂易见小效，坚信者遂众。故余谓偏伐阳者，韩非刑名之学；偏补阳者，商鞅富强之术。初用皆有功，积重不返，其损伤根本，则一也。雪莲之功不补患，亦此理矣。(选自清纪昀《阅微草堂笔记·滦阳消夏录三》)

要求

(1) 翻译划横线的句子。

(2) 怎样理解"余谓偏伐阳者，韩非刑名之学；偏补阳者，商鞅富强之术"这句话？

菊

导读

本文选自《本草纲目》卷十五，作者李时珍。（见李时珍传）

本文介绍了菊的生长特点、功效主治以及多方面的作用。

菊春生夏茂，秋花冬實，備受四氣，飽經露霜，葉枯不落，花槁不零[1]，味兼甘苦，性稟平和。昔人謂其能除風熱，益肝補陰，蓋不知其得金水之精英尤多[2]，能益金水二臟也。補水所以制火，益金所以平木，木平則風息，火降則熱除，用治諸風頭目[3]，其旨深微。黄者入金水陰分；白者入金水陽分；紅者行婦人血分，皆可入藥。神而明之，存乎其人。其苗可蔬，葉可啜[4]，花可餌，根實可藥，囊之可枕[5]，釀之可飲，自本至末，罔不有功。宜乎前賢比之君子[6]，神農列之上品[7]，隱士采入酒斝[8]，騷人餐其落英[9]。費長房言九日飲菊酒，可以辟不祥[10]。《神仙傳》言康風子、朱孺子皆以服菊花成仙[11]。《荊州記》言胡廣久病風羸，飲菊潭水多壽[12]。菊之貴重如此，是豈群芳可伍哉[13]？

［注释］

［1］零：凋落。

［2］金水：指秋、冬。

［3］諸風頭目：指因各种风邪所致的头目疾患。

［4］啜（chuò）：食用。

［5］囊：装入口袋。用作动词。

［6］前賢：指三国魏钟会。其《菊花赋》赞菊曰："早植晚发，君子德也。"

［7］神農：指《神农本草经》。

［8］"隱士"句：指晋代隐士陶渊明常在诗文中并言菊与酒。斝（jiǎ），古代铜制酒器，似爵而较大。

［9］"騷人"句：指屈原《离骚》"夕餐秋菊之落英"句。騷人，诗人，此指屈原。

［10］"費長房"二句：东汉方士费长房曾告诉桓景，九月九日汝家中将有灾，登高饮菊花酒，此祸可除。事见南朝梁吴均《续齐谐记》。九日，指农历九月初九，亦称重九、重阳。辟（bì），除去。

［11］《神仙傳》：书名，晋代葛洪撰。因康风子、朱孺子未见于该书，应指唐李汾《续神仙传》，其卷上言三国时朱孺子服黄精十余年，后煮食根形如犬、坚硬如石之枸杞，遂升云成仙而去。

［12］“荊州記”二句：晋代盛弘所撰《荆州记》载，胡广之父患风羸，饮菊水而愈。胡广，东汉太尉，封育阳安乐乡侯。

［13］伍：同列。

课后习题

1. 字词解释

（不）零、金水（之精英）、囊（之）、（叶可）啜、辟（不祥）、（可）伍

2. 句子翻译

其苗可蔬，叶可啜，花可饵，根实可药，囊之可枕，酿之可印，自本至末，罔不有功。宜乎前贤比之君子，神农列之上品，隐士采入酒斝，骚人餐其落英。

3. 思考分析

如何理解“补水所以制火，益金所以平木；木平则风息，火降则热除”？

4. 经典背诵

昔人谓其能除风热，益肝补阴，盖不知其得金水之精英尤多，能益金水二脏也。补水所以制火，益金所以平木；木平则风息，火降则热除。用治诸风头目，其旨深微。黄者入金水阴分，白者入金水阳分，红者行妇人血分，皆可入药。

5. 扩展阅读

释名时珍曰按许慎说文龙字篆文象形生肖论云龙耳亏聪故谓之龙梵书集解时珍曰按罗愿尔雅翼云龙者鳞虫之长王符言其形有九似头似驼角似鹿眼似兔耳似牛项似蛇腹似蜃鳞似鲤爪似鹰掌似虎是也其背有八十一鳞具九九阳数其声如戛铜盘口旁有须髯颔下有明珠喉下有逆鳞头上有博山又名尺木龙无尺木不能升天呵气成云既能变水又能变火陆佃埤雅云龙火得湿则焰得水则燔以人火逐之即息故人之相火似之龙卵生思抱雄鸣上风雌鸣下风因风而化释典云龙交则变为二小蛇又小说载龙性粗猛而爱美玉空青喜嗜燕肉畏铁及茵草蜈蚣楝叶五色丝故食燕者忌渡水祈雨者用燕镇水患者用铁激龙者用茵草祭屈原者用楝叶色丝裹粽投江医家用龙骨者亦当知其性之爱恶如此（《本草纲目·第四十三卷·鳞部·龙》）

要求

（1）给上文断句。

（2）解释加点的词语。

（3）翻译划横线的句子。

黄　芪

导读

本文选自《本草蒙筌》。作者陈嘉谟（公元1486～1570年），字廷采，明代医药学家。《本草蒙筌》十二卷，载药742味，用问答体介绍药物知识，颇便于初学。本文是作者为黄芪所加按语，讨论了黄芪与人参异同及选用原则。

參、耆甘溫，俱能補益，證屬虛損，堪並建功[1]。但人參惟補元氣調中，黄耆兼補衛氣實表。所補既畧差異，共劑豈可等分[2]？務尊專能，用為君主，君藥宜重，臣輔減輕。君勝乎臣，天下方治；臣強於主，國祚漸危：此理勢自然[3]。藥劑倣之[4]，亦不可不注意也。如患內傷，脾胃衰弱，飲食怕進，怠惰嗜眠，發熱惡寒，嘔吐泄瀉，及夫脹滿痞塞，力乏形羸，脈息虛微，精神短少等證，治之悉宜補中益氣，當以人參加重為君，黄耆減輕為臣。若係表虛，腠理不固，自汗盜汗，漸致亡陽，並諸潰瘍，多耗膿血，嬰兒痘疹，未灌全漿[5]，一切陰毒不起之疾，治之又宜實衛護榮[6]，須讓黄耆倍用為主，人參少入為輔焉。是故治病在藥，用藥由人，切勿索驥按圖，務須活潑潑地[7]。先正嘗曰：醫無定體，應變而施；藥不執方，合宜而用[8]。又云：補氣藥多，補血藥亦從而補氣；補血藥多，補氣藥亦從而補血。佐之以熱則熱，佐之以寒則寒。如補中益氣湯，雖加當歸，當歸，血藥也，因勢寡，則被參、耆所據，故專益氣僉名[9]；又當歸補血湯，縱倍黄耆，黄耆，氣藥也，為性緩，亦隨當歸所引，惟以補血標首[10]。佐肉桂、附子少熱，八味丸云然；加黄蘗、知母微寒，補陰丸是爾[11]。舉隅而反，觸類而推，則方藥之應乎病機，病機之合乎方藥，總在君臣佐使之弗失，才致輕重緩急之適中。時醫不以本草加工，欲望製方。如是之通變合宜者，正猶學射而不操夫弓矢，其不能也決矣[12]。

［注释］

［1］參：人参。耆：黄耆。今通作“黄芪”。堪：能。

［2］畧：“略”的异体字。等分：同等分量。

［3］國祚（zuò）：国运，国家存在的时间。祚，福运。理勢：事理的发展趋势。

［4］倣："仿"的异体字。

［5］未灌全漿：指痘出不透，多由气血不足引起。灌浆，即灌脓。

［6］衛：卫气。榮：通"营"，营气。

［7］活潑潑地：喻灵活运用。

［8］先正：亦作"先政"。前代的贤人。此指前代的名医。定体：指固定不变的治法。

［9］僉（qiān）名：即签名，此指为方剂命名。

［10］標首：题写在开头，此指为方剂命名。

［11］黄蘗（bò）：药名，今通作"黄柏"。補陰丸：历代名为"补阴丸"的方剂有多首，也多用黄柏、知母。此似指元朱震亨《丹溪心法》之大补阴丸或补阴丸，后世名虎潜丸。

［12］以：按照。加工：此指花功夫努力使处方更加完善。通變：犹变通。合宜：合适。

课后习题

1. 字词解释

国祚、卫、荣、先正、佥名、通变、合宜

2. 句子翻译

若后世好奇炫异之人，必求贵重怪僻之物，其制法大费工本，以神其说。此乃好奇尚异之人造作以欺诳富贵人之法，不足凭也。惟平和而有理者为可从耳。

3. 思考分析

哪些文句体现中医用药组方的基本方法和原则？

4. 经典背诵

是故治病在药，用药由人，切勿索骥按图，务须活泼泼地。先正尝曰：医无定体，应变而施；药不执方，合宜而用。又云：补气药多，补血药亦从而补气；补血药多，补气药亦从而补血。佐之以热则热，佐之以寒则寒。

5. 扩展阅读

六朝以前医方，唯有枳实，无枳壳，故《本草》亦只有枳实。后人用枳之小嫩者为枳实，大者为枳壳，主疗各有所宜，遂别出枳壳一条，以附枳实之后。然两条主疗，亦相出入。古人言枳实者，便是枳壳，《本草》中枳实主疗，便是枳壳主疗。后人即别出枳壳条，便合于枳实条内摘出枳壳主疗，别为一条；旧条内只合留枳实主疗。后人以《神农本经》不敢摘破，不免两条相犯，互有出入。余按，《神农本经》枳实条内称："主大风在皮肤中，如麻豆苦痒，除寒热结，止痢，长肌肉，利五脏，益气轻身，安胃气，止溏泄，明目。"尽是枳壳之功，皆当摘入枳壳条。后来别见主疗，如通利关节、劳气、咳嗽、背膊闷倦，散瘤结、胸胁痰滞，逐水，消胀满、大肠风，止痛之类，皆附益之，只为枳壳条。旧枳实条内称："除胸胁痰癖，逐停水，破结实，消胀满、心下急、痞痛、逆气。"皆是枳实之功，宜存于本条，别有主疗亦附益之可也。如此，二条始分，各见所主，不至甚相乱。（选自《梦溪笔谈》）

要求

简述枳实与枳壳的区别？

制药法

导读

本文选自《徐氏医书八种·医学源流论》卷上。作者徐大椿，清代著名医家。《医学源流论》是一部医学论文集。全书分上下两卷，列经络脏腑、脉、病、方药、治法、书论、古今七门，共计九十九论。持论大多精凿有据，个别略嫌偏激失实。

本文阐述了药物炮制的机理措施虽异，但根本目的相同，即“欲取其利而去其害”；同时谴责了某些人炮制药物“必求贵重怪僻之物”“以欺诳富贵人”的错误作法。

製藥之法，古方甚少，而最詳于宋之雷斅，今世所傳《雷公炮炙論》是也。後世製藥之法，日多一日，內中亦有至無理者，固不可從，若其微妙之處，實有精義存焉。凡物氣厚力大者[1]，無有不偏，偏則有利必有害。欲取其利而去其害，則用法以製之，則藥性之偏者醕矣[2]。其製之義又各不同，或以相反爲製[3]，或以相資爲製[4]，或以相惡爲製[5]，或以相畏爲製[6]，或以相喜爲製[7]；而製法又復不同，或製其形，或製其性，或製其味，或製其質。此皆巧於用藥之法也。古方製藥無多，其立方之法，配合氣性。如桂枝湯中用白芍，亦即有相製之理，故不必每藥製之也。若後世好奇眩異之人[8]，必求貴重怪僻之物，其製法大費工本，以神其說。此乃好奇尚異之人造作以欺誑富貴人之法，不足憑也。惟平和而有理者爲可從耳。

［注释］

［1］氣厚：气味浓烈。

［2］醕：“醇”的异体字，纯一不杂。

［3］相反爲製：是指用药性相对立的辅料或药物炮制另一药物，制约其偏性或改变其药性。例如吴茱萸辛热，黄连苦寒，用吴茱萸制黄连，可以杀黄连的大寒之性。

［4］相資爲製：指用药性相似的辅料或药物炮制另一种药物，增强其药效。如蜂蜜甘平，益气补中，和百药，甘草，味甘性平，有益气和中作用，二者药性相似，蜜制甘草可增强甘草的补中益气作用。

［5］相恶爲製：利用某种辅料或药物炮制另一种药物，减弱副作用。如米泔水甘平，益气除烦，苍术芳香燥烈，米泔水制苍术，可缓和苍术的燥性。

［6］相畏爲製：利用某种辅料或药物炮制另一种药物，制约其毒副作用。例如生姜发表，止呕，止咳，生半夏有毒，使人呕吐，以生姜炮制半夏可降低毒性，抑制半夏的使人呕吐副作用，增强化痰止咳作用。

［7］相喜爲製：指用某种辅料或药物来炮制另一种药物，以改善中药的形色气味，提高患者的信任感和接受度，利于服用，发挥药效，增强商品价值。如醋制乳香、没药。

［8］竒："奇"的异体字。眩：通"炫"，夸耀。

课后习题

1. 字词解释

相反、相资、相畏、相恶、相喜、眩

2. 句子翻译

若后世好奇炫异之人，必求贵重怪僻之物，其制法大费工本，以神其说。此乃好奇尚异之人造作以欺诳富贵人之法，不足凭也。惟平和而有理者为可从耳。

3. 思考分析

怎样理解"欲取其利而去其害"这句话？

4. 经典背诵

凡物气厚力大者，无有不偏，偏则有利必有害。欲取其利而去其害，则用法以制之，则药性之偏者醇矣。其制之义又各不同，或以相反为制，或以相资为制，或以相恶为制，或以相畏为制，或以相喜为制；而制法又复不同，或制其形，或制其性，或制其味，或制其质。此皆巧于用药之法也。

5. 扩展阅读

今医家修制药品，往往一遵古法；如本草炮炙，及许学士方，前所载，亦既详矣。世南在蜀得数法，颇出古人意表；如麦门冬去心，古法，汤泡少时则易去，今只以银石铫火上微烙，随手渐剥，极易为力，又不为汤渍去药味。乳香没药最难研；若作元子药，则以乳钵研略细，更入酒或水研，顷刻如泥，更无滓脚。若酒糊元，则入酒研；若以面，则入水研，甚省力而易细，且不飞走、亏耗分两。(选自宋张世南《游宦纪闻》)

要求

简述麦冬、乳香、没药修制法？

论汤、散、丸

导读

本文选自《梦溪笔谈校正》，作者沈括。(见《良方》自序)

选文从不同角度提出汤、散、丸三种不同剂型的选用原则。

湯、散、丸各有所宜。古方用湯最多，用丸、散者殊少。煮散[1]，古方無用者，唯近世人為之。本體欲達五藏四肢者莫如湯，欲留膈胃中者莫如散，久而後散者莫如丸。又無毒者宜湯，小毒者宜散，大毒者須用丸。又欲速者用湯，稍緩者用散，甚緩者用丸。此其大概也。近世用湯者全少，應湯[2]皆用煮散。大率[3]湯劑氣勢完壯，力與丸、散倍蓰[4]。煮散這一啜不過三五錢極矣，比功較力，豈敵湯勢？然湯既力大，則不宜有失消息[5]。用之全在良工，難可以定論拘也。

[注释]

[1] 煮散：散剂加水煮汤，连药沫或去渣服用。

[2] 應湯：应当用汤剂。

[3] 大率：大概、大抵。

[4] 倍蓰：增加了数倍。蓰（xǐ），五倍。

[5] 消息：斟酌。

课后习题

1. 字词解释

大率、倍蓰、消息

2. 句子翻译

本体欲达五藏四肢者莫如汤，欲留膈胃中者莫如散，久而后散者莫如丸。又无毒者宜汤，小毒者宜散，大毒者须用丸。又欲速者用汤，稍缓者用散，甚缓者用丸。

3. 思考分析

汤、散、丸三种不同剂型的选用原则有哪些?

4. 经典背诵

本体欲达五藏四肢者莫如汤，欲留膈胃中者莫如散，久而后散者莫如丸。又无毒者宜汤，小毒者宜散，大毒者须用丸。又欲速者用汤，稍缓者用散，甚缓者用丸。此其大概也。

5. 扩展阅读

凡泡紫苏、薄荷之类，先贮滚汤，后投以药而覆之，则香气浓而色浅；先投以药剂，后沃以汤，则色浓而香气浅，其味则皆同也。凡欲升上之药，则泡之如此法，用其气也；降下则熟煮之，用其味也。近日因访同避地一友沈思诚，留坐久，忽云："我以上焦燥热，喉痛眼赤，乃用黄连解毒汤四味，药剉碎，先以沸汤，后投以药而覆之，半时许服之，其香烈而味清。盖欲升上也。"质之王韶卿，乃云："独不知大黄必候他药将熟而旋投之，即倾服，亦取其气能泻也。"吾始得其义如此，因记之。(选自元孔齐《至正直记》)

要求

简述煎药后下的原理。

第五章　方　论

概述

方论，又称“方解”“医方考”，是针对方剂组成、功效等内容进行考证、剖析、述评的文体。内容包括“考其制方之人、命名之意、立方之因与方之用”，尤详其药之性味、分两制度、君臣制法以及类方比较、加减化裁、禁忌、得失等。“游于方之中，超乎方之外”，旨在示人以规矩，授人以活法。一般认为“方之有解始于成无已”，此后方论渐丰，或散见于各种医著之中，或荟萃以成专集。大多文辞简炼，条理清晰。

小柴胡汤

导读

本文选自《伤寒明理药方论》。作者成无己（约公元1063～1156年），聊摄（今山东聊城县）人，金代医家。主要著作有《注解伤寒论》《伤寒明理论》。《伤寒明理论》是一部论述伤寒证候、方药的专著。全书四卷，前三卷论证，扼要地辨析了伤寒五十种证候；后一卷论方，阐述了《伤寒论》中二十首常用方剂的方义，开方论之先河。

作者从半表半里证的病理特点入手，运用《内经》有关理论，剖析了小柴胡汤中诸药的性味功用及相互间的配伍关系，充分说明该方为和解表里的代表方剂。成注最大特点是以经证经，以经明经，于此可见一斑。

傷寒邪氣在表者，必漬形以爲汗[1]；邪氣在裹者，必蕩滌以爲利；其於不外不內、半表半裹，既非發汗之所宜，又非吐下之所對，是當和解則可矣。小柴胡爲和解表裹之劑也。柴胡味苦平微寒，黄芩味苦寒。《内經》曰：熱淫於内，以苦發之[2]。邪在半表半裹，則半成熱矣。熱氣内傳之不可[3]，則迎而奪之，必先散熱，是以苦寒爲主，故以柴胡爲君，黄芩爲臣，以成徹熱發表之劑[4]。人參味甘溫，甘草味甘平。邪氣傳裹，則裹氣不治[5]，甘以緩之，是以甘物爲之助，故用人參、甘草爲佐，以扶正氣而復之也。半夏味辛微溫。邪初入裹，則裹氣逆，辛以散之，是以辛物爲之助，故用半夏爲佐，以順逆氣而散邪也。裹氣平正，則邪氣不得深入，是以三味佐柴胡以和裹。生薑味辛溫，大棗味甘溫。《内經》曰：辛甘發散爲陽。表邪未已，迤邐内傳[6]，既未作實，宜當兩解。其在外者，必以辛甘之物發散，故生薑大棗爲使，輔柴胡以和表。七物相合，兩解之劑當矣。

［注释］

［1］漬（zì）形：使周身被汗水湿濡。

［2］“熱淫於内”二句：语本《素问·至真要大论》“热淫于内，治以咸寒，佐以甘苦，以酸收之，以苦发之”。發，泄。

［3］熱氣内傳之不可：一本作“热气内传，攻之不可”。

［4］徹熱：退热。徹，通“撤”。

［5］治：正常。

［6］迤邐（yǐ lǐ）：渐次。

课后习题

1. 字词解释

渍形、彻（热）、治、迤逦

2. 句子翻译

伤寒邪气在表者，必渍形以为汗；邪气在里者，必荡涤以为利；其于不外不内、半表半里，既非发汗之所宜，又非吐下之所对，是当和解则可矣。

3. 思考分析

为什么说小柴胡汤“七物相合，两解之剂当矣”？

4. 经典背诵

伤寒邪气在表者，必渍形以为汗；邪气在里者，必荡涤以为利；其于不外不内、半表半里，既非发汗之所宜，又非吐下之所对，是当和解则可矣。小柴胡为和解表里之剂也。

5. 扩展阅读

名曰桂枝汤者君以桂枝也桂枝辛温辛能散邪温从阳而扶卫芍药酸寒酸能敛汗寒走阴而益营且桂枝君芍药是于发散中寓敛汗之意芍药臣桂枝是于固表中有微汗之道焉生姜之辛佐桂枝以解肌表大枣之甘佐芍药以和营里甘草甘平有安内攘外之能用以调和中气即以调和表里且以调和诸药矣以桂芍之相须姜枣之相得借甘草之调和阳表阴里气卫血营并行而不悖是刚柔相济以为和也而精义在服后须臾啜热稀粥以助药力盖谷气内充不但易为酿汗更使已入之邪不能少留将来之邪不得复入也又妙在温覆令一时许漐漐微似有汗是授人以微汗之法也不可令如水流漓病必不除禁人以不可过汗之意也此方为仲景群方之冠乃解肌发汗调和营卫之第一方也凡中风伤寒脉浮弱汗自出而表不解者皆得而主之其他但见一二证即是不必悉具（选自《医宗金鉴·删补名医方论》卷六）

要求

（1）给上文断句。

（2）解释加点的词语。

（3）翻译划横线的句子。

肾气丸

导读

本文选自《古今名医方论》卷四。作者罗美，字澹生，号东逸，别号东美，新安（今安徽省黄山市）人，清代医家。康熙年间以名儒而兼医，著述颇多。今流传于世的主要著作有《古今名医方论》《古今名医汇粹》《内经博议》等。《古今名医方论》是一部著名的方论专著，全书四卷，共选辑历代名方一百五十余首，方末载录自金代成无己之后二十余位名医的有关方论，对后世影响较大。肾气丸，出《金匮要略》，干地黄八两，山药、山茱萸各四两，泽泻、茯苓、牡丹皮各三两，桂枝、炮附子各一两。

作者根据《内经》“少火生气”的理论，阐明“肾气丸”命名的含义及肾气丸“纳桂、附于滋阴剂中”的深奥道理，并对由之衍生的其它诸方得失进行简要的分析比较。

柯韻伯曰[1]：命門之火，乃水中之陽。夫水體本靜，而川流不息者，氣之動，火之用也，非指有形者言也。然火少則生氣，火壯則食氣[2]，故火不可亢，亦不可衰。所云火生土者，即腎家之少火，遊行其間，以息相吹耳[3]。若命門火衰，少火幾於熄矣[4]。欲暖脾胃之陽，必先溫命門之火。此腎氣丸納桂、附於滋陰劑中，是“藏心於淵，美厥靈根”也[5]。命門有火，則腎有生氣矣。故不曰“溫腎”，而名“腎氣”，斯知腎以氣為主，腎得氣而土自生也。且形不足者，溫之以氣[6]，則脾胃因虛寒而病者固痊[7]，即虛火不歸其部而失血亡陽者，亦納氣而歸封蟄之本矣[8]。

［注释］

［1］柯韻伯：即柯琴，字韵伯，号似峰，浙江慈溪人，清初医学家。著有《伤寒论注》《伤寒论翼》《伤寒附翼》，三书合称《伤寒来苏集》。韻，“韵”的异体字。

［2］“火少（shào）”十字：谓阳气温和正常则使真气生发，阳气亢盛则使真气受损。壮，亢盛。食，通“蚀”，消损。语本《素问·阴阳应象大论》。

［3］以息相吹：本谓自然界的尘埃等微细物质因风而动，语本《庄子·逍遥游》，此指脾胃运化有赖肾之阳气温煦推动。息，气息，此指肾之阳气。

［4］幾：接近。

[5]“藏心於淵”八字：原指涵养心性，使道德完美。语见西汉扬雄《太玄·养》。此指寓温阳于滋阴之中，以壮其生化之源。灵根，植物根苗的美称，此喻生化之源即命门之火。

[6]“形不足者”八字：语本《素问·阴阳应象大论》。

[7]固：固然。

[8]封蟄之本：指肾，语本《素问·六节藏象论》。蛰，动物冬眠，此谓闭藏。

崔氏加減八味丸[1]，以五味之酸收，易附子之辛熱，腎虚而不甚寒者宜之也。《千金方》於八味外，更加玄參之鹹寒，以助熟地而滋腎，加芍藥之酸寒，助丹皮以滋肝，總之為桂、附加瑣耳[2]。以之壯水則有餘，以之益陽恐不足也。《濟生方》加牛膝、車前以治水腫，倍茯苓以輔地黄、山藥、茱萸，與澤、丹、車、牛等列[3]，隨證加減，允為得法[4]。益陰腎氣丸，於六味外加當歸、五味、柴胡[5]，以治目暗不見，化裁之妙矣[6]。

[注释]

[1]“崔氏”句：《肘后方》方，名见《朱氏集验方》卷二“八味丸”。因该方组成与《金匮》卷下肾气丸仅一味药物之异，为免混淆，故冠名“崔氏”。

[2]瑣：通“锁”，制约。

[3]“濟生方”三句：所述即“加味肾气丸”，《济生方》方。功能温肾化气，利水消肿。《济生方》，又名《严氏济生方》，宋严用和撰于1253年，共10卷。倍，加倍。等列，处于同等地位。

[4]允：确实。

[5]六味：即“六味地黄丸”，《小儿药证直诀》方，功能滋补肝肾。

[6]化裁：指根据病情不同，有针对性地加减药物，《易·系辞上》：“化而裁之谓之变。”

课后习题

1. 字词解释

食（气）、（以）息、几（于熄）、灵根、封蛰、倍（茯苓）、等列、（加）琐、允（为得法）、化裁（之妙）

2. 句子翻译

柯韵伯曰：命门之火，乃水中之阳。夫水体本静，而川流不息者，气之动，火之用也，非指有形者言也。然火少则生气，火壮则食气，故火不可亢，亦不可衰。

3. 思考分析

（1）阐明“肾气丸”命名的含义？

（2）“肾气丸纳桂、附于滋阴剂中”，有何深奥道理？

4. 经典背诵

柯韵伯曰：命门之火，乃水中之阳。夫水体本静，而川流不息者，气之动，火之用也，非指有形者言也。然火少则生气，火壮则食气，故火不可亢，亦不可衰。所云火生土者，即肾家之少火，游行其间，以息相吹耳。若命门火衰，少火几于熄矣。欲暖脾胃之阳，必先温命门之火。此肾气丸纳桂、附于滋阴剂中，是“藏心于渊，美厥灵根”也。命门有火，则肾有生气矣。故不曰“温肾”，而名“肾气”，斯知肾以气为主，肾得气而土自生也。且形不足者，温之以气，则脾胃因虚寒而病者固痊，即虚火不归其部而失血亡阳者，亦纳气而归封蛰之本矣。

5. 扩展阅读

治脾肾双虚，子后作泻，不思食，不化食。肾水受时于子，弱土，不能禁制故子后每泻。

四神故纸与吴萸，肉蔻除油五味须，大枣须同姜煮烂，破故纸四两酒浸炒，吴萸一两盐水炒，肉豆蔻二两面裹煨，五味子三两炒，大枣四十九枚，生姜四两同煎。枣烂去姜，捣枣肉，为丸。临睡盐汤下。若早服不能敌一夜之阴寒也。五更肾泻火衰扶。

柯韵伯曰，泻利为腹疾。而腹为三阴之都会，一脏不调，便能泻利，故三阴下利，仲景各为立方以主之。太阴有理中、四逆，厥阴有乌梅丸、白头翁汤，少阴有桃花、真武、猪苓、猪肤、四逆汤散、白通、通脉等剂，可谓曲尽病情，诸法备美。然只为一脏立法，若三脏相关，久留不痊，如子后作泻一症，犹未之及也。夫鸡鸣至平旦，天之阴，阴中之阳也。因阳气当至而不至，虚邪得以留而不去，故作泻于黎明。其由有四，一为脾虚不能制水；一为肾虚不能行水，故二神丸君补骨脂之辛燥者，入肾以制水，佐肉豆蔻之辛温者，入脾以暖土，丸以枣肉，又辛甘发散为阳也；一为命门火衰不能生土；一为少阳气虚无以发陈，故五味子散君五味子之酸温，以收坎宫耗散之火，少火生气以培土也，佐吴茱萸之辛温，以顺肝木欲散之势，为水气开滋生之路，以奉春生也。此四者，病因虽异，而见症则同，皆水亢为害。二神丸是承制之剂，五味散是化生之剂也。二方理不同，而用则同，故可互用以助效，亦可合用以建功，合为四神丸。是制生之剂也，制生则化，久泄自瘳矣，称曰四神，比理中、八味二丸较速欤。（选自《时方歌括》）

要求

（1）简述黎明泻的原因有哪些？

（2）分析四神丸的方义？

苏合香丸

导读

本文选自《成方便读》卷二。作者张秉成，字兆嘉，江苏武进人，清代医家。著有《成方便读》《本草便读》。《成方便读》是一部方剂学专著。全书四卷，汇编古今常用方二百九十余首，分成二十一门。每方各撰歌诀，并详释方义。

作者在对比了“卒中”病“闭”“脱”两证的病机证候后，强调二者治则、方药应作区别，进而通过简析苏合香丸的组方意义，说明该方的主要用途。

【蘇合香丸】治諸中卒暴昏迷[1]，痰壅氣閉，不省人事，以及鬼魅惡氣、時行瘴癘等證[2]。夫“中”之爲病，有中風、中寒、中暑、中濕、中痰、中氣、中食、中惡種種不同[3]，其病狀大都相似。其治法，且無論其何邪所中，務須先辨其閉、脱兩途。其閉者，雖亦見肢厥脈伏，而其兩手必握固，二便必閉塞，口痙不開[4]，兩目直視。此爲邪氣驟加，正氣被遏，不得不用芳香開竅之品，以治其標，或蘇合、牛黄、至寶、紫雪之類[5]，審其寒熱，别其邪正，而擇用之，庶幾經隧通而正氣復[6]；然後再治其致病之由、所因之病[7]。若脱證，則純屬乎虚，雖病狀亦與諸“中”相似，但手撒，口開，眼合，汗出如珠，小便不禁，全見五絶之候[8]。此爲本實先撥[9]，故景岳有“非風”之名[10]。若一辨其脱證，無論其爲有邪無邪，急以人參、桂、附之品回陽固本，治之尚且不暇，何可再以開泄之藥耗散真氣乎？須待其根本漸固，正氣漸回，然後再察其六淫七情，或内或外而緩調之，則庶乎可也。此方匯集諸香以開其閉，而以犀角解其毒，白术、白蜜匡其正[11]，硃砂辟其邪[12]。性偏於香，似乎治邪中氣閉者爲宜耳。

[注释]

[1] 諸中（zhòng）：各类卒中病。中：卒中，病名，此指猝然如死而气不绝之证。卒（cù 促）暴：突然。“卒”通“猝”。

[2] 鬼魅（mèi）：鬼怪。惡氣：污秽之气。時行：亦称“天行”，指流行病。

瘴疠：又称瘴气、瘴毒，指南方山岚雾露烟瘴湿热恶气。

[3] 中氣：又名“气中”，类中风之一，多由情志因素引起。中惡：病名，旧指中鬼祟邪恶之气所致。

[4] 口痙：即“口噤”，牙关紧闭。

[5] 蘇合：即苏合香丸，功能芳香开窍，行气止痛。牛黄：即安宫牛黄丸，《温病条辨》方，功能清热解毒，镇惊开窍。至寶：即至宝丹，《太平惠民和剂局方》方，功能清热解毒，开窍镇惊。紫雪：即紫雪丹，《太平惠民和剂局方》方，功能清热开窍，止痉安神。

[6] 隧：此指人体气血津液等的通道。

[7] 所因之病：指兼证或后遗症。因，随。

[8] 五絕：指五脏衰竭，为心绝、肝绝、脾绝、肺绝、肾绝的合称，语见《中藏经》卷上。

[9] 本實先撥：本指树根已然先自断绝，语见《诗·大雅·荡》，此指人体元气先已衰竭。撥，断绝。

[10] 非風：病名，即“类中风”，语见《景岳全书》卷十一。

[11] 匡：扶助。

[12] 辟：除去。

课后习题

1. 字词解释

卒中、卒暴、中恶、中气、口痉、(经)隧、(所)因、五绝、(先)拨、匡(其正)

2. 句子翻译

若一辨其脱证，无论其为有邪无邪，急以人参、桂、附之品回阳固本，治之尚且不暇，何可再以开泄之药耗散真气乎？须待其根本渐固，正气渐回，然后再察其六淫七情，或内或外而缓调之，则庶乎可也。

3. 思考分析

“卒中”病“闭”“脱”两证的区别有哪些？

4. 经典背诵

夫“中”之为病，有中风、中寒、中暑、中湿、中痰、中气、中食、中恶种种不同，其病状大都相似。其治法，且无论其何邪所中，务须先辨其闭、脱两途。

其闭者，虽亦见肢厥脉伏，而其两手必握固，二便必闭塞，口痉不开，两目直视。此为邪气骤加，正气被遏，不得不用芳香开窍之品以治其标，或苏合、牛黄、至宝、紫雪之类，审其寒热，别其邪正而择用之，庶几经隧通而正气复；然后再治其致病之由、所因之病。若脱证，则纯属乎虚，虽病状亦与诸“中”相似，但手撒，口开，眼合，汗出如珠，小便不禁，全见五绝之候。此为本实先拨，故景岳有“非风”之名。

5. 扩展阅读

【参苓白术散】治脾胃虚弱，饮食不消，或吐或泻。土为万物之母，脾土受伤，则失其健运之职，故饮食不消；兼寒则呕吐，兼湿则濡泄也。饮食既少，众脏无以禀气，则虚羸日甚，诸疾丛生矣。

人参　白术土炒　茯苓　甘草炙　山药炒　扁豆炒　薏仁炒　莲肉去心

此足太阴、阳明药也。治脾胃者，补其虚，除其湿，行其滞，调其气而已。人参、白术、茯苓、甘草、山药、薏仁、扁豆、莲肉，皆补脾之药也。然茯苓、山药、薏仁，理脾而兼能渗湿。砂仁、陈皮，调气行滞之品也，然合参术苓草，暖胃而又能补中。陈皮、砂仁，入补药则补。桔梗苦甘入肺，能载诸药上浮，又能通天气于地道。肺和则天气下降。使气得升降而益和，且以保肺防燥，药之上僭也。（选自《医方集解》）

要求

（1）为什么说“治脾胃者，补其虚，除其湿，行其滞，调其气而已”？

（2）从中药炮制学的角度阐述参苓白术散中药物炮制的意义。

四物汤

导读

本文选自《费氏全集·医方论》卷二。作者费伯雄，字晋卿，江苏武进人，清代医家。少习举子业，后弃儒从医，长于治杂证，咸丰、同治年间名扬江南。著有《医醇剩义》《医方论》等。《医方论》是一部方论专著，全书四卷，对《医方集解》所收各方逐一评述，见地不俗。

作者从阐释血液的“荣”“营”二义入手，强调了血液的重要性及其病变的复杂性，进而分析四物汤诸药性味功用，客观评价其作用，纠正了人们对该方的错误认识。

血之取義：一爲榮，榮者，發榮也[1]；非血則無以潤臟腑，灌經脈，養百骸，此滋長之義也；一爲營，營者，營壘也；非血則無以充形質，實腠理，固百脈，此内守之義也。水穀之精，聚於中焦，受氣變化，然後成血，日生幾何？不知調養，而反行耗散，血病多多矣。或目睛流血，耳中出血，鼻中衄血[2]，口中吐血，舌痛出血，牙宣出血[3]，毛竅出血，小溲溺血[4]，大便瀉血；或崩漏[5]，或痔漏[6]，或蓄血如狂[7]，或血痞作脹[8]，或經閉不通，或妄行血脫；以至跌撲之傷血，瘡瘍之潰血。病既種種不同，治病之法或補之，或養之，或涼之，或溫之，或散之，或破之，立方須一一對症。理血門以四物湯爲主方，藥雖四味，而三陰並治[9]。當歸甘溫養脾而使血有統，白芍酸寒斂肝而使血能藏，生地甘寒滋腎而益血，川芎辛溫通氣而行血。調補血分之法，於斯著矣。乃或有譽之太過[10]、毀之失實者，不可以不辨也。譽之過者，謂能治一切亡血及婦人經病。夫亡血之症，各有所由起，此方專於補血滋腎而已，無他手眼[11]。不溯其源，而逐其流，豈能有濟？至婦人經病，多有氣鬱、伏寒、痰塞等，正未可以陰寒之品一概混投。此譽之太過也。毀之失實者，謂川芎一味，辛散太過，恐血未生而氣先耗。殊不知亡血之人，脾胃必弱，若無川芎爲之使，則陰寒之品未能滋補而反以礙脾。此毀之失實也。至精求之，以爲凡治血症，當宗長沙法，兼用補氣之藥。無陽則陰無以生，此論最確。又恐執定有形之血不能速生[12]，無形之氣所當急固，遂至補氣之藥多於補血，是又矯枉過正，反坐抛荒本位之失矣[13]。此愈不可不知也。

[注释]

[1] 發榮：指草木生长茂盛。明刘基《旅兴》诗之四六："今晨视郊原，草木皆发荣。"

[2] 衂（nǜ）："衄"的异体字，鼻出血。

[3] 牙宣：指龈肉萎缩、齿根宣露之病症，多见于慢性牙周炎等。宣，显露。

[4] 溺（niào）：即"尿"，动词。

[5] 崩漏：妇女病理性阴道出血的统称。来势急而血量多者为崩，来势缓而淋漓不断者为漏。

[6] 痔漏：又名"痔瘘"，即痔疮和肛瘘的合称。

[7] 蓄血：病证名。包括瘀热蓄结于内和瘀血郁积于内的病证。如狂：神志错乱，但症状较发狂为轻。

[8] 血瘕：腹内瘀血结聚形成的有形积块。

[9] 三陰：指太阴（脾）、少阴（肾）、厥阴（肝）。

[10] 乃：可是。

[11] 手眼：手段。

[12] 執定：固执。

[13] 坐：因犯……过错。抛荒：本指已垦田地废弃不种，此谓荒废。本位：根本。

课后习题

1. 字词解释

发荣、牙宣、溺血、手眼、执定、坐、抛荒

2. 句子翻译

当归甘温养脾而使血有统，白芍酸寒敛肝而使血能藏，生地甘寒滋肾而益血，川芎辛温通气而行血。调补血分之法，于斯著矣。

3. 思考分析

文章所述血病的种类有哪些？其治则有哪些？

4. 经典背诵

血之取义：一为荣，荣者，发荣也；非血则无以润脏腑，灌经脉，养百骸，此滋长之义也；一为营，营者，营垒也；非血则无以充形质，实腠理，固百脉，此内守之义也。水谷之精，聚于中焦，受气变化，然后成血，日生几何？不知调养，而反行耗散，血病多多矣。或目睛流血，耳中出血，鼻中衄血，口中吐血，舌痛出血，牙宣出血，毛窍出血，小溲溺血，大便泻血；或崩漏，或痔漏，或蓄血如狂，或血痞作胀，或经闭不通，或妄行血脱；以至跌扑之伤血，疮疡之溃血。

5. 扩展阅读

【人参养荣汤】治脾肺俱虚，发热恶寒，肢体瘦倦，食少作泻等证。若气血虚而变见诸证，弗论其病期脉，但用此汤，诸证悉退。

人参　白术　茯苓　甘草　黄芪　陈皮　当归　熟地　白芍　桂心　远志　五味子

上十二味，加姜三片，枣二枚，水煎服。

［集注］柯琴曰：古人治气虚以四君子，治血虚以四物，气血俱虚者以八珍，更加黄芪、肉桂名十全大补，宜乎万举万当也。而用之有不获效者，盖补气而不用行气之品，则气虚之甚者，几无气以运动；补血而仍用行血之物，则血虚之甚者，更无血以流行。故加陈皮以行气，而补气者悉得效其用；去川芎行血之味，而补血者因以奏其功。此善治者，只一加一减，便能转旋造化之机也。然气可召而至，血易亏而难成，苟不有以求其血脉之主而养之，则营气终归不足。故倍人参为君，而佐以远志之苦，先入心以安神定志，使甘温之品，始得化而为血，以奉生身。又心苦缓，必得五味子之酸，以收敛神明，使营行脉中而流于四脏。名之曰养荣，不必仍十全之名，而收效有如此者。（选自《医宗金鉴·删补名医方论》）

要求

如何理解“盖补气而不用行气之品，则气虚之甚者，几无气以运动；补血而仍用行血之物，则血虚之甚者，更无血以流行。”这句话？

第六章　医书提要选

概述

提要，是一种说明文，又叫“题解”“书录”“书目提要”等。特点是简要介绍书籍的有关内容，文章高度概括，突出重点，简明扼要。本章三则选自《四库全书总目》，据文渊阁四库本排印，大小标题另加。作者纪昀（公元1724~1805年），字晓岚，清代河间（今河北沧州市献县）人，乾隆十九年进士，官至礼部尚书、协办大学士，卒谥文达。除主编《四库全书》外，还著有《阅微草堂笔记》等。《四库全书》的每一部书都有一篇提要，介绍作者生平、著作内容、著述体例及版本、源流等。大部分提要另汇编成《四库全书总目》二百卷。

《黄帝素问》提要

导读

《黄帝素问》的提要，着重考证《素问》书名的由来，说明王冰对《素问》的编次补缀及其注释的贡献。

《黄帝素問》二十四卷，唐王冰註。《漢書·藝文志》載《黄帝内經》十八篇，無“素問”之名。後漢張機《傷寒論》引之，始稱《素問》。晉皇甫謐《甲乙經·序》稱《鍼經》九卷，《素問》九卷，皆為《内經》，與《漢志》十八篇之數合[1]，則《素問》之名起於漢晉間矣，故《隋書·經籍志》始著錄也。然《隋志》所載祇八卷，全元起所註，已闕其第七[2]。冰為寶應中人，乃自謂得舊藏之本，補足此卷[3]。宋林億等校正，謂《天元紀大論》以下，卷帙獨多，與《素問》餘篇絕不相通，疑即張機《傷寒論·序》所稱《陰陽大論》之文，冰取以補所亡之卷，理或然也[4]。其《刺法論》《本病論》，則冰本亦闕，不能復補矣。冰本頗更其篇次，然每篇之下，必註全元起本第幾字，猶可考見其舊第[5]。所註排抉隱奥，多所發明[6]。其稱：大熱而甚，寒之不寒，是無水也；大寒而甚，熱之不熱，是無火也。無火者，不必去水，宜益火之源，以消陰翳；無水者，不必去火，宜壯水之主，以鎮陽光[7]。遂開明代薛己諸人探本命門之一法，其亦深於醫理者矣[8]。冰名見《新唐書·宰相世系表》，稱為京兆府參軍[9]。林億等引《人物志》謂冰為太僕令，未知孰是[10]。然醫家皆稱王太僕，習讀億書也。其名晁公武《讀書志》作“王砅”，杜甫集有《贈重表姪王砅》詩，亦復相合[11]。然唐、宋《志》皆作“冰”，而世傳宋槧本亦作“冰”字，或公武因杜詩而誤歟[12]？

［注释］

［1］漢志：《汉书·艺文志》的简称。

［2］隋志：《隋书·经籍志》的简称。祇：“只”的异体字。全元起：南朝齐梁时人，著《素问训解》，为最早的《素问》注本，可惜已亡佚于南北宋之交。

闕：通“缺”，缺漏。

［3］冰：指王冰。寶應：唐代宗年号，公元 762 年至公元 763 年。舊藏之本：指收藏很久的《素问》版本。《黄帝内经素问注·序》有“时于先生郭子斋堂，受得先师张公秘本”与“兼旧藏之卷”语。

［4］餘：其余。絕：完全。通：同，相同。亡：亡佚，散失。或然：或许可能。

［5］頗：皆，悉。更：变更。第：次序。

［6］排：疏通。抉：择取。

［7］“大熱而甚”十四句：见于《素问·至真要大论》王冰的两条注文。意为用寒凉药治疗热证，但热象不去，是由于阴虚的缘故；用温热药治疗寒证，但寒象不去，是由于阳虚的缘故。对于阳虚，不必除肾水，而适宜用温养心阳法来消除阴寒之气；对于阴虚，不必降心火，而适宜用滋补肾阴法来抑制阳亢之象。陰翳：指阴寒之气。鎮：制服。陽光：指阴虚所致阴火内热。

［8］薛己：明代著名医学家，字新甫，号立斋，吴县（今江苏吴县）人。注重肾及命门学说，认为命门为真阴真阳，气血阴阳皆由命门所化。探本：探求根本。

［9］“冰名見”二句：《新唐书》卷七十二中在王氏任职系列中有“冰京兆府参军”六字，盖为同名之人，并非注《素问》的王冰。世系：家族世代相承的系统。京兆：指京畿一带，唐时为今陕西西安以东至华县之间。参军：官名，即参谋军务，隋唐时兼为郡官。

［10］“林億等”二句:，今本《黄帝内经素问注》的王冰序文篇题下林亿等云：“按唐《人物志》，冰仕唐为太仆令，年八十余，以寿终。”考唐代并无《人物志》一书存世。疑林亿所指乃唐·林宝撰的《元和姓纂》。太僕令：官名。掌輿马畜牲之事。孰：谁。是：正确。

［11］晁公武：宋代著名藏书家，澶州清丰（今山东巨野）人，字子止，又称昭德先生。所撰《郡斋读书志》系私家藏书目录，按经、史、子、集四部分为四十多类。重表：指高祖、曾祖以来的中亲表。诗中杜甫对王砅说：“我之曾老姑，尔之高祖母。”姪：“侄”的异体字。砅（lì）：本为履石渡水，此作人名。

［12］槧（qiàn）本：刻本。槧，书版。因：沿袭。歟（yú）：吗，呢。表疑问语气。

课后习题

1. 字词解释

或然、（旧）第、（排）抉、阴翳、阳光、探本、世系、堑本、因、欤

2. 句子翻译

冰本颇更其篇次，然每篇之下，必注全元起本第几字，犹可考见其旧第。所注排抉隐奥，多所发明。其称：大热而甚，寒之不寒，是无水也；大寒而甚，热之不热，是无火也。无火者，不必去水，宜益火之源，以消阴翳；无水者，不必去火，宜壮水之主，以镇阳光。

3. 思考分析

文章考证了王冰哪些方面的材料?

4. 经典背诵

冰本颇更其篇次，然每篇之下，必注全元起本第几字，犹可考见其旧第。所注排抉隐奥，多所发明。其称：大热而甚，寒之不寒，是无水也；大寒而甚，热之不热，是无火也。无火者，不必去水，宜益火之源，以消阴翳；无水者，不必去火，宜状水之主，以镇阳光。遂开明代薛己诸人探本命门之一法，其亦深于医理者矣。

5. 扩展阅读

明张介宾撰。是书首为传忠录三卷，统论阴阳六气及前人得失，次脉神章三卷，录诊家要语。次为伤寒典、杂证谟、妇人规、小儿则、痘疹诠、外科钤，凡四十一卷，又本草正二卷，采药味三百种，以人参、附子、熟地、大黄为药中四维，更推人参、地黄为良相，大黄、附子为良将。次新方二卷，古方九卷，皆分八阵，曰补，曰和，曰寒，曰热，曰固，曰因，曰攻，曰散。又别辑妇人小儿痘疹外科方四卷，终焉。其命名皆沿明末纤佻之习，至以伤寒为典，杂证为谟，既僭经名。且不符字义，尤为乖谬。其持论则谓金、元以来河间刘守真立诸病皆属于火之论，丹溪朱震亨立阳有余阴不足及阴虚火动之论，后人拘守成方，不能审求虚实，寒凉攻伐，动辄贻害，是以力救其偏。谓人之生气以阳为主，难得而易失者惟阳，既失而难复者亦惟阳，因专以温补为宗，颇足以纠卤莽灭裂之弊，于医术不为无功。至于沿其说者，不察证候之标本，不究气血之盛衰，概补概温，谓之王道。不知误施参桂，亦足戕人。则矫枉过直，其失与寒凉攻伐等矣。大抵病情万变，不主一途，用药者从病之宜，亦难拘一格。必欲先立一宗旨，以统括诸治，未有不至于偏者。元许衡《鲁斋集》有论梁宽甫《病证书》曰：近世诸医，有主易州张氏者，有主河间刘氏者。张氏用药，依准四时阴阳而增损之，正内经四气调神之义。医而不知此，妄行也。刘氏用药务在推陈致新，不使少有拂郁，正造化新新不停之义。医而不知此，无术也。然而主张氏者或未尽张氏之妙，则瞑眩之剂终不敢投，至失几后时而不救者多矣。主刘氏者或未悉刘氏之蕴，则劫效目前，阴损正气，贻祸于后日者多矣。能用二家之长，而无二家之弊，则治庶几乎。其言至为明切。夫扶阳抑阴，天之道也。然阴之极至于龙战，阳之极亦至于亢龙，使六阴盛于坤而一阳不生于复，则造化息矣。使六阳盛于乾而一阴不生于姤，则造化亦息矣。《素问》曰：亢则害，承乃制。圣人立训，其义至精。知阴阳不可偏重，攻补不可偏废，庶乎不至除一弊而生一弊也。（选自纪昀等《四库全书总目提要·景岳全书》）

要求

（1）《景岳全书》的学术特点有哪些？

（2）许衡认为，张元素学说的精华和刘河间学说的精华各是什么？

（3）作者认为《景岳全书》的长处和缺点是什么？

《证治准绳》提要

导读

《证治准绳》为明代王肯堂编撰。书成后，历代均有刊本，主要有万历初刻本、四库全书本、图书集成本、1957年上海科技出版社铅印本等17种。收罗广博，编辑严谨，持论平正，是十七世纪流传最广的医学著作之一。《证治准绳》提要，评价多所赞赏，谓其内容广博，条理分明，持论公允。

《證治準繩》一百二十卷，明王肯堂撰[1]。肯堂有《尚書要旨》已著錄。是編據肯堂自序，稱先撰《證治準繩》八冊，專論雜證，分十三門，附以《類方》八冊，皆成於丁酉戊戌間[2]。其書採摭繁富，而參驗脈證，辨別異同，條理分明，具有端委，故博而不雜，詳而有要，於寒溫攻補，無所偏主[3]。視繆希雍之餘派，虛實不問，但談石膏之功，張介賓之末流，診候未施，先定人參之見者，亦為能得其平[4]。其諸傷門內附載傳屍勞諸蟲之形，雖似涉乎語怪，然觀北齊徐之才以死人枕療鬼疰，則專門授受，當有所傳，未可槩疑以荒誕也[5]。其《傷寒準繩》八冊、《瘍醫準繩》六冊，則成於甲辰，《幼科準繩》九冊，《女科準繩》五冊，則成於丁未，皆以補前書所未備，故仍以《證治準繩》為總名，惟其方皆附各證之下，與《雜證》體例稍殊耳[6]。史稱肯堂好讀書，尤精於醫，所著《證治準繩》該博精詳，世競傳之[7]。其所著《鬱岡齋筆麈》，論方藥者十之三四，蓋於茲一藝，用力至深，宜其為醫家圭臬矣[8]。

［注释］

［1］王肯堂：明代著名医学家，字宇泰，一字损仲，号损庵，自号念西居士，金坛（今江苏金坛）人（公元1549～1613年）。所撰《证治准绳》又称《六科证治准绳》《六科准绳》，凡四十四卷。另有《医镜》四卷、《肯堂医论》三卷等，并刻有《古今医统正脉全书》，辑录《内经》至明代以前较具代表性的医著四十四种。

［2］册："册"的异体字。丁酉戊戌：指公元1597年至公元1598年。

［3］採摭（zhí）：选取，采集。採，"采"的异体字。摭，搜集，拾取。具：

都，完全。端委：源流。偏主：侧重。

［4］缪希雍：明代著名医学家，字仲淳，号慕台，常熟（今属江苏）人（约公元1556~1627年）。撰有《先醒斋医学广笔记》四卷、《神农本草经疏》三十卷。餘派：犹“末流”。派，江河的支流。賔：“宾”的异体字。

［5］傳屍勞：肺结核病，又称传尸、痨瘵、肺痨。语怪：谈论怪异。徐之才：南北朝北齐医学家，字士茂，丹阳（今属江苏）人。所撰《徐王八代家传效验方》《药对》均佚。鬼疰（zhù）：古人认为中鬼邪引起的一类病。症见爆发心腹刺痛，或闷绝倒地，如中恶之类，且易于复发。参《太平圣惠方》卷五十六。槩：“概”的异体字，一概。

［6］甲辰：指公元1604年。丁未：指公元1607年。

［7］該博：渊博。

［8］鬱岡齋筆麈：笔记书名。其中有关医药内容由钱季寅辑成《郁冈斋医学笔尘》。宜：当然，无怪。一般用于句子开头，表示后面所述的话本当如此。圭臬：指圭表，比喻准则或法度。

课后习题

1. 字词解释

采摭、端委、偏主、余派、传尸劳、语怪、鬼疰、该博

2. 句子翻译

（1）其书采摭繁富，而参验脉证，辨别异同，条理分明，具有端委，故博而不杂，详而有要，于寒温攻补，无所偏主。

（2）视缪希雍之余派，虚实不问，但谈石膏之功，张介宾之末流，诊候未施，先定人参之见者，亦为能得其平。

3. 思考分析

王肯堂著《证治准绳》的用意是什么？

4. 经典背诵

其书采摭繁富，而参验脉证，辨别异同，条理分明，具有端委，故博而不杂，详而有要，于寒温攻补，无所偏主。视缪希雍之余派，虚实不问，但谈石膏之功，张介宾之末流，诊候未施，先定人参之见者，亦为能得其平。其诸伤门内附载传尸劳诸虫之形，虽似涉乎语怪，然观北齐徐之才以死人枕疗鬼疰，则专门授受，当有所传，未可概疑以荒诞也。

5. 扩展阅读

周秦越人撰，元滑寿注。越人即扁鹊，事迹具《史记·本传》。寿，字伯仁，《明史·方技传》称为许州人，寄居鄞县。案朱右《撄宁生传》曰：世为许州襄城大家，元初，祖父官江南，自许徙仪真，而寿生焉。又曰：在淮南曰滑寿，在吴曰伯仁氏，在鄞越曰撄宁生，然则许乃祖贯，鄞乃寄居，实则仪真人也。寿卒于明洪武中，故《明史》列之方技传。然戴良《九灵山房集》有怀滑撄宁诗曰：海日苍凉两鬓丝，异乡飘泊已多时。欲为散木留官道，故托长桑说上池。蜀客著书人岂识，韩公卖药世遍知。道涂同是伤心者，只合相从赋黍离。则寿亦抱节之遗老，托于医以自晦者也。是书首有张翥序，称寿家去东垣近，早传李杲之学。《撄宁生传》则称学医于京口王居中，学针法于东平高洞阳。考李杲足迹未至江南，与寿时代亦不相及。翥所云云，殆因许近东垣，附会其说欤？《难经》八十一篇，《汉·艺文志》不载，隋、唐志始载《难经》二卷，秦越人著，吴太医令吕广尝注之。则其文当出三国前。《广书》今不传，未审即此本否？然唐张守节注《史记·扁鹊列传》所引《难经》，悉与今合，则今书犹古本矣。其曰《难经》者，谓经文有疑，各设问难以明之。其中有此称经云，而《素问》《灵枢》无之者，则今本《内经》传写脱简也。其文辨析精微，词致简远，读者不能遽晓，故历代医家多有注解。寿所采摭凡十一家，今惟寿书传于世。其书首列汇考一篇，论书之名义源流。次列阙误总类一篇，记脱文误字。又次图说一篇，皆不入卷数。其注则融会诸家之说，而以己意折衷之，辨论精核，考证亦极详审。《撄宁生传》称《难经》又本《灵枢》《素问》之旨，设难释义，其间荣卫部位，脏腑脉法，与夫经络腧穴，辨之博矣，而阙误或多。愚将本其旨义，注而读之。即此本也。寿本儒者，能通解古书文义，故其所注视他家所得为多云。（选自纪昀等《四库全书总目提要·难经本义》）

要求

（1）《难经》的学术价值是什么？

（2）为什么作者说今本《难经》即隋唐志所载之《难经》？

（3）为什么滑寿要注《难经》？

（4）滑寿注《难经》采用的方法有哪些？

（5）后人对滑寿注的评价是什么？

（6）为什么说滑寿是“抱节之遗老托于医以自晦者”？

（7）据本文给滑寿写一份能反映其生平、为人和学术建树的简历。

《续名医类案》提要

导读

《续名医类案》是清代名医魏之琇继明代江环《名医类案》之后的一部中医医案巨著。本书集录了清初以前历代名医临证的验案。原书六十卷，是魏氏草创初稿，成书于清乾隆三十五年。后经王孟英删定为三十六卷，计三百四十五类病证。鉴于明代《名医类案》所选资料尚多缺漏，而明后新见医案亦颇繁，乃“杂取近代医书及史传地志、文集说部之类，分门排纂。”《续名医类案》提要，是对该书进行褒贬分明的介绍，是取材广泛，可补《名医类案》的不足，注语多有发明辩驳。

《續名醫類案》六十卷，國朝魏之琇撰[1]。之琇既校刊江瓘《名醫類案》，病其尚有未備，因續撰此編，雜取近代醫書及史傳、地志、文集、說部之類，分門排纂[2]。大抵明以來事為多，而古事為瓘書所遺者，亦間為補苴，故網羅繁富，細大不捐[3]。如疫門載神人教用香蘇散一條[4]，猶曰存其方也。至腳門載張文定患腳疾，道人與綠豆兩粒而愈一條，是斷非常食之綠豆，豈可錄以為案[5]。又如金瘡門載薛衣道人接已斷之首[6]，使人回生一條，無藥無方，徒以語怪，更與醫學無關。如斯之類，往往而是，殊不免蕪雜。又蟲獸傷門於薛立齋蚊蟲入耳中一條，註曰“此案耳門亦收之，非重出也，恐患此者不知是蟲，便檢閱耳”云云[7]，而腹疾門中載金臺男子誤服乾薑理中丸發狂入井一條，隔五六頁而重出，又是何義例乎[8]？編次尤未免潦草[9]。然採摭既博，變證咸備，實足與江瓘之書互資參考[10]。又所附案語，尤多所發明辯駁，較諸空談醫理，固有實徵虛揣之別焉[11]。

［注释］

［1］國朝：本朝。此指清朝。

［2］校刊：订正后雕版印刷。病：不满。史傳：史书、史册。地志：专门记载地理情况的书籍。文集：数人作品汇集编成的书。說部：指古代小说、笔记、杂著一类书籍。

［3］補苴（jū）：弥补缺陷。細大不捐：小的大的都不舍弃。捐，弃。

［4］疫門：《续名医类案》篇目名。香蘇散：《太平惠民和剂局方》载香苏散治四时感冒。

［5］斷非：绝对不是。

［6］薜（bì）衣："薜荔衣"的简称，用薜荔叶制成的衣裳。原指神仙鬼怪所披的衣饰，后藉以称隐士的服装。

［7］檢閱：查看。云云：等等，之类。

［8］金臺：地名，今北京。乾薑理中丸：《伤寒论》方，治中焦脾胃虚寒等。義例：著书的主旨和体例。

［9］潦草：草率，不认真。

［10］資：借助。

［11］案語：作者、编者对有关文章、词句所写的说明、提示或考证。也作"按语"。辯駁：辩难，驳正。實證：确实的证验。虛揣：虚假的揣测。

课后习题

1. 字词解释

圭臬、地志、文集、说部、补苴、细大不捐、断非、检阅、虚揣

2. 句子翻译

大抵明以来事为多，而古事为瓘书所遗者，亦间为补苴，故网罗繁富，细大不捐。如疫门载神人教用香苏散一条，犹曰存其方也。至脚门载张文定患脚疾，道人与绿豆两粒而愈一条，是断非常食之绿豆，岂可录以为案。

3. 思考分析

《续名医类案》的主旨是什么？

4. 经典背诵

大抵明以来事为多，而古事为瓘书所遗者，亦间为补苴，故网罗繁富，细大不捐。如疫门载神人教用香苏散一条，犹曰存其方也。至脚门载张文定患脚疾，道人与绿豆两粒而愈一条，是断非常食之绿豆，岂可录以为案。又如金疮门载薜衣道人接已断之首，使人回生一条，无药无方，徒以语怪，更与医学无关。如斯之类，往往而是，殊不免芜杂。

5. 扩展阅读

儒门事亲十五卷金张从正撰从正字子和号戴人睢州考城人兴定中召补太医寻辞去与麻知几常仲明辈讲求医理辑为此书刘祁归潜志称麻知几九畴与之善使子和

论说其术因为文之则此书实知几所记也其例有说有辨有记有解有诫有笺有诠有式有断有论有疏有述有衍有诀有十形三疗有六门三法名目颇烦碎而大旨主于用攻其曰儒门事亲者以为惟儒者能明其理而事亲者当知医也从正宗河间刘守真用药多寒凉其汗吐下三法当时已多异议故书中辨谤之处为多丹溪朱震亨亦讥其偏后人遂并其书置之（选自《四库全书总目·儒门事亲》）

要求

（1）给上文断句。

（2）解释加点的词语。

（3）翻译划横线的句子。

第七章 歌赋选

概述

歌赋是对我国传统文学的统称，有着非常严格的对仗规则和平仄要求。古代医药学家为了便于学习和背诵，将信息量非常丰富的医药学知识以诗词歌赋的形式表现出来，朗朗上口，便于记诵。本章选取《医学三字经》《珍珠囊补遗药性赋》《汤头歌诀》中的部分内容，进行分析和阐述，以提高学习传统中医药的兴趣。这些内容都是历代医药学家踏上医药之路必读的启蒙读物。

医学源流第一

导读

本文节选自《医学三字经》。作者陈念祖（公元 1753～1823 年），字修园，一字良有，号慎修，长乐（今属福建）人，清代著名医学家。其所著医书包括《灵素节要笺注》《伤寒论笺注》《金匮要略笺注》《时方妙用》《伤寒医诀串解》《医学实在易》《医学三字经》等。《医学三字经》共四卷，另有附录。主文采用歌诀的形式，以三字为一句，易读易通；内容十分广博，从中国医学史到临床上常见病症及其诊治，都作了简明扼要的介绍说明，是一部学习中医的启蒙读物。

本文层次分明地叙述了中医学的发展简史，介绍了《灵枢》《素问》等古典医籍和历代医家的主要学术特点。

醫之始，本岐黃，《靈樞》作，《素問》詳。《難經》出，更洋洋[1]。越漢季，有南陽，六經辨，聖道彰，《傷寒》著，《金匱》藏，垂方法，立津梁[2]。李唐後，有《千金》，《外臺》繼，重醫林。後作者，漸浸淫[3]，紅紫色，鄭衛音[4]。迨東垣，重脾胃，溫燥行，升清氣，雖未醇[5]，亦足貴。若河間，專主火，遵之經，斷自我[6]，一二方[7]，奇而妥。丹溪出，罕與儔[8]，陰宜補，陽勿浮[9]，雜病法，四字求[10]。若子和，主攻破，中病良，勿太過。四大家，聲名噪[11]，《必讀》書，錯名號[12]。明以後，須酌量。詳而備，王肯堂[13]；薛氏按[14]，說騎牆[15]；士材說，守其常；景岳出，著新方；石頑續[16]，溫補鄉；獻可論，合二張[17]；診脈法，瀕湖昂[18]。數子者，各一長，揆諸古[19]，亦荒唐，長沙室，尚彷徨[20]。惟韻伯[21]，能憲章[22]；徐尤著，本喻昌[23]；大作者，推錢塘[24]。取法上[25]，得慈航[26]。

［注释］

［1］洋洋：形容众多，盛大。

［2］津梁：本指桥梁。此比喻能起桥梁作用的事物。

［3］浸淫：泛滥。

［4］鄭衛音：春秋战国时郑、卫两国的民间音乐。因同孔子提倡的雅乐大相径庭，故受儒家排斥，后为淫靡之乐的代称。

［5］醇：精纯。

［6］“遵之經”二句：自注：“《原病式》十九条，俱本《内经·至真要大论》，多以火立论，而不能参透经旨。”斷自我，意谓主观判断。

［7］一二方：指六一散、防风通圣散之类。

［8］儔（chóu）：相比。

［9］“陰宜補”二句：朱丹溪主张“阳常有余，阴常不足”故云。

［10］四字：指气、血、痰、郁。气证用四君子汤，血证用四物汤，痰证用二陈汤，郁证用越鞠丸。

［11］噪：名声响亮。

［12］錯名號：指《医宗必读·四大家论》以张从正为张仲景一事。

［13］王肯堂：明代官吏、医学家，字宇泰，金坛（今属江苏）人。著有《证治准绳》《医镜》等，并辑刻《古今医统正脉全书》。

［14］薛氏按：指薛己所撰《薛氏医案》。薛己，明代医学家，字新甫，号立斋，吴县（今属江苏）人，曾任太医院院判。

［15］騎牆：人骑在墙上，脚放墙两侧，看形势逃向某边，比喻立场不明确，游移于二者之间。

［16］石頑：指清初医学家张璐。字路玉，晚号石顽老人，长洲（今江苏苏州）人。著有《伤寒缵论》《伤寒绪论》《诊宗三昧》《本经逢原》《张氏医通》等，立论以温补为主。

［17］合二張：自注云赵献可所著《医贯》“大旨重于命门，与张石顽、张景岳之法相同”。

［18］昂：仰首。此谓出众。

［19］揆：揆度，衡量。

［20］“長沙室”二句：自注，“数子虽曰私淑长沙，升堂有人，而入室者少矣。”彷徨，徘徊。

［21］韻伯：清代医学家柯琴，字韵伯，号似峰，慈溪（今属浙江）人。著有《伤寒来苏集》，对六经分证有特殊见解。韻，“韵”的异体字。

［22］憲章：效法。

［23］“徐尤著”二句：据自注，喻昌所著《医门法律》多能阐发《金匮要略》之旨，而徐、尤“二公《金匮》之注俱本喻嘉言”，故云。徐指徐彬，字忠可，秀水（今浙江嘉兴）人，清代医家，曾师从喻昌，著有《伤寒方论》《金匮要

略备注》等。尤指尤怡，字在泾，号饲鹤山人，吴县（今属江苏）人，清代医家，著有《伤寒贯珠集》《金匮要略心典》《医学读书记》等。

［24］钱塘：指同为钱塘（今浙江杭州）人的张志聪与高世栻。高世栻，字士宗，曾师从张志聪，著有《素问直解》《伤寒论集注》等。

［25］取法上："取法乎上，仅得乎中"的略语。取上等的法则，也只能得到中等的。谓做事要高标准严要求。语本唐太宗《帝范》卷四。

［26］慈航：佛教语。谓佛、菩萨以慈悲之心度人，如航船之济众，使脱离生死苦海。

课后习题

1. 字词解释

洋洋、津梁、浸淫、郑卫音、迨（东垣）、（未）醇、（与）俦、（声名）噪、骑墙、（溯湖）昂、揆（诸古）、彷徨、宪章、取法上、慈航

2. 句子翻译

（1）越汉季，有南阳，六经辨，圣道彰，《伤寒》着，《金匮》藏，垂方法，立津梁。李唐后，有《千金》，《外台》续，重医林。后作者，渐浸淫，红紫色，郑卫音。

（2）迨东垣，重脾胃，温燥行，升清气，虽未醇，亦足贵。若河间，专主火，遵之经，断自我，一二方，奇而妥。丹溪出，罕兴俦，阴宜补，阳勿浮，杂病法，四字求。

（3）若子和，主攻破，中病良，勿太过。四大家，声名噪，《必读》书，错名号。

3. 思考分析

（1）本文认为张仲景的贡献有哪些？

（2）本文阐述的金元四大家的基本思想有哪些？

（3）本文介绍了明清哪些医家？

4. 经典背诵

越汉季，有南阳，六经辨，圣道彰，《伤寒》着，《金匮》藏，垂方法，立津梁。李唐后，有《千金》，《外台》继，重医林。后作者，渐浸淫，红紫色，郑卫音。迨东垣，重脾胃，温燥行，升清气，虽未醇，亦足贵。若河间，专主火，遵之经，断自我，一二方，奇而妥。丹溪出，罕与俦，阴宜补，阳勿浮，杂病法，

四字求。若子和，主攻破，中病良，勿太过。四大家，声名噪，《必读》书，错名号。

5. 扩展阅读

张戴人医亦奇杰也世人不究其用意议其治疾惟事攻击即明理如丹溪格致余论亦讥其偏丹溪之说出益令人畏汗吐下三法如虎并其书置之不与睫交予甚冤之予惟人之受病如寇入国不先逐寇而先拊循适足以养寇而扰黎民也戴人有见于是故以攻疾为急疾去而后调养是得靖寇安民之法矣彼仲景麻黄瓜蒂大承气非攻击急剂哉审缓急而用之此仲景意也盖医难于认病而不难于攻击调补戴人特揭其难者言之也（选自明·孙一奎《医旨绪余·张刘李朱滑六名师小传》）

要求

（1）给上文断句。

（2）解释加点的词语。

（3）翻译划横线的句子。

十九畏歌

导读

本文摘选自李杲编撰的《珍珠囊补遗药性赋》。李杲（公元1180～1251年），字明之，真定（今河北省正定）人，晚年自号东垣老人，他是中国医学史上“金元四大家”之一，是中医“脾胃学说”的创始人。李氏一生著述颇丰，主要著作包括《脾胃论》三卷（公元1249年）、《内外伤辨惑论》三卷（公元1231年）、《兰宝秘藏》三卷（公元1251年）、《伤寒会要》《用药法象》《东垣试效方》等。而题名为李东垣撰的《保婴集》《伤寒治法举要》《东垣心要》《活法机要》《医学法门》《珍珠囊补遗药性赋》等，一般认为都是托名之作。

选文《十九畏歌》列述了九组十九味中药之间配伍禁忌，如果这些药物合用，则会产生剧烈的毒副作用或降低药效。为古人临床经验总结，编成歌诀形式，朗朗上口，便于记诵，但其实质尚待进一步研究加以验证。

硫黃原是火中精[1]，樸硝[2]一見便相爭。
水銀莫與砒霜見，狼毒[3]最怕密陀僧。
巴豆性烈最為上，偏與牽牛不順情。
丁香莫與郁金見，牙硝[4]難合京三棱。
川烏草烏不順犀[5]，人參最怕五靈脂。
官桂[6]善能調冷氣，若逢石脂[7]便相欺。
大凡修合[8]看順逆，炮爁炙煿[9]莫相依。

［注释］

［1］火中精：补火之精华。

［2］樸硝：含水硫酸钠。据《本草纲目》记载，“煎炼入盆，凝结在下，粗朴者为朴消，在上有芒者为芒消，有牙者为马牙消”，古代本草将芒硝结晶之形如圭角状而明净者称为“马牙硝”，故芒硝与马牙硝实为一物，只不过结晶形状不同而已，而与朴硝不同仅在于精粗之分。朴硝在制备中沉积于下，而芒硝则结晶于上。

［3］狼毒：最早见于《本经》，有毒，临床上使用的狼毒十分混乱，主要有瑞

香科瑞香狼毒；大戟科的狼毒大戟和月腺大戟；此外两广地区主要以天南星科植物海芋入药，又称广狼毒或土狼毒；湖南地区以毛茛科乌头属牛扁入药；等等。有本草考证认为瑞香科狼毒才是历代本草记载的狼毒正品，《中国药典》2015年版中记载的狼毒来源为大戟科的狼毒大戟和月腺大戟。

［4］牙硝：即马牙硝，简称牙硝。

［5］犀：即犀角。1993年5月29日国务院发布了《国务院关于禁止犀牛角和虎骨贸易的通知》，通知中规定，“取消犀牛角和虎骨药用标准，今后不得再用犀牛角和虎骨制药。”目前采用水牛角代替犀角。

［6］官桂：肉桂中品质优良者。按李时珍的解释，官桂“乃上等供官之桂”。此处指肉桂。

［7］石脂：即赤石脂，为硅酸盐类矿物多水高岭石族多水高岭石，主含含水硅酸铝。

［8］修合：最早出现于北宋年间，中药加工炮制的术语。修，指对未加工药材的炮制；合，指对药材的取舍、搭配、组合。修合就是指中药的采集、加工、配制过程，它涉及到药材的产地、成色、质量、加工等因素，直接影响中药的疗效。《局方》：“凡药修合，依法炮制”。

［9］炮爁（làn）炙煿：是中药饮片炮制的几种方法。其中炮，古代指将药物埋于灰火中，炮至焦黑。如《五十二病方》中“炮鸡”，是将鸡裹草涂泥后烧熟，即“裹物烧”。现代的“炮”即用炒法，将药物炒至微黑，如炮姜，或以高温砂炒至发，去砂取药，如炮甲珠等。爁，音滥，《淮南子·览冥训》：“火爁焱而不灭”；《集韵》：“火焚也。”“焱”同炎，形容火光上升的样子，用火直接烧、烘烤药物。如《局方》：“骨碎补，爁去毛”。炙的含义历代有变化。《五十二病方》之“炙蚕卵”及“炙梓叶”，是将药物置于近火处烤黄。张仲景用的炙阿胶同于炒。“炙淫羊藿”系用羊脂油与淫羊藿拌炒，待脂尽为度。《局方》的炙与炒区别不明显，如炒香与炙香即无区别。现已基本统一，炙即药物加液体辅料后，用文火炒干，或边炒边加液体辅料，继续以文火炒干。煿，音博，本作爆，《玉篇》：“爆，落也，灼也，热也”。《说文》：“灼也，暴声”。《广韵》：“迫于火也”。徐铉曰：“火裂也”。是以火烧物，使之干燥爆裂。

课后习题

1. 字词解释

莫与，修合，顺逆，炮，爁，炙，煿

2. 句子翻译

(1) 巴豆性烈最为上，偏与牵牛不顺情。

(2) 川乌草乌不顺犀，人参最怕五灵脂。

(3) 大凡修合看顺逆，炮爁炙煿莫相依。

3. 思考分析

(1) 请列述了九组十九味相反药物？

(2) 如何理解“大凡修合看顺逆，炮爁炙煿莫相依”这句话？

4. 经典背诵

硫黄原是火中精，朴硝一见便相争。
水银莫与砒霜见，狼毒最怕密陀僧。
巴豆性烈最为上，偏与牵牛不顺情。
丁香莫与郁金见，牙硝难合京三棱。
川乌草乌不顺犀，人参最怕五灵脂。
官桂善能调冷气，若逢石脂便相欺。
大凡修合看顺逆，炮爁炙煿莫相依。

5. 扩展阅读

本草明言十八反，半蒌贝蔹及攻乌，
藻戟遂芫俱战草，诸参辛芍叛藜芦。

（选自张子和《儒门事亲》）

要求

(1) 请列出十八反的具体药物。

(2) 请从药物配伍的角度，试述为什么说“半蒌贝蔹及攻乌”？

寒类药性赋

导读

本章亦摘选自李杲编撰的《珍珠囊补遗药性赋》。《药性赋》将临证中常用的248种中药按药性分寒、热、温、平四类，用韵语编写成赋体，言简意赅，朗朗上口，便于诵读记忆。尤其是对药性概括精辟，一经铭记在心，受用终生，是学习中药的启蒙书。节选的寒类药性赋共收录66味寒性药物，歌赋开门见山的说在全部中药中，此篇所列中药的药性最为寒凉，随后对每味药物主治功效进行言简意赅的描述，切合临床实际，便于临床应用。

諸藥賦性[1]，此類最寒。犀角解乎心熱[2]；羚羊[3]清乎肺肝。澤瀉利水通淋而補陰不足；海藻散癭破氣而治疝何難。聞之菊花能明目清頭風；射干療咽閉而消癰毒；薏苡理腳氣而除風濕；藕節消瘀血而止吐衄。瓜蔞子下氣潤肺喘兮，又且寬中，車前子止瀉利小便兮，尤能明目。是以黃柏瘡用，兜鈴嗽醫。地骨皮有退熱除蒸之效，薄荷葉宜消風清腫之施。寬中下氣，枳殼緩而枳實速也；療肌解表，幹葛先而柴胡次之[4]。百部治肺熱，咳嗽可止；梔子涼心腎，鼻衄最宜。玄參治結熱毒癰，清利咽膈；升麻清風熱腫毒，發散瘡痍。嘗聞膩粉抑肺而斂肛門[5]；金箔鎮心而定神志。茵陳主黃疸而利水；瞿麥治熱淋之有血。樸硝通大腸，破積而止痰癖；石膏治頭痛，解肌而消煩渴。前胡除內外之痰實；滑石利六腑之澀結。天門冬止嗽，補血涸而潤心肝；麥門冬清心，解煩渴而除肺熱。又聞治虛煩、除噦嘔，須用竹茹；通秘結、導瘀血，必資大黃。宣黃連治冷熱之痢，又厚腸胃而止瀉；淫羊藿療風寒之痹，且補陰虛而助陽。茅根止血與吐衄；石葦通淋與小腸。熟地黃補血且療虛損；生地黃涼血更醫眼瘡。赤芍藥破血而療腹痛，煩熱亦解；白芍藥補虛而生新血，退熱尤良。若乃消腫滿逐水於牽牛；除熱毒殺蟲於貫眾。金鈴子治疝氣而補精血；萱草根治五淋[6]而消乳腫。側柏葉治血山崩漏[7]之疾；香附子理氣血婦人之用。地膚子利膀胱，可洗皮膚之風[8]；山豆根解熱毒，能止咽喉之痛。白蘚皮去風治筋弱，而療足頑痹；旋覆花明目治頭風，而消痰嗽壅。又況荊芥穗清頭目便血，疏風散瘡之用；瓜蔞根療黄疸毒廱，消渴解痰之憂。地榆療崩漏，止血止痢；昆布破疝氣，散癭散瘤。療傷寒、解虛煩，淡竹葉之功倍；除結氣、破瘀血，牡丹皮之用同。知母止嗽而骨蒸退；牡蠣澀精而虛汗收。貝母清痰止咳嗽而利心肝；桔梗開肺利胸膈而治咽喉。若夫黄芩治諸熱，兼主五淋；槐花治腸風，亦醫痔痢。常山理痰結而治溫瘧；葶藶瀉肺喘而通水氣。此六十六種藥性之寒也[9]。

［注释］

［1］諸藥賦性：所谓的药性是指药物与疗效相关的性能的统称。包括四气、五味、升降浮沉、归经、有毒无毒等，其中四气又称四性，指药物具有寒热温凉四种不同的药性。

［2］犀角解乎心熱：犀角主解心经及血分的邪热。犀角已经被取消药品标准，目前临床上采用水牛角作为犀角的代用品。

［3］羚羊：即羚羊角。

［4］療肌解表，乾葛先而柴胡次之：治疗肌表邪热，宜先用干葛，后用柴胡。干葛即葛根，味甘辛性凉。归脾、胃经，具有发汗解肌退热的功效。柴胡性味苦微寒，归肝、胆经。和解表里，退肌热。葛根和柴胡两者均能解肌表之热，且能升阳气。但葛根侧重于项背强痛之阳明经表证，而柴胡则常用于寒热往来之少阳证。也就是说治疗外感性疾病，应先阳明再少阳，尚未传到少阳经，没有出现少阳证（口苦、咽干、胁肋疼痛、寒热往来等），则应先用葛根，不能先用柴胡。故有“疗肌解表，干葛先而柴胡次之”的说法。

［5］嘗聞膩粉抑肺而斂肛門：曾经听说腻粉能制止肺气上逆，且具有收敛肛门止泻的作用。《本草纲目》载腻粉即轻粉，轻粉有毒，为拔毒化腐生肌药，外用攻毒杀虫，内服利水通便，尚可祛痰，但无收敛肛门止泻的作用。

［6］五淋：五种淋证。指石淋、气淋、膏淋、劳淋、热淋或冷淋、热淋、膏淋、血淋、石淋。

［7］血山崩漏：血热妄行的崩漏。崩指妇女不在经期，忽然阴道大量出血如山崩一样。漏指妇女经血点滴而下，缠绵不止，如屋漏一般。

［8］皮膚之風：指湿疹、湿疮及风疹瘙痒等疾患。

［9］此六十六種藥性之寒也：以上 66 种药物，都是属于寒性的药物。

课后习题

1. 字词解释

吐衄、疗肌、尝闻、厚肠胃、五淋、血山崩漏

2. 句子翻译

（1）犀角解乎心热；羚羊清乎肺肝。

（2）泽泻利水通淋而补阴不足。

（3）又况荆芥穗清头目便血，疏风散疮之用。

3. 思考分析

怎样理解“疗肌解表，干葛先而柴胡次之”这句话？

4. 经典背诵

诸药赋性，此类最寒。犀角解乎心热；羚羊清乎肺肝。泽泻利水通淋而补阴不足；海藻散瘿破气而治疝何难。闻之菊花能明目清头风；射干疗咽闭而消痈毒；薏苡理脚气而除风湿；藕节消瘀血而止吐衄。瓜蒌子下气润肺喘兮，又且宽中，车前子止泻利小便兮，尤能明目。是以黄柏疮用，兜铃嗽医。地骨皮有退热除蒸之效，薄荷叶宜消风清肿之施。宽中下气，枳壳缓而枳实速也；疗肌解表，干葛先而柴胡次之。百部治肺热，咳嗽可止；栀子凉心肾，鼻衄最宜。玄参治结热毒痈，清利咽膈；升麻清风热肿毒，发散疮痍。

5. 扩展阅读

芫花本利水，非醋不能通。绿豆本解毒，带壳不见功。草果消膨效，连壳反胀胸。黑丑生利水，远志苗毒逢。蒲黄生通血，熟补血运通。地榆医血药，连梢不住红。陈皮专理气，留白补胃中。附子救阴症，生用走皮风。草乌解风痹，生用使人蒙。人言烧煅用，诸石火煊红。入醋堪研末，制度必须工。川芎炒去油，生用痹痛攻。炮爁当依法，方能专化工。（选自《珍珠囊补遗药性赋·炮制药歌》）

要求

（1）利用所学中药学知识，如何理解“草乌解风痹，生用使人蒙”？

（2）通读全文，如何理解“炮爁当依法，方能专化工”这句话？

汤头歌诀六则

导读

六则汤头歌诀摘自《汤头歌诀》。本歌诀为清代汪昂撰写，刊于1694年。书中选录中医常用方剂300余方，分为补益、发表、攻里、涌吐等20类。以七言歌诀的形式加以归纳和概括。并于每方附有简要注释，便于初学习诵，是一部流传较广的方剂学著作。刊印后相应地出现了多种后人续补、增注或改编的作品。

“汤头”是中药汤剂的俗称。在中国传统的中药方剂中，一副汤剂往往要由多味药材组成，制法繁琐，药材名称抽象枯燥，不便记忆和掌握；因此，古人便尝试着将一些传统的灵验药方，编成诗歌，使其具有合辙押韵，朗朗上口的特点。此举方便了人们的识记，受到广大学医者的欢迎。

第一则　四君子湯

四君子湯[1]中和義，参术茯苓甘草比；

益以夏陳名六君[2]，祛痰補氣陽虚餌[3]；

除卻半夏名異功[4]，或加香砂胃寒使[5]。

［注释］

［1］四君子湯：本方是宋代《太平惠民和剂局方》里的一张方子。由人参、白术、茯苓、炙甘草四味药等分，研末，每次一钱，水煎温服。清代吴谦等人编纂《医宗金鉴》时，改为人参、白术、茯苓各二钱，炙甘草一钱，加生姜三片，大枣二枚煎服。本方所选药物药性平和，有助阳补气的功效，适用于一切阳虚气弱，脾肺气虚，面色萎黄，言语轻微，四肢乏力，脉来虚弱等症状。后世在此方基础上变化出很多方剂，此方歌所列举仅仅是常用的几首而已。

［2］六君：四君子汤基础上加上半夏、陈皮，叫做“六君子汤”，具有补气祛痰的功效，用于治疗阳虚气弱而有湿痰的病症。

［3］餌（ěr）：服用。

［4］異功：宋钱乙在其著作《小儿药证直诀》中把六君子汤去掉半夏，名为异功散，治疗阳虚气弱而见胃脘痞满，饮食减少，腹部虚膨的症状。

[5]“或加”句：若六君子汤再加木香、砂仁，叫“香砂六君子汤”，主治胃虚有寒而见呕吐痞满、胃脘痛或腹痛泄泻等症状。

第二则　四物湯

四物[1]地芍與歸芎，血家百病此方通；
八珍[2]合入四君子；氣血雙療功獨崇；
再加黃耆與肉桂；十全大補[3]補方雄；
十全除卻芪地草；加粟煎之名胃風[4]。

[注释]

[1] 四物：本方选自《太平惠民和剂局方》，由酒蒸熟地、酒炒当归、川芎、白芍各等分，研成末，每次三钱，水煎热服。熟地滋阴补血，当归和血生血，芍药敛阴益血，川芎调和气血，合起来成为调血养血的常用方剂，不仅妇科常用，也是治疗血证的基础方剂。

[2] 八珍：四物汤以调血养血为主，而四君子汤以补气为主，两方合用称为“八珍汤”，形成了一个气血兼补的方剂。

[3] 十全大補：在八珍汤基础上，加入黄芪、肉桂，叫“十全大补汤”。除了气血双补外，还能助阳固气，温补肾阳，所以适用于虚劳病人而见咳嗽、遗精、失血，以及妇人崩漏等病症。本方补的力量雄厚，性偏温，对于阴虚火旺的人则不适合。

[4] 胃風：胃风汤，就是十全大补汤除去黄芪、熟地、炙甘草，加入粟米（小米）百粒煎服，适宜治疗肠胃虚弱而受风冷侵出现大便泄泻、粪便中夹有未消化的食物，或大便下血，血清色鲜的病症。

第三则　金匱腎氣丸

金匱腎氣[1]治腎虛；熟地怀藥及山萸；
丹皮苓澤加附桂；引火歸原[2]熱下趨；
濟生[3]加入車牛膝；二便通調腫脹除；
錢氏六味[4]去附桂；專治陰虛火有餘；
六味再加五味麥；八仙[5]都氣治相殊；
更有知柏與杞菊[6]；歸芍參麥[7]各分途。

[注释]

[1] 金匱腎氣：金匮肾气丸出自《金匮要略》，是治疗肾阳不足的祖方。由熟地黄八两，山萸肉、怀山药各四两，牡丹皮、茯苓、泽泻各三两，熟附子、肉桂各一

两，共研末，和蜜做丸，如梧桐子大小，每服三钱，淡盐水送下。治疗肾阳不足引起的腰痛脚软、下身冷感、少腹拘急、小便不利及阳痿精冷、脐腹疼痛等病症。

［2］引火歸原：又名引火归元，引火归源顾名思义，就是引虚浮之火（亦称离源之火），归于本源，是中医针对虚火上浮、火不归源特有的一种治法。本法首见于《伤寒论》，通脉四逆汤、四逆汤被后世认为是此法的具体应用。唐王冰注释《内经·至真要大论》“微者逆之，甚者从之”时说“夫病之微小者，犹人火也，遇草而焫，得木而燔，可以湿伏，可以水灭，故逆其性以折之攻之。病之大者，犹龙火也，得湿而焰，遇水而燔，不知其性，以水湿折之，适足以光，啖诣天，物穷方止矣。识其性者，反常之理，以火遂之，则燔灼自消，焰火扑灭。”应是本法之先河，至明代张景岳方首先明确提出“引火归源”，并娴熟运用。

［3］濟生：济生肾气丸即在金匮肾气丸基础上加入车前子、牛膝而成。其利水的作用更加明显，因此可以治疗脾肾阳虚不能制水而出现的肾虚水肿，腰膝酸重，小便不利，痰饮喘咳。

［4］錢氏六味：钱氏指宋代名医钱乙，其将金匮肾气丸减去附子和肉桂，称为“六味地黄丸”。专门用于治疗小儿先天阴不足，拓展治疗因肾阴不足，虚火上炎的病证，如腰酸足软，自汗盗汗，阴血发热，耳鸣，失音等。

［5］八仙：即“八仙长寿丸”，也称“麦味地黄丸”，是在六味地黄丸基础上再加五味子、麦冬而成。治疗虚损痨热，咳嗽吐血及潮热盗汗等病症。若去麦冬，叫“都气丸”，治疗肺虚劳嗽，甚至喘不得卧。

［6］知柏與杞菊：六味地黄丸加知母、黄柏，即“知柏地黄丸”，可以治疗阴虚火旺，潮热盗汗，口干咽痛，耳鸣遗精，小便短赤等病症。六味地黄丸加枸杞子、菊花，即“杞菊地黄丸”，治疗肝肾阴亏，眩晕耳鸣，羞明畏光，迎风流泪，视物昏花。

［7］歸芍参麥：六味地黄丸家当归、白芍，即“归芍地黄丸”，治疗肝肾两亏，阴虚血少，头晕目眩，耳鸣咽干，午后潮热，腰腿痛，足跟疼痛等病症。六味地黄丸加人参、麦冬，即“参麦地黄丸”，治疗肺肾两虚，咳嗽气喘，咽干口燥等病症。

第四则　獨活寄生湯

獨活寄生[1]艽防辛；芎歸地芍桂苓均；
杜仲牛膝人參草；冷風頑痹屈能伸；
若去寄生加耆續；湯名三痹[2]古方珍。

［注释］

［1］獨活寄生湯：本方选自孙思邈的《备急千金要方》。本方由独活、桑寄

生、秦艽、防风、细辛、川芎、当归、熟地、白芍、肉桂、茯苓、杜仲、牛膝、人参、甘草，共十五味药物组成。其中独活细辛入少阴肾经，温通血脉，配合秦艽、防风疏通经络，升发阳气而祛风邪；桑寄生祛风湿益气血，配合杜仲、牛膝强筋健骨而固肝肾；熟地、当归、白芍、川芎，活血养血；人参、肉桂、茯苓、甘草，益气补阳。因此，本方祛邪与扶正兼顾，对于因肝肾阴虚而又感受风寒湿邪侵袭所造成的腰腿疼痛、脚腿冷痹无力及屈伸不利的顽固痹病具有较好的疗效。

［2］三痹：即三痹汤，独活寄生方若去桑寄生，加黄芪、续断，也能治疗风寒湿痹，称为三痹汤，为宋朝陈自明所著的《妇人大全良方》所载。

第五則　補陽還五湯

補陽還五[1]赤芍芎；歸尾通經佐地龍；
四兩黃耆為主藥[2]；血中瘀滯用桃紅。

［注释］

［1］補陽還五：本方选自清王清任的《医林改错》，由黄芪、当归尾、赤芍、地龙、川芎、红花、桃仁组成。本方证以气虚为本，血瘀为标，即王清任所谓“因虚致瘀”。治当以补气为主，活血通络为辅。本方重用生黄芪，补益元气，意在气旺则血行，瘀去络通，为君药；当归尾活血通络而不伤血，用为臣药；赤芍、川芎、桃仁、红花协同当归尾以活血祛瘀，地龙通经活络，力专善走，周行全身，以行药力，亦为佐药。

［2］四兩黃耆為主藥：王氏将人体阳气比拟为有十成，“分布周身，左右各得其半”。若亏五成还剩五成，十去其五则气亏，归并一侧则半身不遂，故创用本方，名为“补阳还五汤”，重用黄芪四两，以峻补气分为主，辅以活血通络，使气足、血行、瘀去、络通而“还五”，气行周身则“十全”。

第六則　真武湯

真武湯[1]壯腎中陽；茯苓术芍附生薑；
少陰腹痛有水氣；悸眩瞤惕保安康[2]。

［注释］

［1］真武湯：出自张仲景的《伤寒论》，原名是玄武汤。道家称古有四神，也叫四象、四灵，即青龙、白虎、朱雀、玄武。玄武是北方的水神，负责镇寒水，真武汤就是镇下焦的寒水之气。大中祥符五年（公元1012年），宋真宗追尊赵玄朗（字公明）为上灵高道九天司命保生天尊大帝，庙号圣祖，为避讳，改玄武为真武。

［2］少陰腹痛有水氣：真武汤具有温阳利水的功效，是少阴虚寒兼有停饮的主方。《伤寒论》316 条：少阴病，二三日不已，至四五日，腹痛，小便不利，四肢沉重疼痛，自下利者，此为有水气，其人或咳，或小便不利。或下利，或呕者，真武汤主之。《伤寒论》82 条：太阳病发汗，汗出不解，其人仍发热，心下悸，头眩，身瞤动，振振欲擗地者，真武汤主之。

课后习题

1. 字词解释

饵、粟、引火归原、补阳还五、真武

2. 句子翻译

（1）四物地芍与归芎，血家百病此方通。

（2）钱氏六味去附桂，专治阴虚火有余。

3. 思考分析

补阳还五汤中黄芪的量为什么用量最大，其意义何在？

4. 经典背诵

选读的六首方歌

5. 扩展阅读

或曰：君言半身不达，亏损元气，是其本源，何以亏至五成方病？愿闻其说。余曰：夫元气藏于气管之内，分布周身，左右各得其半，人行坐动转，全仗元气。若元气足，则有力；元气衰，则无力；元气绝，则死矣。若十分元气，亏二成剩八成，每半身仍有四成，则无病；若亏五成剩五成，每半身只剩二成半，此时虽未病半身不遂，已有气亏之症，因不疼不痒，人自不觉。若元气一亏，经络自然空虚，有空虚之隙，难免其气向一边归并。如右半身二成半，归并放左，则右半身无气；左半身二成半，归并放右，则左半身无气。无气则不能功，不能动，名曰半身不遂，不遂者，不遂人用也。如睡时气之归并，人不能知觉，不过是醒则不能翻身；惟睡醒时气之归并，自觉受病之半身，向不病之半身流动，比水流波浪之声尤甚；坐时归并，身心歪倒；行走时归并，半身无气，所以跌仆，人便云因跌仆得半身不遂，殊不知非因跌仆得半身不遂，实因气亏得半身下达，以致跌仆。（本文选自《医林改错》）

要求

诵读全文，请结合方剂补阳还五汤分析补阳还五汤的名字来源和意义。

附录

古汉语基础知识

一、汉字

（一）“六书”与汉字结构

汉字是世界上历史最悠久、使用人口最多的文字之一，同其他民族的文字如英文相比，汉字的每一个字是形、音、义三者的统一体，属于表意体系的文字。汉字经过了6000多年的变化，目前所见甲骨文为最古老的成熟汉字，最早见于距今3000年的殷商时期。汉字演变过程是，甲骨文→金文→小篆→隶书→草书→楷书→行书。“甲金篆隶草楷行”七种字体称为“汉字七体”。

汉字有形、音、义三要素，但三者不是并列的。汉字的形是文字的本体，音、义来自语言中的词，词先于字形而存在，音、义是字从词那边承袭过来的。字形和词义没有必然联系，字不等于词，字的发展与词的发展不同步。合体字通常由独体字合成，但并非独体所代表的词就先于合体字所代表的词。

“六书”是我国古代学者关于汉字形体构造的传统说法，它出现于战国时期，《周礼·地官》：“保氏掌谏王恶，而养国子以道。乃教之六艺：一曰五礼；二曰六乐；三曰五射；四曰五驭；五曰六书；六曰九数。”这里没有说明六书的具体内容。郑众注《周礼》，以为六书指象形，会意、转注、处事、假借、谐声。班固《汉书·艺文志》认为，六书是象形、象事、象意、象声、转注、假借。许慎《说文解字·叙》则认为六书是指事、象形、形声、会意、转注、假借。三家之说基本相同。清代以后，一般认为六书采用“许名班序”，即象形、指事、会意、形声、转注、假借。

许慎所著《说文解字》对汉字结构所做的说明，奠定了汉字形体的基本理论，我们称这种基本理论为六书说。下面将这一理论进行简要介绍。

1. 象形 《说文解字·叙》：“象形者，画成其物，随体诘诎，日月是也”。象形这类字，是把事物的形态轮廓或特征描绘下来，其书写特点是随事物不同的形体而曲折变化。例如：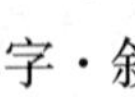就属于这一类。再如（鸟）、（鱼）、羊（羊）等。

2. 指事 《说文解字·叙》：“指事者，视而可识，察而可见，上下是也”。指事是一种用符号标示事物特点的造字方法，它可以分为两类，一种是纯象征性符号构成的，如丄（上）、丅（下）、一、二、三、四等，这类指事字很少；另外一种是在象形字的基础上增加指事性符号：如“刃”在“刀”加一点，表示刀口；“甘”在口内加一点，表示口中含有甘美的食物。

3. 会意 《说文解字·叙》：“会意者，比类合谊，以见指撝，武信是也”。即用两个或两个以上的独体字根据意义之间的关系合成一个字，综合表示这些构字成分合成的意义。会意是为了补救象形和指事的局限而创造出来的造字方法。例如，常见的“人”和“木”，“人”和“人”可以组合为“从、众”等，“人”还可以和其他形体组合为“保、伐、付、伍”等；“木”和“木”可以组合为“林、森”，“木”还可以和其他形体组合为“析、相、采、困”等。因为会意字是两个或两个以上的形体的会合，所以可以表示许多抽象的、用象形或指事的方法难以表示的意义。

4. 形声 《说文解字·叙》：“形声者，以事为名，取譬相成，江河是也”。“以事为名”是说按照事物的类别特点去选一个字作为新字的一部分，即形符；“取譬相成”指再取一个发音相近的字作为新字的声符，形符与声符相配成为一个新字。由于用为义符的文（或字）只表示事物的属类，因而它在形声字中只是高度概括的类名，并不能表示这个形声字的具体含义。形声字分为，左声右形、左形右声、上形下声、下形上声、内形外声、外形内声，另外有的形符与声符处在一个角落、有的形符被声符隔离。左形右声，如材、偏、铜、冻、证、骑、秧、破、沐、梅；右形左声，如攻、颈、削、瓢、放、鹉、雌、故；上形下声，如管、露、爸、芳、崖、宵、界、字；下形上声，如架、案、慈、斧、贡、膏、凳、赏；外形内声，如固、病、庭、阀、园、匾、裹、衷；内形外声，如闷、问、闻、辫；形在一角，如裁、载、栽；声在一角，如醛、渠。还有的形旁和声旁被割裂开来，如衷，从衣中声；街，从行圭声；哀，从口衣声。对这样的形声字在分析形体时一定要注意。

由于汉字字形的演变，有些形声字的形旁、声旁发生了形变，单凭字形很难分辨了。形旁变形的，如“星”字，从“晶”“生”声，发展到楷书，形旁“晶”省变成“日”。又如“肖”，从“肉”“小”声。在楷书里，形旁“肉”的形体已经跟“月亮”的“月”混同起来。声旁变形的，如“更”，从“攴”“丙”声，“年”字从“禾”“千”声，“急”字从“心”“及”声。这些隶变后的形声字，如果不了解小篆及古汉字的写法，是很难辨别它们的形体结构的。

5. 转注 《说文解字·叙》：“转注者，建类一首，同意相受，考老是也”。对于转注的理解，历来众说纷纭，莫衷一是。清代最有代表性意见的是三家，第一家的代表是江声，他认为同部首的字都是转注字；第二家的代表人是戴震，他认为转注就是互训（说文："考，老也。""老，考也。"）；第三家是朱骏声，他认为当古人从某一本义引申出另一意义时，不另造一字，那就是转注，他认为令、长不是假借，而是引申，所以举为转注的例字。

"转注"造字之法是因六书中的"假借"之法而涌现大量一字多用的字（即"假借字"）的客观情势下所产生的，所以针对"假借字"而施以"建类一首，同意相受"式的形体改造便成为"转注"造字的主要途径。"假借字"具有两类情况，一类是"借义"与"本义"不存在"引申"关系，我们可以称之为"谐音假借"，另一类是"借义"和"本义"具有一定的"引申"关系，我们可以称为"引申假借"。转注造字的目的与功能在于从形体上将文字的不同用法、不同意义尽量予以区别的标识。转注造字法是汉字孳乳繁衍的大法，是早期六书中最能产的造字法。一般说来，转注字在结构类型上都属于形声字，但结构类型上的形声字并不都是"转注"造字法所造成的，还有"形声"造字的结果。

6. 假借 《说文解字·叙》："假借者，本无其字，依声托事，令长是也"。假借已有的音同或音近的字来代表所想表达的字或意。假借字有两类。一类是本无其字的假借，某些词原先并没有为它专门造字，人们就从现有的文字中选取某些同音字来记录。例如：表示"没有谁，没有什么"意思的否定性无定代词，原先没有为它专门造字，就借用与之同音的"莫"（本义为昏暮）字来记录它。这样，"莫"也就成了记录否定性无定代词的专用字。为了区别，人们后来又造了"暮"来表示日暮的意思。"莫"和"暮"的关系，属于古今字的关系。再如借用本义为"燃烧"的"然"，来记录表示"如此，这样"意思的指示代词；借用本义为"畚箕"的"其"，来记录代词和语气词；借用本义为"呼叫"的"乎"来记录表疑问的句末语气词；借用本义为"捣臼的棒槌"的"午"，来记录十二地支的第七位，等等；都属于这类情况。另一类是本有其字的假借。本有其字的意思是在日常使用的文字当中本来有表示某个词义的书写形式，但是在使用当中不用本来约定俗成的字形而写为另外一个意义不相涉而音同或音近的字。这一类在秦汉以上的古书中极为常见。如早晚的"早"写成"蚤"，《礼记·乐记》"发扬蹈厉之已蚤"。屈伸的"伸"写成"信"，《周易·系辞下》"尺蠖之屈；以求信也。龙蛇之蛰；以存身也"。屎尿的"屎"写成"矢"，《史记·廉颇蔺相如传》"顷之三遗矢"。"尿"写成"溺"，《庄子》"道在屎溺"。

（二）通假字、古今字、异体字、繁简字

1. 通假字 通假字有广义、狭义之分。广义通假字包括古今字、异体字和通假字。通假字是中国古书的用字现象之一，"通假"就是"通用、借代"，即用读音相同或者相近的字代替本字。由于种种原因，书写者没有使用本字，而临时借

用了音同或音近的字来替代，有人认为部分通假字就是古人所写的白字（别字）。事实上，第一个写通假字的人可以说是写的白字，但是后人纷纷效仿，也就积非成是了。通假字大量存在于古书之中，是造成中国古书难读的原因之一。

通假字所代替的那个字我们把它叫做“本字”。例如，“女还，顾反为女杀彘。”（《曾子杀彘》）句中“女”就代表“汝”。通假字本质上不属于错字或别字，属于正常的文言现象。

2. 古今字　古今字是指古今两个时代先后产生的记录同一个词的两种字形。先产生的叫古字，后产生的叫今字，两者即构成一对古今字。古今字的概念最早是由东汉郑玄提出的。清代著名的文字学家段玉裁说：“古今人用字不同，谓之古今字。”古今字可分为两种：第一，本字为借义所夺，在本字上加形旁以示区别者。如 舍—捨；孰—熟；然—燃；其—箕；易—蜴；亦—腋；县—悬；景—影。第二，一字所记多词，加（或更改）形符以示区别者。如辟—避、闢、僻、襞、譬；责—债；反—返；竟—境；田—畋；说—悦；属—嘱；弟—悌。

3. 异体字　两个（或两个以上）音义完全相同，字形相异在任何情况下都可以互相代替的字，叫异体字。由于汉字是由意符、音符和记号组成，意符选取的角度因人而异，音符又不同于拼音文字中的字母，所以，一字多形的现象在汉字的历史上比比皆是。具体的说，汉字异体字主要有以下五种类型：

其一是为语言中同一语词而造、在使用中功能没有分化的一组字，如泪—淚、覩—睹、徧—遍等。在异体字中，这类字数量最多。

其二是造意不同，但在实际使用中用法相同、功能重合的一组字，如罪—辠、颿—帆等。这里，罪、颿等字的本义都没有文献用例，可能是字书的编者根据字形的造意推出来的，这也是这类异体字与一般假借字的根本区别所在。

其三是同一古文字形体由于传承演变、隶定楷化的方式不同，而在楷书平面上出现了两个或两个以上不同的形体，这些楷书字形之间构成了异体字关系。如宜—宐等。

其四是异写字。这种情况主要是针对早期的楷体而言的。异写字之间的差异主要是书写元素、也就是笔画上的差异，它不对构形模式、结构分布和构意产生任何影响。

其五是讹字。讹字是指传抄、书写过程中字形发生了讹变的字。一般的讹字不能看成异体字，但当它积非成是并进入字书后，讹字与相应的正字之间的关系，与一般的异体字之间的关系便没有什么两样了。因此，这类讹字也应该看成是异体字中特殊的一类。

4. 繁简字　繁体字和简化字合称繁简字。简化字特指 1956 年国务院公布的

《汉字简化方案》（1964 年 3 月文化部、教育部、文议会《关于简化字的联合通知》又作了一些补充规定和内部调整）所颁布的简化字；“繁体字”特指与简化字相应的繁写楷书字体。1964 年 5 月公布的《简化字总表》共收简化字 2238 个。

简化字的来源分为以下几种情况：

1. 采用笔画简单的古字 如從—从、衆—众、塵—尘、禮—礼等等，这些字都见于《说文解字》，比繁体字更符合“六书”；

2. 草书楷化 如專—专、東—东、湯—汤、當—当、買—买、農—农、為—为等；

3. 用简单符号代替原字的一部分 如這—这、趙—赵、劉—刘、慶—庆、岡—冈、風—风、區—区、團—团；

4. 仅保留原字的有特征的部份 如鑿—凿、習—习、廣—广、飛—飞、點—点、聲—声、競—竞；

5. 原来的形声字改换简单的声旁 如療—疗、憐—怜、價—价、蝦—虾、廳—厅、讓—让、鑰—钥、鐵—铁、儀—仪、擁—拥、躍—跃；

6. 保留原字轮廓 比如龜—龟、慮—虑、愛—爱等；

7. 在不引起混淆的情况下，同音字合并为简单的那个字 比如“里程”的“里”和“裹面”的“裹”合并为里，“皇后”的“后”和“以後”的“後”合并为后，“憂鬱”的“鬱”和“郁郁蔥蔥”的“郁”合并为郁，“山谷”的“谷”和“稻穀”的“穀”合并为谷，等等。

二、词汇

语音、语法、词汇是构成语言的三要素。其中词汇对外界事物的反映最为灵敏，变化也最为迅速。随着生产的改革、科技的进步、文化的发展及社会制度的更迭，人们认识不断深化，导致了语言中的词汇经历包括旧词的消失、新词的产生和词义的演变等变化，经过新陈代谢，词汇体系变得越来越丰富。因此，要想增强中药古典文献的阅读能力，提高古代医药文献的理论水平，必须认识和掌握词汇的有关知识。

（一）词义的演变

语言中词所表达的意义叫词义。词义是客观事物或现象在人脑中的概括反映，是人们在使用语言过程中约定俗成而形成的。词义的这样的特点，决定了其具有概括性和客观性的属性。词义的概括性决定了词义只有进入具体的上下文语境中，才具有特定的意义。比如我们常说的“病”，只表示“生理上或心理上发生的不正常的状态”，并没有单指内外妇儿等具体的某种疾病。只有放在具体的语境中才表示某种具体的疾病，如糖尿病、冠心病等。词义的客观性说明词义形成的基础是客观对象和客观事物，但词义并不等于客观对象和客观事物本身。

语言反映社会的变化，特别是语言中的词义，对社会变化的反映尤为敏捷。词义的变化是语言中词汇发展的源泉。词义的变化概括为四类：①词义的扩大；②词义的缩小；③词义的转移；④其他情形，如词义的褒贬色彩不同等。

1. 词义的扩大 词义的扩大是指演变后的词义所反映的客观事物的范围比原义的范围大。词义扩大的现象在汉语中极为常见。

如“诗”，古代专指《诗经》。《论语·为政》：“诗三百，一言以蔽之，曰：思无邪。”现代泛指一般诗歌。“江”“河”，上古专指长江和黄河，现指一切江河。“皮”古代指兽皮，是带毛的，去毛的叫“革”。《左传·僖公十四年》：“皮之不存，毛将安傅?”成语中有“食肉寝皮”，扩大指人和动植物的皮。“齿”，古义是指排列在唇前的牙，甲骨文画的正是门牙。《墨子·非攻中》：“古者有语，唇亡则齿寒。”后来泛指牙齿。白居易《与元九书》：“未老而齿发早衰白。”把门牙扩大成为牙齿，“齿”的词义扩大了。“响”，古义是指回声。《玉篇》：“响，应声也。”《水经注·江水》：“常有高猿长啸，属引凄异，空谷传响，哀转久绝。”贾谊《过秦论》：“天下云集而响应，嬴粮而景从。”今义泛指一切物体发出的音响，概念外延扩展了。

2. 词义的缩小 词义的缩小是指演变后的词义所反映的客观事物的范围比原义的范围小。词义缩小之后，今义成了古义的一部分。

如“金”，先秦泛指金属。《左传·僖公十八年》：“郑伯始朝于楚，楚子赐之金。既而悔之，与之盟曰：‘无以铸兵。’故以铸三钟。”这里记载楚王赏给郑国的“金”，显然指的是“铜”，因为那时铸兵器、铸钟鼎都用铜。楚王担心赏赐给郑国的铜会用来制造武器，所以与郑盟誓。甲骨文中没有“金”字，金文中有了“金”“铜”，但没有“银” “铁”，郭沫若认为“铁”出现于春秋时期。到了“铁”“锡”“银”都出现以后，“金”就逐渐地专指“黄金”了。如《史记·文帝本纪》：“不得以金、银、铜、锡为饰。” “金”词义范围逐渐缩小。现在“五金”“金工”“金属”等复合词里的词素还保留古代词义的痕迹。

“宫”，上古泛指房屋。“宫” “室”是同义词，先秦都指房屋。秦汉以后。“宫”专指封建帝王的住宅，如“阿房宫”“未央宫”。现在除了某些叫“宫”的旧有名称外，只有某些化娱乐场所才称宫，如少年宫、文化宫。“宫”的词义范围越来越缩小了。

“坐”，古代除当“坐下”的动作讲之外，还有“犯罪”“因为”的意义，《晏子春秋·内篇》：“王曰：‘何坐?’曰：‘坐盗。’”《史记·商君列传》：“商君之法，舍人无验者坐之”。上例的“坐”当“犯罪”讲。汉乐府《陌上桑》：“耕者忘其犁，锄者忘其锄，来归相怨怒，但坐观罗敷。”杜牧《山行》：“远上寒山石径斜，白云生处有人家。停车坐爱枫林晚，霜叶红于二月花。”上例的“坐”当“因为”讲。现在专指“坐下”讲，今义比古义缩小了。

“丈夫”，古代指成年男子。《说文》：“周制，八寸为尺，十尺为丈，人长八尺，故曰丈夫。”《韩非子》：“古者丈夫不耕，草木之实足食也。”《战国策·赵策》：“丈夫亦爱怜其少子乎？”后来只指配偶的男性一方，即“妻之夫”而言。概念外延缩小了，就是把意义范围缩小了。

3. 词义的转移 词义的转移是指词义反映的客观对象，由甲类事物转移到相关的乙类事物上去了。

如“涕”，本指眼泪，后转指鼻涕。《诗·陈风·泽陂》：“有美一人，伤如之何？寤寐无为，涕泗滂沱。”毛传：“自目曰涕，自鼻曰泗。”

“豆”，甲骨文中形似高脚杯，是一种盛肉食的木制的高脚碗。《诗经·大雅·生民》“于豆于登”（盛肉于豆，盛肉于登）“豆”就是指这种器皿。后来，“豆”的意义转移到豆类植物及其果实上了。豆类植物，上古不叫“豆”，而叫“菽”。

“脚”，原指小腿。中古以后，“脚”指踝骨以下部分，当“足”字解。今义则把原来的“小腿”转移到大腿以下的部位了。

“兵”本指兵器。《说文》：“兵，械也。”贾谊《过秦论》：“斩木为兵。揭竿为旗。”“收天下之兵聚之咸阳。”成语“短兵相接”之“兵”，即指兵器，今义是指士兵、战士，把“兵器”转移到持兵器的人，就是词义转移。

4. 词义的褒贬色彩不同 风俗习尚和社会思潮的改变，往往引起人们对事物的爱憎与善恶评价的变化，从而影响词义褒贬。由于风俗习尚和社会思潮的改变，从而影响词义褒贬的更替。有的词由褒义变为贬义，有的词由贬义变为褒义，有的由中性词变为贬义词。

如“爪牙”，古代是指武将、猛士，是个褒义词。《国语·越语上》：“夫虽无四方之忧，然谋臣与爪牙之士，不可不养而择也。”《汉书·李广传》：“将军者，国之爪牙也。”“爪牙”的今义是指帮凶、走狗，成为贬义词了。

“复辟”古代是指“恢复君位”，是个褒义词，现在是指“反动势力的复活”，成为贬义词了。

“锻炼”，古代是指“玩弄法律对人进行诬陷”，是个贬义词，现在指“劳动锻炼”“思想锻炼”“锻炼身体”，“锻炼”成为褒义词了。

“谤”，古代是指公开指责别人的过失，是个中性词。《国语·周语上》：“厉王虐，国人谤王。”“谤”的今义是指“诽谤”“毁谤”“造谣中伤”，成为贬义词了。

"贿"，古代有"赠送财物"的意思，是个中性词。《左传·宣公九年》："孟献子聘于周，王以为有礼，厚贿之。""贿"的今义是指"贿赂"，即"用财物收买"的意思。成为贬义词了。

5. 辨别古今词义异同时，应注意的几个问题　古今词义的不同，难的不在迥别，而在微殊。因为细微的差别更易产生误解。如"步"，相当于今之两步；"坐"，相当于今之"跪"。"尺"，周汉代相当于今之23厘米；"布"，粗布，即麻、葛织的布，后代词义范围扩大了，"布衣"指平民。"售"，原指把东西卖出去，《广韵》："卖物出手"，《晏子春秋》："有酒酸不售"，后专指卖的行为。

考察古今词义的异同时，要注意词义异同的系列性，把相关的词放在一起来考察，更易理解词义。如同义词和反义词的搭配问题。"穷富"现代为一对反义词，古代"富"与"贫"相对，"穷"与"达"相对。《论语·学而》："未老贫而乐，富而好礼者也"。《孟子·尽心上》："穷则独善其身，达则兼善天下。""多"在古代有"赞美""自傲"之义；"少"有轻视、批评之义。如《史记·商君列传》："反古者不可非，而循礼者不足多。"《苏秦列传》："素习知苏秦，皆少之"。

词与概念的对应问题。一个概念，古可用一个词表示，今多用一个词组。如肱—上臂；股—大腿；胫—小腿；领—脖子。

古和今是相对的，应历史地对待词义，不能认为古代的词义只和现代的有区别，而忽视历朝历代不同时期均有可能有变化。"诛"在先秦时指批评、责备，但秦汉时已有"诛灭"之义，晁错《贤良文学对策》："害民者诛。"《荀子·正论》："诛纣，断其首。"

（二）词的本义和引申

词义的单位为义项。根据词义的多少的不同，分为单义词和多义词。古代汉语中单义词的数量较少，绝大多数为多义词。一词多义是古汉语词汇的一个特点，也是学习的难点。词的多义性主要由词义引申造成的。因此，分析及探求词的本义和引申义的方式与规律，对于掌握一词多义，更好的理解古汉语具有重要意义。

1. 词的本义　词的本义，就是词产生时的本来意义，是根据字形分析和考核文献所证实的最早意义，但不一定是原始意义。比如"向"字，本义是向北的窗户，《说文》："向，北出牖也。"《诗经·豳风，七月》中"塞向墐户"就用了本义。由这个本义引申为"朝着""对着"等。本义不一定是原始意义，因为汉语的形成可以追溯到几万年以前，记录汉语的汉字甲骨文，距今也有三千多年的历史了，而这些字所记载的词义，有些可能是原始意义，有些则不是。

有些学者将本义分为造意和实义。造意是字的造形意图，实义则是由造意中反映出的词义。造意是以实义为依据的，有时它仅是实义的具体化、形象化，而并非实义本身，造意只能说字，实义才真正在语言中被使用过，才能称为词的本义。如《说文解字》："弯（彎），持弓关矢也。从弓䜌声。"段注："引弓将满，是之谓弯。"《西京赋》："弯弓射乎西羌。"造意与实义同。"尘（塵），鹿行扬土也。"实际一直当"尘埃"讲，并不专指鹿行所扬土也，造意与实义有别。这种造意要经过概括，才能显出实义。造意只能解释文字，实义才能解释词语。造意与实义之间不是引申关系。

如何探求词的本义呢？汉字主要是表意文字，因此我们可以通过分析象形、指事、会意、形声字字形，探求其本义。从造字法来说，象形最能反映本义。指事、会意也可以显示本义，就《说文》而言，占总字87%以上的形声字，其意符虽然不等于本义，但往往与本义有密切关系，所以通过意符推求本义，是一个较有效的办法。

（1）大。大，天大地大人亦大，故大象人形。从"大"的一些字也与人有关。

如天（颠也，头顶）；夫（丈夫，头有簪）；夹（持也，从大侠二人）；亦（腋下，从大象两亦之形）；夷（平也，从大从弓，东方之人也）；奎（两髀之间，从大圭声）；夭（屈也，从大象形）。

（2）页。页，头也，从赳洲造。与头有关，凡从"页"字者也与头有关。

如颁（大头）；颇（偏头）；颊（面颊）；项（后脖）；颈（前脖）；硕（头大也）；颜（目下颊上）；题（额也）；颗（小头也）。

（3）口、言。从口从言的字都与口或口行为有关系。

如吻（嘴唇），喙（huì 兽嘴），噣（zhòu 鸟嘴）；含（从口今声），嚼，噬，叫；呱（gū）、啾（jiū）；命（从口从令），唯，咨。

"甘"部是口的分支（甘，口有所含）。旨（美，从甘匕声）；尝（嘗，从旨，尚声。口味之也，引申指吃。）

"言"也是口的分支，与言有关的如，①动词：谏、谤、诬、谋（"虑难曰谋"）、访（"泛谋曰访"）、诛。②名词：诗、词。③形容词：与人的品质有关，如谨、诚、信、谅、诈。

（4）心部与心理有关系。

惟（思惟）；慢（怠慢）；想（想念）。

（5）厂（hàn）部与崖有关。

原（水源，从厂下出）。

（6）阜部与山与土有关，有石曰山，无石曰阜。楷书中把从"阜"的字中的"阜"字形，变形为写在字形左边的"阝"。

陵（大阜）；阿（ē，大陵）；陆（高平地）；阳（山南）；阴（山北）；险

（山路难行）；阶（台阶）；除（殿阶）；陛（自低登高的殿阶）；际（两墙相合之缝）；防（堤坝）。

我们在利用字形探求本义的时候，必须依据古文字和繁体的楷字。因为甲骨文、金文、籀文和小篆更接近汉字创造时的形体，容易反映出本义；而繁体字与简化字之间往往不是一一对应的，且简化字中有一些常常无法用“六书”原则分析。我们据字形而分析词的本义，还必须要有文献语言为证。

2. 词的引申义 从本义引申、发展出来的意义叫词的引申义。大多数词的意义是在不断地发展变化着的。所以一个词一般都不会停留在一个本义上不变，也就是说不可能仅有本义。相反，一词多义的现象是很普遍的，词的多义性，主要是词义引申的结果。也可以说词义的引申是造成一词多义的根本原因。从引申义与本义的关系看，可以分为两类，直接引申和间接引申。其中直接引申，也叫近引申，是指从本义直接派生出来的意义。直接引申义产生较早，与本义的关系很近，比较容易辨认。如精，《说文》：“择米也。”即挑选过的好米。引申为事物中最好的部分。间接引申，也叫远引申，是由引申义再引申出来的意义。本义与引申义之间不是直接关系，而是间接关系。表，上衣也。段注：上衣者，衣之在外者也。表引申为外表、外面、表面、外壳。

词义引申的方式主要有两种，连锁式和辐射式。所谓连锁式，就是由本义引申出第一引申义，再由第一引申义引申出第二引申义，这样递传下去。所谓辐射式，就是由一个意义同时引申出两个或两个以上的意义。可以是由本义引申，也可以是由某一个引申义再引申。

此外，近年学术界又提出了“同步引申”这一概念，或称之为词义渗透。这是指不同词在意义上的交叉现象。比如许嘉璐先生《论同步引申》一文指出：“实际上词义的引申并不是词的个体孤立地、一个词一个‘模样’地进行的。一个词义延伸的过程常常‘扩散’到与之相关的词身上，带动后者也沿着类似的线路引申。我们把词义的这种伴随性演变称为‘同步引申’。”孙雍长先生《古汉语的词义渗透》说：“与‘引申’不同，‘渗透’则是在两个（甚至两个以上）语词之间发生的意义的流转变化，它并不与词的本义直接发生事理联系”。

例1，族：“矢锋也，束之族族也”，丛聚→众多→一般。

①《礼记·祭法》：大夫立三祀，曰族厉，曰门，曰行。孔疏：“族，众也。大夫众多，其鬼无后者众，故言族厉。”②《庄子·养生主》：族庖月更刀，折也。族为众，一般的意思。

例2，众（眾）：“多也。从目㐺。”人之多→多→一般。

①《庄子·天地》与夫人之为徒，通是非而不自谓众人，《释文》引司马注：

"众人，凡人也"。②《淮南子·修务训》：贤人之所不足，不若众人之有余。高诱注："众，凡人也。"

上述两例中，族与众由"众多"义同步引申而有"一般"义。

同步引申的类型主要有：

（1）同义词同步引申：两词因某一点上同义而同时引申出同样的意义。

基→墙始→一切之始→谋　　　　肇→始开→一切之始→谋

（2）反义词也可以形成同步引申。

厚：重→深→多→浓　　　　薄：轻→浅→少→淡

（3）声音相通而形成同步引申的：

好：女子貌好→美→空→很　　　　孔：空（穴）→大（美）→很

例如，①《汉书·乐志》：令问在旧，孔容翼翼。王引之曰：孔容，嘉美之容也。②《周礼·考工记·玉人》："璧羡度尺，好三寸。"郑玄引郑司农注曰："好，璧孔也"。

注意同步引申规律，对我们研究词义的系统性无疑有很大帮助。词义引申的规律，一般是由具体到抽象，由个别到一般。如题，本义是额头，《山海经·北山经》：有兽焉，其状如豹，文题而白身。引申作题目、话题、问题等。

怎样分析引申义呢？可以通过以下三条进行：①分析它与本义的远近关系；②掌握规律：具体→抽象，个别→一般；③要与学习中的问题结合起来，不要死记硬背。

另外，掌握词的本义与引申义的重要性在于，能使我们不仅知其然，而且知其所以然，从而加深对词义的理解。可帮助我们以简驭繁地巧学。有助于我们了解词义的发展变化，分析古今词义的异同。

3. 词义的辨别　要想提高古汉语的阅读水平，除了积累常用词及其意义外，还要注意分析词义的方法。常用词义辨析的方法有以下几种。

第一，根据上下文进行词义分析，一词多义是语言中的普遍现象。当一个词还没有进入上下文的时候，可以有很多意义，但当被用到上下文后，即在特定语境里，只能有一个意义。因此可以利用词义上下文辨析词语的意义，这就是训诂学中的"因文而定"原则。

如"铅翰昭章，定群言之得失；丹青绮焕，备庶物之形容"。（《新修本草》序）句中的"备"基本义是形容词，有"完全""齐全""完备""全面""详尽"及"应有尽有"等含义，从上句看，它和"定"字为互文，处于动词谓语的位置，即活用作动词。上句的"丹青绮焕"喻指在《新修本草》里用绚丽的色彩画出了各种药物的图形，那么"备"的词义就应该是"详尽"，它的动词意义也应该是

“画出”，所以“备”应解释为“详尽地画出”。

第二，参照词在句中语法的位置，汉语中的词汇，在句子中都有特定的语法地位。尤其是古汉语词汇，在一定的环境中，其语法功能对理解文意可以产生较大的影响。

如，佗曰：“此病后三期当发，遇良医乃可济救”（《华佗传》）。“良”字用在名词“医”的前面，和“医”一起组成偏正词组，充当定语。可以确定“良”是形容词，含有“好”“高明”的意思。

第三，依据对文。所谓对文，指处于结构相似的上下两句中同一位置上的词语。其特点是词性一致，词义相同、相反或相类。古人行文修辞为了体现文句的匀称和词义的变化，用句每每对偶，遣词往往避复。根据这一特点，即可依据对文结构来察辨词语的意义。因此，只要掌握对文中某一词语的意义，则对之相对另一词语的意义也可以据此推知。

如，若“盈而益之，虚而损之……是重加其疾，而望其生，吾见其死矣”（《千金方·大医精诚》）。“而”和下句“吾”字为对文，在句子中处于主语的位置，故知其所转折连词，而是第二人称代词“你”。

古代文化常识

一、中国古代的计时法

1. 纪年法 1949年9月27日，中国人民政治协商会议第一届全体会议一致通过，中华人民共和国采用公元纪年。而在我国古代，纪年法比较复杂，主要有年号纪年、星岁纪年、干支纪年、生肖纪年。

（1）年号纪年。最初的纪年方式是按照君王即位的年次纪年的方法，如周宣王元年（公元前827年）等等。汉武帝刘彻开始用年号纪年，使用该年号第一年称某元年，如建元元年（公元前140年），顺次为建元二年、建元三年等，更换年号则重新纪元。历史上使用过的年号，约有八百多个。古医书有不少是使用这种纪年方法的，如宋刘昉《幼幼新书》李庚序题作“绍兴二十年九月几望”，绍兴是南宋高宗赵构的年号。这种方法的好处在于纪年明确，可以直接表明具体的年份。

（2）干支纪年。干支纪年是我国古代最基本的纪年方式之一。干支纪年法一个周期为六十年，循环不已，经久不乱，周而复始，永不穷尽，其缺点是易重复，不易辨识久远的年份。最早的记载见于《淮南子·天文训》，但西汉时这种方式还不通行。东汉光武帝建武三十年（公元54年）开始干支正式用于纪年。干支纪年在中医古籍中有广泛的应用，如清柯琴《伤寒论注·自序》题作“时己酉初夏也”，据柯琴的生活年代，可查得“己酉”当为公元1729年。当然，更常见的是当年年号加上干支合记的方法，如明陈实功《外科正宗·自序》题作“万历丁巳之秋七月既望”，金段成己《肘后备急方·序》题作“至元丙子季秋”等；有的在年号后再加上年次的，如唐王冰《黄帝内经素问注·序》题作“时大唐宝应元年岁次壬寅”，元危亦林《世医得效方·自序》题作“至元三年岁丁丑七月既望”等，这种两法并用纪年的长处是不易错乱。

（3）星岁纪年。战国时代，天文占星家根据天象纪年，有所谓星岁纪年法，星指木星，岁指太岁。中国古代很早就认识到木星约12年运行一周天，因此，木星被称为岁星，这种纪年法被称为岁星纪年法。此法在春秋、战国之交很盛行。太岁是古代天文占星家设想出的假岁星，又叫岁阴、太阴，运行速度与岁星相同，但运行方向与岁星相反，这种纪年法称为太岁纪年法。但是岁星实际约11.86年运行一周，岁星纪年法用久之后，就与实际天象不符，必须调整岁星和太岁的位置。汉太初以后，岁星纪年法与后世的干支纪年法相连接，两种纪年法是有出入的。东汉改用《四分历》时，废止了岁星纪年法，沿用干支纪年法。宋夏竦《铜人腧穴针灸图经·序》题作“时天圣四年岁次析木秋八月丙申”，“析木”就是用岁星纪年。金张从正《儒门事亲》“颐斋引曰”题作“岁在单阏阳月晦日”，“单阏”就是用太岁纪年。

（4）生肖纪年。十二生肖之说起于东汉，汉前未见记载。生肖可以用来推算一个人的年龄、出生的年份，历史上也使用过生肖纪年法，如元代就有“泰定鼠儿年”（泰定是元泰定帝的年号，鼠儿年即甲子，为公元1324年）的记载。

2. 纪月法　在商代和西周前期，一年只分为春秋二时，所以后世常以春秋作为一年的代称。《素问·八正神明论》：“四时者，所以分春秋冬夏之气所在，以时调之也。”至西周中期之后，四时之称就规范为春夏秋冬了。另外，“长夏”是中医理论中的一个特定季节，位于夏末秋初，首见于《素问·金匮真言论》，四时增加了长夏之后，与五行、五脏等相配。

（1）序数纪月法。按序数一、二、三等来纪月，如《采草药》：“如平地三月花者，深山中则四月花。”这种纪月方式至今仍在沿用，

（2）地支纪月法。又称月建纪月，即用十二地支和十二个月份相配纪月。月建的“建”指“斗建”，即北斗七星斗柄所指的时辰，由子至亥，每月迁移一辰，故称月建。

春秋战国时代有过三种不同的历法制度，即所谓夏历、殷历、周历。三者主要的区别在于岁首的不同，也就是正月的月建不同，所以叫做“三正”。夏历以建

寅之月（即冬至后二月，相当于现今阴历正月）为正，殷历以建丑之月（即冬至后一月，相当于现今阴历十二月）为正，周历以建子之月（即冬至所在的月份，相当于现今阴历十一月）为正。

由于春秋战国时期不同地区使用不同的历法制度，先秦古籍所据以纪时的历法制度也就不能统一，《黄帝内经》是三正兼用，甚至有用秦历（秦始皇时以建亥之月即现今阴历十月为岁首）的。汉武帝太初元年（公元前104年）起使用太初历，以建寅之月为岁首，这是我国历史上第一部比较完整的历法。此后大约二千年间，基本上都是用的夏正。所以辛亥革命后，对于旧用的历法称为“夏历”，俗称“阴历”“旧历”，也称为“农历”。

（3）干支纪月。至迟在汉代就已使用。即以每月固定的纪月地支配上天干。五年为一周，周而复始。如以甲子年开始，正月地支是寅（十二支中序三），月的天干便是十干中序三的丙，即为丙寅，二月为丁卯，顺序排列下去，十二月为丁丑。次年为乙丑年，正月是戊寅，二月己卯……十二月己丑。到戊辰年，十二月是乙丑。从甲子年到戊辰年共五年计六十个月，恰好干支纪月转满一周。

（4）律吕纪月。律吕是六律、六吕的合称，即十二律。律本来是古代用竹管制成的校正乐律的器具，共有十二个名称，后来被借用为十二月的代称。六律（黄钟、太簇、古洗、蕤宾、夷则、无射）用以指单月，六吕（大吕、夹钟、仲吕、林钟、南吕、应钟）用以指双月。如《类经·序》“岁次甲子黄钟之吉”的“黄钟”即指现今的阴历十一月。

（5）特定名称。岁首的月份叫正月（秦代因避始皇政讳改为端月），又叫孟陬，二月叫如，三月叫寎，四月叫余或除，五月叫皋，六月叫且，七月叫相，八月叫壮，九月叫玄，十月叫阳，十一月叫辜，十二月叫涂。《诗·小雅·小明》：“昔我往矣，日月方除。曷云其还，岁聿云莫。”郑玄笺：“四月为除。”清·汪昂《医方集解·序》“康熙壬戌岁阳月”的“阳月”即指十月。

在中医古籍中，也有用别称异名纪月的。如宋杨士瀛《仁斋直指方·自序》题作“景定甲子良月朔”，良月即指阴历十月。清张志聪《侣山堂类辩·自序》题作“康熙岁次庚戌正阳月”，正阳月即指阴历四月。

另有把四季的每一季节都分成孟、仲、季三个阶段，然后再依次分别代称月份。这种纪月法，常见于序跋。如明吴昆《医方考·自序》“皇明万历十二年岁次甲申孟冬月”的“孟冬月”即为十月。

3. 纪日法 日是最早出现的计时单位。干支纪日法大约产生于殷商时代。从春秋战国开始，干支纪日便成为历代史官纪日的传统方法。春秋时鲁隐公三年二月己巳日（公元前720年2月10日）起的干支纪日，一直到清代宣统三年（公元1911

年）止，计二千六百多年，从未间断或错乱，是世界上应用时间最长的纪日法。

《黄帝内经》中多数只用天干纪日，如《素问·藏气法时论》："肝病者，愈在丙丁，丙丁不愈，加于庚辛，庚辛不死，持于壬癸，起于甲乙。"句中四组天干都是指日而言。

纪日的方法另外还有，序数纪日法，如《梅花岭记》："二十五日，城陷，忠烈拔刀自裁。"《项脊轩志》："三五之夜，明月半墙。……'三五'指农历十五日。月相纪日法，指用"朔、朏、望、既望、晦"等表示月相的特称来纪日。每月第一天叫朔，每月初三叫朏，月中叫望（小月十五日，大月十六日），望后这一天叫既望，每月最后一天叫晦。如《赤壁赋》"壬戌之秋，七月既望"；金窦汉卿《标幽赋》："望不补而晦不泻，弦不夺而朔不济"。

4. 纪时法 我国古代有自己独特的计时单位和计时仪器，由此产生了自己独特的计时方法，分为时、刻、更、点。

（1）时。我国古代流行将一昼夜划分为若干时段、每一时段都赋予一定名称的纪时制度，是为时分纪时制。时分纪时制起源于何时不详。从殷墟甲骨文看，至迟商代晚期，时分纪时法已经比较成熟，有关秦汉纪时制度的类别，主要有十二、十六、十八时说等，其中十二时说已得到公认。十二时见于传世文献，完整、系统的记录，最早出现在《左传·昭公五年》的晋杜预注里："日中当王，食时当公，平旦为卿，鸡鸣为士，夜半为皂，人定为舆，黄昏为隶，日入为僚，晡时为仆，日昳为台。隅中日出，阙不在第，尊王公，旷其位。"12 时依次为夜半、鸡鸣、平旦、日出、食时、隅中、日中、日昳、晡时、日入、黄昏、人定，这种纪时方法依据是天色的变化，也称为天色纪时法，如《孔雀东南飞》："鸡鸣入机织，夜夜不得息。""奄奄黄昏后，寂寂人定初。"《芙蓉楼送辛渐》："寒雨连江夜入吴，平明送客楚山孤。"平明是平旦的别称。

最常用的是地支纪时法，以十二地支来表示一昼夜十二时辰。起点是午夜，称子时。顾炎武《日知录》："自汉以下。历法渐密，于是以一日分为十二时，盖不知始于何人，而至今遵而不废……然其（指杜元凯注）曰夜半者即今之所谓子时也，鸡鸣者丑也，平旦者寅也，日出者卯也，食时者辰也，隅中者巳也，日中者午也，日昳者未也，哺时者申也，日入者酉也，黄昏者戌也，人定者亥也。一日分为十二，始见于此。"《景阳冈》："可教往来客人于巳、午、未三个时辰过冈。"《祭妹文》："果予以未时还家，而汝以辰时气绝。"《群英会蒋干中计》："从巳时直杀到未时。"

北宋时开始将每个时辰分为"初""正"两部分，分十二时辰为二十四，称"小时"。例如辰初为07：00－08：00，辰正为08：00－09：00。

表 1 古今时间对照表

地支纪时	现代纪时	天色纪时	备 注
子时	23：00－01：00	夜半	又名子夜、中夜，十二时辰的第一个时辰
丑时	01：00－03：00	鸡鸣	又名荒鸡，十二时辰的第二个时辰
寅时	03：00－05：00	平旦	又称黎明、早晨、日旦等，是夜与日的交替之际
卯时	05：00－07：00	日出	又名日始、破晓、旭日等，指太阳刚刚露脸，冉冉初升的那段时间
辰时	07：00－09：00	食时	又名早食，指吃早饭的时间
巳时	09：00－11：00	隅中	又名日禺等，临近中午的时候
午时	11：00－13：00	日中	又名日正、中午等，太阳已经运行到中天
未时	13：00－15：00	日昳	又名日跌、日央等，太阳偏西为日跌
申时	15：00－17：00	哺时	又名日铺、夕食等，古人进餐习惯，吃第二顿饭是在晡时
酉时	17：00－19：00	日入	又名日落、日沉、傍晚，意为太阳落山、夕阳西下的时候
戌时	19：00－21：00	黄昏	又名日夕、日暮、日晚等，意为夕阳沉没，万物朦胧，天地昏黄
亥时	21：00－23：00	人定	又名定昏、夤夜，意为夜已很深，人们停止活动、安歇睡眠的时候。是十二时辰的最后一个时辰

（2）刻。随着漏壶、圭表等计时器的发明，使古人有可能对一天之内的时间作准确的划分和计录。“刻’这个时间单位就是从漏壶的刻度得来的，把一昼夜分成均等的一百刻，折合成现代计时单位，则 1 刻等于 14 分 24 秒。再根据冬夏不同季节昼夜长短不等的特点，规定了不同季节的不同刻数。春分秋分，昼夜各五十刻；冬至，昼四十刻，夜六十刻；夏至，昼六十刻，夜四十刻。百刻制确立实施了相当长的时间，但由于百刻与十二时辰不是整数倍的关系，换算不太方便。以后虽经多次改革，仍未找到比较理想的办法。一直到明末欧洲天文知识传入后，才确立了每天九十六刻的改革，至清初定为正式制度，延用至今。

中国古典小说常有“午时三刻开斩”的说法，如《西游记》第九回：“却说魏征丞相在府，夜观乾象，正爇宝香，只闻得九霄鹤唳，却是天差仙使，捧玉帝金旨一道，着他午时三刻，梦斩泾河老龙。”午时三刻，按照现在的计时方法为 11：45。

（3）更。汉代皇宫中值班人员分五个班次，按时更换，叫“五更”，由此便把一夜分为五更，每更为一个时辰。戌时为一更，亥时为二更，子时为三更，丑时为四更，寅时为五更。由于古代报更使用击鼓方式，故又以鼓指代更。

（4）点。一更分为五点，所以，一点的长度合现在的 24 分钟。如《西游记》第九回：“却说那太宗梦醒后，念念在心。早已至五鼓三点，太宗设朝，聚集两班文武官员。”五鼓三点就是指凌晨 04：12。

二、年龄称谓

年龄称谓是古代指代年龄的称呼，古人的年龄有时候不用数字表示，而是用其他称谓来表示。年龄称谓大多是记载在书籍之中，然后被沿用至今。

1. 称谓来历 在阅读古文的过程中，经常会碰到一些表达年龄称谓的词，如“弱冠”“耄耋”等，不了解的往往对此很费解。类似这样的词还很多，都是我们在阅读古文的过程中所必须了解的知识。古人的年龄称谓来源不一，大多根据不同年龄的生理特征而命名，但也有一些是因袭前人所言而成为固定称谓的。

长寿老人称为“鲐背”，鲐是一种鱼，背上的斑纹如同老人褶皱的皮肤。又人到暮年，皮肤上生出老年斑如冻梨之皮，故又称“冻梨”。八十八岁称为“米寿”，因“米”字拆开刚好是数字八十八，九十九岁称为“白寿”，因“白”字乃“百”去“一”。

还有依据生理特征命名的，如人初生叫“婴儿”，是因为人初生需要抱在胸前喂奶。婴可与膺通假，膺者胸也。婴儿即为抱在胸前之儿。七岁除叫做“悼”外，还叫“始龀”也叫做“毁齿”，因为正是换牙时期，所以有此称呼。十五岁叫做“童”，“山无草木曰童”。古代十六岁成年，十五岁男子未加冠，女子未及笄，此处用的是比喻意。

另外，我们现在常说的“而立之年”“不惑之年”“知命之年”，则来自于《论语·为政篇》的记载：“子曰：十有五而志于学，三十而立，四十而不惑，五十而知天命，六十而耳顺，七十从心所欲不距。”

汉人戴圣所辑《礼记·曲记篇》中说：“人生十年曰幼，二十曰弱，三十曰壮，四十曰强，五十曰艾，六十曰耆，七十曰老，八十、九十曰耄，百年曰期。”其中还有耄年有罪不加身的说法。但后人却常把“幼学”“弱冠”等作为年龄称谓，这恐怕是后代词汇由单音节向双音节发展的原因。

我国还有干支纪年的传统，六十年为一轮，故又有六十岁为“花甲之年”的说法。杜甫有诗句曰：“酒债寻常行处有，人生七十古来稀。”于是，七十又有了“古稀之年”的别称。

当然，古代年龄称谓并不止这些，还有许多散见于各类古书中，因较少使用而未被流传下来。上面所述这些因使用频率高，生命力强而被后人沿用了下来。

2. 称谓释义 古时对年龄称谓释义如下。

汤饼：出生三天，邀亲友吃汤饼。

襁褓：本意为捆裹婴儿的带子和被子，后借指婴儿未满周岁，最早见于《列子·天瑞》：“人生有不见日月，不免襁褓者，吾既已行年九十矣，是三乐也。”。

初度：周岁。《离骚》“皇览揆余初度兮，肇锡余以嘉名”。后称生日为初度。

孩提：指2～3岁。最早见于《孟子·尽心上》：“孩提之童，无不知爱其亲者。”赵岐注：“孩提，二三岁之间，在襁褓，知孩笑，可提抱者也。”孩通咳，小儿笑，提即抱。

生小：幼年。《孔雀东南飞》“昔作女儿时，生小出野里”。

总角：总，聚束；角，小髻，意为收发结之，即儿童的发髻向上分开的样子，俗称小丫角，语出《诗经》，如《诗·卫风·氓》“总角之宴”，又《齐风·甫田》“总角兮”。以后称童年为“总角”。陶渊明《荣木》诗序：“总角闻道，白首无成。”因此称童年时代为“总角”。

垂髫：指童年。髫，古时小孩下垂的头发。古时童子未冠，头发下垂，因而以“垂髫”代指童年。潘岳《藉田赋》：“被褐振裾，垂髫总发。”

龆龀：指小孩七八岁时。源于《韩诗外传》：“故男八月生齿，八岁而龆齿……女七月生齿，七岁而龀齿”龆龀即换牙，男孩女孩换牙称谓不同，合起来称为龆龀，

教数：9岁。

外傅：10岁，出外就学。《礼记·内则》：“十年，出就外傅，居宿于外，学书记，”外傅，即外面教导学业的老师，相对于在家管教养的内傅而言，此时主要学习识字、数学、幼仪、歌舞等。

束发：束，捆，结之意。古代男孩成童时束发为髻，因以“束发”为成童的代称，通常年十五岁始称成童。这时应该学会各种技艺。《大戴礼记·保傅》：“束发而就大学，学大艺焉，履大节焉。”

舞勺：指男孩13岁。源自《礼记·内则》：“十有三年，学乐，诵诗，舞勺。”勺即龠，古代一种形状像笛的管乐器，舞勺就是手持龠羽之类的器具而舞，周代贵族子弟13岁要学习勺舞，勺舞是六小舞中文舞的一种。

及笄：指女子15岁。语出《礼记·内则》“女子……十有五年而笄”。“笄”，谓结发而用笄贯之，表示已到出嫁的年岁。

待年：指女子成年待嫁，又称“待字”。语出《后汉书·曹皇后记》：“小者待年于国”。以后称女子待嫁的年岁为“待年”。《文选·宋文皇帝元皇后哀策文》：“爰自待年，金声夙振。”

若冠：指男子20岁。若，弱小。语出《礼记·曲礼上》：“二十曰弱冠”。古代男子20岁行冠礼，表示已经成年。左思《咏史》诗之一：“弱冠弄柔翰，卓荦观群书。”

而立：指30岁。语出《论语·为政》“三十而立”。以后称三十岁为“而立”之

年。《聊斋志异·长清僧》："友人或至其乡，敬造之，见其人默然诚笃，年仅而立。"

不惑：指40岁。语出《论语·为政》"四十而不惑"。以后用"不惑"作40岁的代称。应璩《答韩文宪书》："足下之年，甫在不惑。"

艾：指50岁。《礼记·曲礼上》："五十曰艾，服官政。"艾即艾草，叶背面呈白色，《礼记正义》："人至五十，气力已衰，发苍白，色如艾也。"头发与脸色像艾叶一样苍白，气力始衰。

花甲（耳顺）：指60岁。《论语·为政》："六十而耳顺。"郑玄注曰："耳闻其言，而知其微旨。"意思是听别人说话便能明白其深意，分辨是非。

古稀：指70岁。语出杜甫《曲江》诗："酒债寻常行处有，人生七十古来稀。"亦作"古希"。

耄耋：指70至99岁之间，一般理解为八九十岁年纪，《礼记·曲记上》曰："八十、九十曰耄"，《毛诗正义》释："老，色如生铁，七十八十为耋。

皓首：指老年，又称"白首"。《后汉书·吕强传》："故太尉段颍，武勇冠世，习于边事，垂发服戎，功成皓首。"

黄发：指长寿老人。语出《诗经》，如《诗·鲁颂·宫》"黄发台背"。老人头发由白转黄。曹植《赠白马王彪》："王其爱玉体，俱享黄发期。"陶渊明《桃花源记》："黄发垂髫，并怡然自乐。"

鲐背：指长寿老人。语出《诗经》，如《诗·大雅·行苇》"黄台背"，"台"与，"鲐"通用。《尔雅·释诂》："鲐背，寿也。"老人身上生斑如鲐鱼背。

期颐：指百岁。语出《礼记·曲礼上》"百年曰期颐"。谓百岁老人应由后代赡养。苏轼《次韵子由三首》："到处不妨闲卜筑，流年自可数期颐。"

三、避讳

避讳是中国特有的一种礼仪文化，始于西周时代周公制礼作乐，奉行对君者长者贤者的称呼要有所避讳，以体现上下有别，等级有序。后来孔子发扬光大，笔削春秋时提出避讳三原则，为尊者讳，为亲者讳，为贤者讳。

1. 避讳的历史　避讳始于周，行于秦、汉，盛于隋、唐，严于宋，直到民国改元，避习渐废。大概在秦以前，只避真名，不避嫌名。所谓嫌名，是指与君王尊长名字读音相近的字，《礼记·曲礼上》："礼不讳嫌名。"郑玄注："嫌名，谓音声相近，若禹与雨，丘与区也。"之后，讳法逐渐严格，遇有嫌名，也要加以回避。明清以后，封建专制变本加厉，一些与帝王名姓冲突的物名、地名遭到篡改，甚至出现了不许杀猪（因明朝国姓朱，与猪同音）、因为"清风不识字，何故乱翻书"诗句掉脑袋的现象（因为被怀疑讥讽清王朝）。避讳现象走向了反人性、反理性的极端。历代典籍受此影响，颇多讳字。因而熟悉避讳规律，不仅可便于阅读，而且能助以判定典籍版本和相关人物的年代。

2. 避讳的范围 由于君主与尊长在取名时具有一定的任意性，不可能特意考虑选用易于回避的字，因此避讳牵涉的范围也极为广泛。由于避讳，不仅对于其时事物的名称要有所改变，甚至对于历史上事物的名称也要有所改变。因此，历代因避讳而改变他人姓名、地名、官名、物名、书名等情况屡见不鲜。

（1）国讳。对本朝历代皇帝及当代帝王之名进行避讳，后来扩大，讳及皇后及其父祖的名字、皇帝的字、帝后谥号、皇帝陵名等等。因举国臣民，甚至包括皇帝本人，都必须遵循的避讳，称国讳，也称公讳。如在刘启时期，启封被改成开封（现河南省开封市），启蛰改成惊蛰（二十四节气之一）；乾隆曾下诏门联中不许有五福临门四字，为的是避讳顺治帝福临之名。有时甚至还要避讳皇后之名，如吕后名雉，臣子们遇到雉要改称野鸡。山药原名薯蓣，至唐朝因避代宗（李预）讳改为“薯药”，至宋代又为了避英宗（赵署）讳而改为山药。宋真宗赵恒笃信佛道，曾封禅泰山，还追封民间传说中的道教护法神、武财神赵玄朗为圣祖皇帝，并下诏，从此不得触犯玄、朗二字，因此大将杨延朗改称杨延昭，中草药玄胡索改称延胡索。至清代玄胡索又避康熙（玄烨）讳，又改玄为元，故又称元胡，玄参也因此而得元参之名。白虎汤避唐太祖（唐高祖李渊的祖父）李虎的讳改作白兽汤。

政和八年（公元1118年），宋徽宗更把与皇帝相关的称号都当作避讳字来禁用，先是禁用“君”“皇”“圣”三字作为名字，而后又扩充到“不许以龙、天、君、玉、帝、上、圣、皇等字为名字”（见清·钱大昕《十驾斋养新录》卷七）。

（2）宪讳。指对上司官员之名进行避讳。因下属官员对上司长官称“大宪”“宪台”，而对他们的名字要避讳，所以称宪讳。如晋羊祜死后，荆州人为避祜之嫌名，“户”改为“门”。陆游编著的《老学庵笔记》记有一故事，一个叫田登的州官不准下属及州中百姓叫他的名字，也不准写他的名字，到了正月十五照例要放灯三天。写布告的小吏不敢写灯字，改为“本州依例放火三日”。由此便有了“只许州官放火，不准百姓点灯”的笑话。

（3）家讳。又称私讳，是家族内部遵守的避父祖名的作法。凡父祖名某某，都必须在言行、作文章时避开以此为名的事物。它其实是国讳的一种延伸，同国讳一样是封建等级、伦理观念的体现。与别人交往时应避对方的长辈之讳，否则极为失礼。唐代诗人李贺之父名晋，“晋”与“进”同音，当时部分士大夫认为，李贺考进士便是犯了父讳。《红楼梦》中林黛玉之母叫贾敏，故林黛玉凡是遇到敏字都读成米或密。司马迁的父亲叫“司马谈”，所以《史记》里，把跟他父亲名字相同的人，一律改了名。例如“张孟谈”，改为“张孟同”；“赵谈”，改为“赵同”。后来《后汉书》的作者范晔也是如此，因为范晔的父亲叫“范泰”，所以在《后汉书》里，叫“郭泰”的，竟人不知鬼不觉地变为“郭太”了。苏轼的祖父名序，其弟苏洵文章改“序”作“引”，苏轼为人作序则改用“叙”字，有时又写作“题首”。

（4）贤讳。即“为贤者讳”，指对封建社会所推崇的圣人贤者之名避讳。圣讳并不像国讳、家讳那样严格、那样广泛。在封建时代，既有朝廷规定的圣人讳，又有人们自发的为圣贤避讳。圣讳各朝略有不同，一般有孔子、孟子、老子、黄帝、周公等。

3. 避讳的方法 现将常见的避讳方法作一概括归纳。

（1）代称法。代称法就是用另外一个名称替代本名称，以体现尊重和忌讳。历代君王在死后都要上庙号、谥号，就是为了不用其本名而用庙号、谥号称呼，以体现尊重。例如汉朝提到高祖，就是刘邦；提到世祖，就是刘秀，这是庙号。这种代称流传后世，连大臣、名士也都使用，例如包文正，指包拯；林和靖，指林逋。前者是包拯从朝廷得到的官谥，后者是林逋从民间得到的私谥。

秦汉以来，为了避讳，代称越来越多。例如孔丘，他的代称就有仲尼（字）、夫子（尊称）、孔子（尊称）、至圣（尊号）、文宣王（封号）、大成至圣先师（封号）……

（2）改字法。凡遇到需要避讳的字，就改用与之意义相同或相近的字，叫做改字法。所避之字称为讳字。改字之例，秦汉典籍常见。为避皇帝之讳而改姓、改名、改官名、改地名、改年号等等。改姓氏，如东汉明帝名庄，班固撰《汉书》，称“庄子”为“严子”；改名，如西汉末年的孔莽，为避王莽之讳，改名孔均；改官名，如唐朝为避李世民讳，将中央六部之一的“民部”改称“户部”；改地名，如司马迁撰《史记》，为了避秦庄襄王子楚之名讳，遂改“楚”为“荆”。改年号，如前朝的年号与本朝君主犯讳，亦要避讳，如宋仁宗名祯，宋人撰《新唐书》，将唐太宗年号“贞观”写作“真观”或“正观”；改穴位名称，如唐高祖名渊，故杨上善《太素》改“太渊”（针灸穴位名）为“太泉”。

不但字须改，甚至连偏旁也要避讳。唐太宗名世民，除了“世”改为“代”，从“世”之字亦改为从“曳”，故《太素》注文“飧泄”改作“飧洩”。六朝以后，避讳制度逐渐严格，连嫌名也须兼讳。如东晋简文帝名昱，故改“育阳县”为“云阳县”。唐高祖祖父名虎，唐修《晋书》称南朝梁沈约先人沈浒为沈仲高。

（3）空字法。凡遇到需要避讳的字，则空其字而不写，或用空围“囗”“某”“讳”来代替，叫做空字法。如许慎著《说文解字》时把禾部的“秀”字、艹部的“庄”字、火部的“炟”字都空其字而不列，只注上“上讳”二字，这是为了避汉光武帝刘秀、明帝刘庄、章帝刘炟的名讳。今本《说文解字》中这几个字是后人补上的。《新修本草》的参修者有李世勣，但其书扉署名则作李勣，这是避太宗李世民名讳而删去“世”字。同书卷十七《葡萄》：“陶景言用藤汁为酒，谬矣。”这是避唐高宗太子李弘名讳而删去“弘”字。

（4）缺笔法。凡遇到需要避讳的字，就在原字基础上缺漏笔画，多为最后的一二笔，叫做缺笔法。这是产生于唐代的一种方式。

上述几种方法，在同一朝代也可以同时使用。例如清代医籍中，有把“玄参”“玄明粉”等改称“元参”“元明粉”的，也有把“玄”字写成缺笔的，并不一律对待。

4. 避讳的影响 避讳所用改字、空字、缺笔等方法，造成了古籍文字上的混乱，给后人阅读带来诸多不便。尤其是人姓、人名、官名、地名、书名、年号之类，因避讳而改字，一改字就乱了历史事实。如唐代医药学家许胤宗，在宋代因避太祖赵匡胤名讳，被改为许嗣宗，至明代又被改称许允宗，到了清代，因避雍正皇帝胤禛讳，则被写成许引宗、许裔宗。一个人名如此多变，引起阅读时的诸多麻烦。避讳制度也从文化上暴露了封建专制的残暴。在封建时代，不避讳是要判刑的，《唐律疏议》卷十《职制篇》载：“诸上书若奏事，误犯宗庙讳者，杖八十；口误及余文书误犯者，笞五十。即为名字触犯者，徒三年。”金代医学家张元素二十七岁时参加进士考试，就是因为试卷中用字“犯庙讳”而落第的。明清时期，因犯君讳而引起文字之祸，甚至无辜遭戮的，也不少见。

5. 避讳的应用 避讳也是可以从反面来加以利用的。由于避讳给我们提供了鲜明的时代标志，因而也可以辅助我们判断史料的时代，确定古籍的真伪，辨别作品作者的年代，揭示文字的讹误，具有一定的实用价值。如《黄帝内经太素》一书，撰注人为杨上善，但正史没有记载其生平。宋代林亿、明代李濂、徐春甫等都认为杨上善为隋人。但据该书中只避唐讳而不避隋讳的情况来看，可判定《太素》为唐书，杨为唐人或由隋入唐之人。书中对隋文帝坚、隋炀帝广的名讳，无论经文、注文，一律不避，而对于唐高祖、唐太宗、唐高宗三个皇帝的名讳，则咸避之，连高祖父亲的名讳也避，与其他唐书并无二致。例如“渊”作“泉”，“丙”作“景”，“世”作“代”，“民”作“人”，“治”作“理”或“疗”等，皆为唐讳。甚至在《太素·四时脉诊》“脱血而脉不实不坚难疗也”的注文中，不避隋讳“坚”，而避唐讳“治”，可谓佐证确凿。

6. 避讳学的著作 自宋代以来，研究避讳学的著作很多，其中尤以清人钱大昕《十驾斋养新录》及《廿二史考异》、近人陈垣《史讳举例》创获最多。《史讳举例》列举了八十多条例，分析说明了历代避讳的种类、所用的方法，并涉及诸多有关避讳的情况，是一部关于避讳学的集大成著作，在阅读古籍时可资参阅。

四、度量衡制度

度量衡分别指计量长度、容积、重量的标准或器具。“度量衡”名称源自《书·舜典》“同律度量衡”，《汉书·律历志》阐明其意，随后历代都沿用这个名称。度、量、衡三个量系由汉代刘歆的条奏所言“审度”“嘉量”“衡权”而确定。其中“嘉量”又出自《周礼·考工记·桌氏》“嘉量既成，以观四国”。“审”的意思就是“定”，所谓审度是指用“度”来确定物体的长短。“嘉”的本义是“善”，所谓嘉量是指以量器来量物体的多少时，必须像水平那样作为标准。“权”的意思是“重”，“衡”的作用是用“权”来平衡物体的轻重，衡权也就是指权和物形成平衡。

度量衡是衡量世间万物的标准尺度，也是国家政治制度的重要内容。它对规范商品交换、维护社会稳定、保证国家权力等均具有重要意义。度量衡萌芽于人类社会的初始阶段，形成后又始终伴随着人类社会的发展而不断演变、完善，是衡量人类文化发展水平的重要标尺。

中国古代度量衡制度从起源到成熟、完备，经历了一个漫长的发展演变过程。度量衡制度萌芽于新石器时代晚期后段，这是人们数理知识长期积累，社会财富不断增加，社会阶层逐渐分化，私有制逐步产生，而社会分配活动日趋复杂的结果。逐渐形成于夏、商、西周，时值我国奴隶制社会从形成、发展，直到鼎盛的时期，度量衡制度伴随着国家各项制度的出现而逐步形成，各种度量衡单位不断出现，但尚未形成体系。成熟于春秋战国，正值奴隶制走向没落、封建制度逐步兴起之时。至战国晚期，度量衡的检校制度成熟，标志着我国的度量衡制度最终成熟。诸侯各国形成了地域特征明显的度量衡制度，但长度、容量和重量单位诸侯各国间已逐渐趋向统一，单位系统逐步形成。秦始皇统一了全国的度量衡制度，在中国历史上产生了深远影响。度量衡制度最终完备于两汉，此时我国的封建制度逐步健全，建立了一套进位合理的单位制度。分、寸、尺、丈、引的五度制，龠、合、升、斗、斛的五量制，铢、两、斤、钧、石的五权单位制已经完全成熟，并最终影响后世中国近两千年。

在中医药处方中，古方的用药分量，由于历代度量衡的不断迭变，以致实际分量很难明确。因此我们有必要知道古代度量衡的一些基本知识，并对其变易情况有所了解，以避免混淆古今计量概念。

1. 古代度量衡单位

（1）度。长度单位的名称，产生很早，上古时都是以人身体的某个部分或某种动作为命名依据的，例如寸、咫、尺、丈、寻、常、仞等都是。在这些名称中，尺是长度的基本单位。一尺的长度与一手的长相近，容易识别，所以古时就有“布手知尺”“尺者识也”等的说法。此外，仞是量深度的实用单位，并且单独构成一个系统。仞与尺的比例关系，一向没有明确的定数，说一仞为四尺、五尺六寸、七尺、八尺的都有，一般认为是八尺。周代以前的长度单位的名称，经过《汉书·律历志》的整理，保留了寸、尺、丈三个，并在寸位以下加一“分”位，丈位以上加一“引”位，都是十进，这就是所谓五度。

（2）量。量器是封建社会计量农产品多少的主要器具，因此容量的计量产生最早，它的单位名称也最复杂。在《左传》《周礼》《仪礼》《尔雅》等经典著作中都有关于容量单位的记载，其专用名称有升、斗、斛、豆、区、釜、钟以及溢、掬等。同长度一样，周代以前容量单位也是用人的身体计量，以一手所能盛的叫作溢，两手合盛的叫作掬，掬是最初的基本的容量单位。《小尔雅·广量》说“掬四谓之豆”，《左传·昭公三年》说“四升为豆”，这两种说法是相通的，就是说掬也就是升。升的本义是“登”“进”的意思，两手所盛是基本的容量数，然后从这个数登进，按四进有豆、区、釜，按十进有斗、斛。所以升（亦即掬）是容量的基本单位。后来《汉书·律历志》对容量单位作了系统的整理，命名为龠、合、升、斗、斛五量，一合等于二龠，合以上都是十进（宋以后一斛为五斗）。升是容量的基本单位，斗和斛则为实用单位。至于《说苑·辨物》云“十龠为一合”，说法有所不同，可资参考。石本来是重量单位，为一百二十斤，但自秦汉开始，石也作为容量单位，与斛相等。关于容量的小单位，《孙子算经》卷上说：“六粟为一圭，十圭为抄，十抄为撮，十撮为勺，十勺为合。”这样，六粟为一圭（一说，十粟为一圭），其余圭、抄、撮、勺以及合、升、斗、斛八个单位，都是十进。这种计算方法，自汉代以后一直都在采用。

（3）衡。很早以来，铢、两、斤、钧、石五者都用作重量的单位。但古时对重量单位的说法复杂不一。例如《孙子算经》卷上：“称之所起，起于黍，十黍为一絫（“累”的古字），十絫为一铢，二十四铢为一两。”《说苑·辨物》：“十粟重一圭，十圭重一铢。”《说文·金部》：“锱，六铢也。”《淮南子·铨言》高诱注：“六两曰锱。”《玉篇·金部》；“镒，二十两。”《集韵·质韵》：“二十四两为镒。”等等。“黍”“粟”“絫”“圭”等，都是借用粟黍和圭璧的名称，实际上早已不用。“锱”“镒”“锾”“釿”等都是借用钱币的名称，也早就不用。所以各家说法有种种不同。自《汉书·律历志》把铢、两、斤、钧、石这五个单位命名为五权之后，名称就一致起来，直至唐代都没有改变。其进位方法颇值一提，二十四铢为两，十六两为斤，三十斤为钧，四钧为石。关于使用两以下的钱、分、厘、毫、丝、忽等小单位，南朝梁陶弘景《名医别录》曾说：“分剂之名，古与今异，古无分之名，今则以十黍为一铢，六铢为一分，四分成一两。”唐苏敬注云：“六铢为一分，即二钱半也。”可见自唐代起已把本作为货币的“钱”当作重量单位，并且“积十钱为一两”，但那时分的进位还没有确定为钱的十分之一。再说分、厘、毫、丝、忽等，原是小数名称，后从长度借用为重量单位名称，自宋代开始定为钱的十退小单位。宋代权衡的改制废弃了铢、絫、黍等名称，其重量单位名称自大到小依次为石、钧、斤、两、钱、分、厘、毫、丝、忽，其进位方法已如前述。宋制衡量一直沿用至元明清，很少改易。但有一点须指出，宋元明清之医方，凡言“分”者，是分厘之“分”，而晋唐时一分则为两钱半，二者不同。

2. 中医药特殊计量 古代医药著作中还使用一些特殊或模糊的“量”名，但是这些单位的实际大小往往说法不一，例如苏敬认为一枚鸡子黄的体积约等于40个梧桐子，而陶弘景认为是16个梧桐子大小。方寸匕药末的重量，按照《中药大辞典》的说法，一方寸匕药物的体积约为2.74立方厘米，盛金石药末约为2克，草木药末约为1克左右；《中药辞海》认为，一方寸匕药物的重量合今6~9克，是《中药大辞典》所说重量的数倍；而赵有臣根据对“律撮”铭文的考证及《隋书·律历志》的记载，认为一方寸匕的容积约为5立方厘米。

（1）方寸匕。古代盛药量器，犹今之药匙。《政和证类本草·序例上》：“方寸匕者，作匕正方一寸，抄散取不落者为度。”

（2）钱匕。古代量取药末的器具。用汉代的五铢钱币盛取药末至不散落者为一钱匕；用五铢钱币盛取药末至半边者为半钱匕；钱五匕者，是指药末盖满五铢钱边的“五”字至不散落为度。

（3）刀圭。古代量取药末的器具。《政和证类本草》引陶弘景《名医别录》：“凡散药有云刀圭者，十分方寸匕之一，准如梧桐子大也。”明董毅《碧里杂存·刀圭》：“形正似今之剃刀，其上一圈正似圭璧之形，中一孔即贯索之处。盖服食家举刀取药，仅满其上之圭，故谓之刀圭，言其少耳。”

（4）一字。古以唐“开元通宝”钱币抄取药末，将药末填满钱面四字中一字之量，即称一字。

（5）鸡子黄大。即鸡蛋黄大小，这是对某些药物采用取类比象的方法而作为用药分量的。如《伤寒论》大青龙汤中的石膏，“如鸡子黄大”。

（6）枚。果实记数的单位。随品种不同，亦各有其标准，如大枣十二枚，则可选较大者为一枚之标准。

（7）握、把。部分草本类药物的一种约略计量单位。

（8）束。部分蔓茎类药物的一种约略计量单位。以拳尽量握之，切去其两端超出部分，称为一束。

（9）片。亦为一种约略计量单位。如生姜一片，约计一钱为准。

（10）盏、杯、碗、盅。为药液（或水、酒）的约略计量单位。通常的容量约合今之150～300毫升。

另外，在古代方书中，或在民间用药时，还有一些模糊的计量名称，如一捻、一撮、一指撮等，无非是言其少，约为几克的分量。

3. 历代度量衡单位量值表 我国历代斤和两的换算方法一直是一斤等于十六两，1959年6月国务院颁布斤两改为十进制，但是中医处方除外，仍沿用十六两制。

表2 中国历代度量衡单位量值表

年代（公元）	单位量值				
	时代	1尺合厘米数	1升合毫米数	1两合克数	1斤合克数
前350～前207年	秦	23.1	200	15.6	250
前206～8年	西汉	23.1	200	15.6	250
9～24年	新	23.1	200	15.3	245
25～220年	东汉	23.1	200	15.4	246
220～265年	魏	24.2	230	17.7	283
265～420年	两晋	24.2	230	17.7	283
420～589年	南朝	24.7	244	18.8	300
386～589年	北朝	前25.6 后30	前300 后600	前23 后42	前370 后672
581～618年	隋	29.5	600	42	672
618～907年	唐	30.6	600	41.4～42	662～672
960～1279年	宋	31.4	702	40～41.3	640～661
1206～1368年	元	35	1003	40	640
1366～1644年	明	32	1035	37.3	596.8
1616～1911年	清	32	1035	37.3	596.8
1912～1949年	民国	33.3	1000	31.3	500
1949年之后	新中国	33.3	1000	50	500

注：中医仍沿用十六两制，即每两合31.3克。

五、中国古代医事制度

古代医事制度大体从周代开始确立，其后历代不断演进，唐宋时期逐渐完备。陈邦贤的《二十六史医学资料汇编》把医事制度分为医事组织、医学职官、医学分科、医学教育、医事政令几项。“医事”最早出现在《周礼·天官·冢宰·第一》“医师掌医之政令，聚毒药以共医事”。

了解一些古代医事制度方面的知识，不仅有助于培养阅读古代医籍的能力，而且对于了解中医药学发展的社会历史背景，也是很有意义的。

（一）医事组织

1. 夏、西周 在人类社会早期，由于生产力水平极低，人们对自然的科学认识很少，抗争手段又十分有限，因而对于各种疾患不得不主要乞求神灵的帮助，因此这一时期是巫医占统治地位与巫术盛行的历史阶段。《说文解字》记载“古者巫彭初作医”，用迷信的方式为人治病，给医疗活动披上了神秘的外衣，造成了医巫相混的假象，这部分巫即所谓的巫医，是早期医生的先驱。在当时没有专职医生的条件下，巫医在整个社会的医疗活动中起着主导作用。

《周礼》把“巫祝”列入“春秋大宗伯”职官中，而医师则属于“天官冢宰”管辖，从此医巫分家。

周代医学有较大进步，开始分科并制定了医事管理制度。《周礼》记载五种医职人员的工作职能，“医师”是领导、管理成员，其职责是收集药物以供医治，平时要负责分派医生，而年终要考核专科医生的治病效果，并据以决定他们的待遇。医生分为食医、疾医、疡医和兽医四类，这四类医生在医师的统领下，分别掌管饮食营养、内科、外科疾病的治疗和兽类疾病的治疗。

2. 秦 秦的良医很多，所以形成了较为系统的医事制度，对后世具有重大影响，为第一发展阶段。太医令是最高官职，丞为之助理，主医药，隶少府，属职有侍医，专门服务于王室或皇族，发展成为后来的御医。在地方上，官医除为各级官吏医病，还要接受地方官吏临时指派的检疫麻风病等任务。

3. 两汉 两汉医事制度在秦的基础上有较大发展，为第二发展阶段。按《汉书·百官公卿表上》所载，西汉时太医令有两套系统，一属太常，一属少府。据王应麟所言，前者在职掌上偏向医疗，类似后世太医院之职；后者则侧重于药事管理，犹如后世之药房官隶于内府。又从《后汉书·百官志》上可知，到东汉时，以上两种太医令统一归属于少府，在一名太医令下设置药丞、方丞各一人，分掌药物与药方。

在太医令的领导下，相关医事属官的职位与人员比前代都大有增加，且功能愈加明细，具体而言有如下一些医官设置，侍医、女医、待诏（后备型医官，分“医待诏”“本草待诏”）、太医监（隶属少府，专司管理监督医官处方用药）。典领方药（管理型的职官，不一定就通晓医药），东汉又增设尚药监（负责监督和合、修制、供奉御药的整个过程）、中宫药长（以宦者担任之，主要是对后妃宫中的医药事务进行管理）、尝药太官（专门负责尝试药物）。

在地方上，诸侯国内部基本比照中央朝廷降级设置所属官员，宛如一个小朝廷，与太医令相对应的是作为王宫主医的“医工长”。如《汉书·武五子传》有“以符玺属医工长”的记载。又如《后汉书·百官志》中列有“医工长”官职，而《后汉书·钟离宋寒列传》也载有“补淮阳国医工长”之语。医工长下有属官如“侍医”“太医”“尚方”等。

4. 隋、唐 太医署的设置在刘宋时已露端倪，隋建太医署，唐代扩充太医署成为规模宏大、影响深远的医学校，与宋元以后太医局（院）除管理医学教育外，主要是全国最高医药管理机关，为第三发展阶段。

隋代，太医署隶太常寺，是医学教育和医药机关，太医令是最高官职，丞为之助理，下有主药、医师、药园师、医博士、助教、按摩博士、祝禁博士，共215人。高祖时（公元589～604年）仿照北齐制度，在门下省设尚药局，专门负责皇帝的医药，下有典御、侍御医直长、医师等职。炀帝时改隶殿内省，典御改为奉御。又增设司医、医佐员等职。

唐代，太医署因隋制且有所扩大，令、丞掌医政，府、史辅佐之，医监、医正掌教学，主药、药童司药材加工制剂，药园师适时种植采集药材，师生员共340人。尚药局袭隋制，增设咒禁师及合口脂匠等共96人。门下省另设奚官局，掌宫人及有罪后妃医药。在宫官中又设司药、典药、掌药三个药职及女史，专疗后妃疾病。

5. 宋 宋代把医药行政与医药业务相分离。太常寺除太医局（专管医疗、教学）外，另设翰林医官院，掌管医之政令，包括对军旅、官衙、学校派遣医官，管理医药事宜，从而结束了唐代太医署兼管医政、医疗与教学的局面，提高了办事效率。宋政府在地方各州郡、军队内部都设有医疗机构，并开办了一批慈善救济组织，如安济坊、福田院、慈幼局、漏泽局等，使医疗机构向社会化方向发展。宋政府还对药品管理和药品贸易实行国家垄断制度，国家成立了“尚药局”“熟药所”“民局”等机构，统一管理药品价格，协定国家处方，实行医药统一，维护正常的药品生产、供应与使用秩序。同时，还颁布了一系列医药律令，如饮食卫生律令、卫生保健律令、婚姻律令、保护婴童律令等等，以法律手段规范医药卫生事业。

宋代，太医局，隶太常寺，有丞、教授、九科医生，额300人。熙宁九年（公元1076年）设提举、判局，并规定判局一职要选懂医的人担任。翰林医官院有正副院使、直院、尚药奉御、医官、医学及祗候等百余人。殿中省仍设尚药局，掌皇帝医药。至道三年（公元997年）设御药院，为服务宫廷的医药机关，隶内侍省，近似清代的内药房。神宗时（公元1076年）在京师设卖药所（称熟药所），辨验药材，另设修合药所2所（炮制药材）。这是官办药局的创始。徽宗时（公元

1114年）将卖药所和修合药所改为太平惠民局、和剂局，主要控制全国药品的炮制和买卖，并在各地设药局40处。药局兼医病，作为官办施药便民的医疗、卖药机构。元时两代承袭此制，通称惠民药局。

6. 元、明、清 元明清三代医事制度大同小异，元代太医院成为独立的中央医药机关，为第五发展阶段。

元代，中统元年（公元1260年）设宣差，统领太医院，掌医事，制奉御药物，秩正二品，为历代医官最高的品级。其后官医职称、员额屡有改变。至元九年（公元1272年）又设医学提举司，有提举、副提举，掌各路学生课义、考验太医教官、校勘名医著述、辨验药材、教导太医子弟。至元二十五年（公元1288年）又设官医提举司，有提举、同提举、副提举、掌医户差役词讼。

明代，太医院秩正三品，有院使、院判，下有御医、吏目。生药库、惠民药局各有大使、副使。永乐十九年（公元1421年）迁都北京后，南京仍置太医院、生药库、惠民药局，员额减少。太医院的职责有：①为皇宫大臣、外国使者医疗疾病；②医生的晋升与考选；③太医子弟的教育；④药物的采办。药物管理机关有：①御药房，属于内府，洪武六年（公元1373年）置，嘉靖十五年（公元1536年）改为圣济殿，又设御药库诏御医轮值供事。其职责是辨验药材、检定制剂；验收保管各地贡供的药品。②惠民药局，承袭前制，洪武三年设置，地方也有设置，治疗贫病的士兵和平民，但由于管理不善和经费不足，多名存实亡。

清代，太医院有院使、左右院判，掌医政及医疗，下有御医、吏目、医士、医员（司医疗）；医生、切造生（司加工药剂）等职。历朝员额增减不一。太医院太医都以所业专科分班侍值。此外也受委承担王公大臣、国外使者、驸马、军营、监狱、试场的医疗及辨验药材等工作。太医院职官的升补和告退也有明确的管理规定。顺治十年（公元1653年）设御药房，隶太医院，管理药物的采办、贮存和配制。侍值内府设东、西御药房，西药房归院使、院判及御医、吏目，分班轮值，东药房则归御医、吏目及医士，分班轮值。清代无惠民药局的设置，而有地方性的官办社会抚恤机关，如育婴堂、普济堂、养济院等。清末在资本主义民主革命的压力下，政府体制作了革新，民政部内设卫生司，郎中为最高官职员外郎次之，下有主事、小京官、医官等职。

（二）医学制度

中国古代医学教育一般是师徒传授或私塾学习，没有专门医学教育机构。刘宋元嘉二十年（公元433年），太医令秦承祖奏置医学以广教授。这是中国设置医学教育机构的开端。北魏仿效南朝创立太医博士和太医助教之职。

隋代，在太医署中设太医博士、助教、按摩博士、禁咒博士，分别教授学生，又有药园师、主药、药监、担负药物教学。

唐代，太医署发展成为制度健全、分科和分工明确的医学教育机构，分医学和药学两部分。医学部分有医、针、按摩、咒禁等四种，以医科为最大，培养的绝大部分是临床医生。药学部分有主药、药童，管理具体业务，并在京师设有面积为三顷的药园，置药园师，作为训练药园生种植药材的实验园地。各州府也设医学，有医药博士任教。唐太医署设立于公元624年，是当时世界上唯一的规模最大、最完备的医学校。

五代，后唐清泰年间（公元934～935年）于太医署和诸道置医博士、药博士。

宋代，对医学教育颇为重视。嘉佑五年（公元1060年）分医学为9科，后来一度分为13科。当时学生多至300人。熙宁九年（公元1076年）医学教育也依王安石三舍法而分班学习。编校医书在宋初已开始，至嘉佑二年（公元1057年）设置校正医书局于编集院。由掌禹锡等为校正医官，系统地校订和印行历代重要的医籍，历时10余年，对医学的发展、古典医籍的推广普及都有重要的作用。

元明以来，医学分为13种，其中有正骨兼金疮肿科，把骨科置于首要地位，因元人重骑兵，易发生骨伤疾病，故设此科。明清后随着经济文化的发展及西方火器的传入，金镞等科废止。明代医学，考试重于教育，各县虽有医学训科，而设官不给禄，与阴阳学同。故此时期，医学教育呈衰落的趋势。

清代因明制，而太医院内设教习厅，分作内、外教习，内教习以太监为学生，外教习则教授医官子弟。公元1840年以后太医院经费不足，医学教育也近乎消亡。光绪三十四年（公元1908年）设新医学馆，中西医教材兼备。

（三）医事考核

医事考核仅限于官医，考核可划分为考绩与考试两种形式。

早在周代即已建立医生平日临床治疗效果的记录制度，年终时总结其治愈率高低，十全为上，十失一次之，十失二次之，十失三次之，十失四为下。据以评定医师。其技术水平的优劣，及给薪水之薄厚，可以说是中国医事考核的开端。此后，历代基本沿袭这一考核办法。岁终，则稽其医事以制其食。

自南北朝官办医学教育出现后，有了答卷式的考核，以成绩优劣，评定技术高低，选拔任用。

唐代，太医署考试录用人才，仿照国子监方法。通常上选的充当御医，其次派去州府任医学博士官职。考试比较严格，有博士主考的月试、太医令丞主考的季试，年终则由太常寺卿、少卿总试。学习九年不及格者，令其退学。

宋代，太医局新生入学，经太医保举，听读一年后，考试及格者补为正式生。熙宁九年，医学推行三舍法，学生每月私试一次，每年公试一次，品学兼优者可以补内舍，由内舍补入上舍。上舍者大都留太医局任职。绍熙二年（公元1191年）规定考试分墨义、脉义、大义、论方、假令、运气六项，以六通为合格。还规定医学生轮流给太学、律学、武学的学生及各营将士医疗，年终考查其成绩，分为三等，报中书省复核，依次递补，并给予奖赏。医疗失误多者，太医局酌情予以责罚，甚至开除学籍。乾道元年（公元1165年）制定了州县官医缺额的升补和医技平庸的官医经长吏验实后黜出的办法。

元代，医学生学习成绩优良的可直接擢用，或由科举选录。为了防止无学滥充的弊端，对各路医学教授除每年的教学质量考查外，三年内要完成太医院颁布的13科题目的解答，视考核结果定夺升补。凡教学质量低劣，学生不能完成课程时，要扣发教授1～2月薪俸。官医考试三年一次，考中者次年赴省试，再中者可收充太医，承应医事。府试合格者，任随路学官，由省试收补录用。

明代，太医院学生由医户子弟选入，称医丁，学习3～5年，每季考试一次，三年总考，成绩合格者送礼部选用，一等者充医士，二等者充医生，不及格者可补考，学习一年再试，三试不及格者黜出为民，原保官吏治罪。如五年考试成绩优良者，本学教授奏请量材加升。隆庆间，医士、吏目升补，采取告补办法。万历时又有丁如一户缺人，准令通晓医业嫡派子孙一人补役的规定。这种办法产生出很多流弊。

清代，太医院学生由医官子弟保送，学习三年期满，由本院堂官在所学课程中出题考试，合格者经礼部复核录取的为医士，未被录取的继续学习，可再试。凡学习一年以上，经三次季考名列一等的学生，遇太医院食粮医生缺额，可呈礼部递补。还规定，每届寅、申年，吏目以下各员生由太医院院使、院判合同礼部堂官会考一次。成绩为一二等者，如无过犯，依次递补，三等者原职不升转，四等者罚停会考一次，不列等者革职，发回教习厅学习，下届可再考。民间习医者，令其学习《内经注释》《本草纲目》《伤寒论》，医理精通者，呈报巡抚，发给证书赴太医院考试，成绩优良者授以吏目、医士。年老不能赴京者，留为本省教授待考。清末有了西方近代医学堂，举行留学生考试，内有医学一门，及格者有医科进士之称。

六、中医名物命名

在中医药学中，许多事物的名称都蕴含着古代传统文化的信息，展示着古人依据传统文化并结合医药专业知识命名事物的思维方法及规律。研究、阐释事物命名的起源、方法、涵义，古人称之为“名物训诂”。对中医药事物的命名，古代医家已作了不少研究。今择要归纳如下。

（一）中药命名

中药种类数量众多，为了便于辨识和运用，古人往往从其形态、色泽、气味、特性、功用等角度予以命名。

1. 根据外观特征 例如牛膝，陶弘景《本草经集注》云："其茎有节，似牛膝，故以为名也。"贯众，李时珍云："此草茎叶如凤尾，其根一本，而众枝贯之，故草名凤尾，根名贯众。"狗脊，《新修本草》云："根长多歧，状如狗脊。"因其根皮上有一层金黄色柔毛，故又称"金毛狗脊"。漏卢（现写作漏芦），李时珍云："屋之西北黑处谓之漏，凡物黑色谓之卢。此草秋后即黑，异于众草，故有漏卢之称。"这是据形、色命名。

再如木香，原名蜜香，李时珍云："因其香气如蜜也。"豨莶，李时珍云："楚人呼猪为豨，呼草气味辛毒为莶。此草气臭如猪而味莶螫，故谓之豨莶。"五味子，《新修本草》云："皮肉甘酸，核中辛苦，都有咸味，此则五味具也。"这是据气、味命名。金牛胆（金果榄的别名），色金黄，形似牛胆，味甚苦，此乃兼形、色、味三者命名。

2. 根据地域 例如高良姜，陶弘景曰："此姜始出高良郡，故得此名。"李时珍云："按高良即今高州也，汉为高凉县。……则高良当作高凉也。"代赭石，《名医别录》曰："出代郡者，名代赭。"李时珍云："赭，赤石也。代，即雁门也。"巴豆，"生巴郡川谷"（《名医别录》），秦椒，"生大山川谷及秦岭上"（《千金翼方》卷三《本草中》）。他如党参出山西上党，象贝出浙江象山。常用药川芎、川乌、广藿香、浙贝母、党参等，无不加上产地的印记。

有的药物以生长的地理环境命名。例如，生于水的水苏、水蛭、水浮萍，产自海的海藻、海马、海螵蛸。石韦、石斛、石菖蒲，示长于石头旁；地锦草、地榆、地肤子，明示出于地。古代中外文化交流频繁，传入中国的外域药物，不少都冠以外域的标记。例如，从西北域丝绸之路传来的多冠以"胡"，胡麻、胡荽、胡芦巴；自南域进入的多冠以"番"，如西红柿、番木鳖、番泻叶。

由"番舶"（外国来华贸易的商船）从海路引进的往往在药名前加"海"和"舶"。例如，海棠、海桐皮、海风藤、舶乳香、舶硫黄等。

更有一些药物直接标明国度。例如，石榴是"安石榴"的省称。晋张华《博物志》云："张骞使西域，得安石榴以归，故名安石榴。"安石是古波斯的属国，又作安息。如开窍药物安息香，也是从安石国传来。西红花，又名番红花、藏红花，西红花古时因产于西域，故名番红花，后从地中海沿岸传入印度，又有了西红花一名，再从印度经西藏传入中国，所以也称藏红花。《本草纲目》卷十五"番红花"称，"出西番回回地面及天方国，即彼地红蓝花也。"西番即吐蕃（bō），是公元 7 ~9 世纪成立于青藏高原的藏族政权。其他如波斯白石蜜、倭硫黄、花旗参、高丽参等，皆标有外来的印记。

3. 根据特性 例如急性子，即凤仙花子，因其成熟后稍加触碰，即果荚迸裂，褐色种子蹦出，状似急不可耐，故名。闹羊花，又名羊踯躅，是有毒的麻醉止痛药，陶弘景曰："羊误食其叶，踯躅而死。"王不留行通经下乳之力特强，李时珍云："性走而不住，虽王命不能留其行，故名。"

又如骨碎补，唐陈藏器《本草拾遗》云："骨碎补本名猴姜，开元皇帝以其主伤折、补骨碎，故命此名。或作骨碎布，讹矣。"其他如伸筋草舒筋活络，寻骨风祛风止痛，合欢安神解郁，防风散寒御风，此皆以功用得名。

4. 根据故事 例如刘寄奴，据《南史·宋武帝本纪》载，相传南朝宋高祖刘裕，小字寄奴，早年微贱时于山中伐荻，遇一大蛇而射之，蛇负伤遁去。明日往寻之，闻榛树林中有杵臼声，见青衣童子数人正在捣草药，且云其大王为刘寄奴射伤，捣药为之敷伤。刘上前叱散之，收取草药而返。后遇金疮敷之即愈，后人因呼此草为刘寄奴。再如禹余粮，相传与大禹有关，《本草纲目》卷十引宋陈承《本草别说》："禹余粮，会稽山中出者甚多。彼人云：'昔太禹会稽于此，余粮者，本为此耳。'"又引《博物志》："世传禹治水，弃其所余食于江中而为药。"又如蛇衔（含），《本草纲目》卷十六引刘敬叔《异苑》："有田父见一蛇被伤，一蛇衔一草着疮上。经日，伤蛇乃去。田父因取草治蛇疮皆验，遂名曰蛇衔草也。"使君子，《本草纲目》卷十八引宋马志《开宝本草》："俗传潘州郭使君疗小儿，多是独用此物，后医家因号为使君子也。"

5. 雅化美化 中药多为天然药物，故取材范围甚广，一些日常视作废、秽之物亦有入药。唐代韩愈《进学解》云："牛溲马勃，败鼓之皮，俱收并蓄，待用无遗者，医师之良也。"但此类药材载入书中，其名未免有俗、秽之嫌，故古代医家往往雅化其名。例如，鸽粪因皆向左盘旋，而呼为左盘龙；人乳因道经称久服可以成仙，故名为仙人酒、蟠桃酒；人粪经加工后是救治温病高热神昏的要药，便依其色、据其形，美其名曰金汁。其他如灶心土称伏龙肝、鸡蛋膜谓凤凰衣、鼯鼠屎唤五灵脂、人尿呼轮回酒等，皆属此类。

（二）方剂命名

方名在一定程度上反映方剂的组成、功效及特征。了解古人命名方剂的方法，对正确认识和运用方剂具有重要的意义。

1. 主药命名 方剂是根据不同的疾病证候，将多种药物按君、臣、佐、使的配伍原则有机组合而成的。为了突出主药的作用，不少方剂便用方中主药（大多是君药或君药加臣药）命名。如《伤寒论》之麻黄汤、桂枝汤、麻子仁丸（一君），《金匮要略》之半夏厚朴汤、橘皮竹茹汤（二君）。有时用主药的简称，如《景岳全书》之何人饮（何首乌、人参，二君）、《和剂局方》之参苏饮及《温病条辨》之银翘散、桑菊饮等皆是。又有以三味主药为方名者，如《和剂局方》之参苓白术散、《先醒斋广笔记》之竹叶柳蒡汤等。

另有以主药加功效命名者，如枇杷清肺饮、龙胆泻肝汤、荆防败毒散、朱砂安神丸等。

有些方剂，创制者虽以主药命名，但因音变字讹或含义隐晦，使人难以晓喻。如《伤寒论》之抵当汤、抵当丸，历来认为方义为非大毒猛剂不足以抵挡热结蓄血之证，或谓本方有攻逐蓄血之功，可直抵当攻之处。此皆望文生训。抵当实为方中主药水蛭的别名，又作“蛭蝚”“至掌”。《尔雅·虫部》：“蛭蝚，至掌。”《说文·虫部》“蝚”段注：“《本草经》：‘水蛭，味咸，一名至掌。’是《名医》谓即水蛭也。”至掌之为抵当，是由于古韵通转所致。因古今音变及字面差异，遂使此方以主药命名的事实隐而不显。又如越鞠丸（《丹溪心法》方），明吴昆《医方考·郁门》据其功效望文释义：“越鞠者，发越鞠郁也。”李时珍在《本草纲目》卷十四“芎藭”条中对此有个确解，认为该方主用越桃、鞠穷，故以命名。越桃为栀子之别称，源自《名医别录》卷二；鞠穷即山鞠穷，乃川芎之别名，始出《左传·宣公十二年》。

另有一些以药物命名的方剂，其药虽非主药，但在配伍中具有特殊的意义。如《伤寒论》名方十枣汤，方中甘遂、芫花、大戟峻下逐水，须赖大枣十枚以益气护胃，缓和节制三药之毒性，以达峻下而不伤正的目的。故清费伯雄《医方论·攻里之剂》云：“仲景以十枣名方，全赖大枣直甘缓以救脾胃，方成节制之师也。”

2. 提示功效 方剂是临床治则的具体表现，故方名中提示主治、功效者甚多。根据其提示方式的不同，可大致分为明示、暗喻两类。

例如定喘汤、止嗽散有治疗喘、嗽之功，补肺汤、滋肾丸具滋补肺、肾之效。他如蠲痹汤、活血效灵丹、镇肝息风汤等皆属明示类。

另有一些方名，以委婉含蓄的方式暗喻功效。例如缩泉丸是主治下元虚冷的名方，以“缩泉”喻治疗尿频尿多之效。驻景丸主治肝肾精血不足所致如沙遮睛等症，服用本方可使肝肾得充，目翳消除，从而使得外界之美景能够常驻于目。失笑散为妇科活血通经的要方，主治瘀血停滞所致的痛经、少腹急痛。方中仅五灵脂、蒲黄二味药，性平和而效佳，服药者每于不知不觉之中诸证悉消，不禁欣然失笑，故名为“失笑散”。补阳还五汤主治半身不遂。该方创制者王清任认为，人身共有十成阳气分布周身，左右各得其半。若一侧的五成阳气亏损，则发为半身不遂。方中黄芪、当归等补气活血之品能使气旺血行，瘀破络通，所亏之五成阳气得以还复，故名“补阳还五”（《医林改错·瘫痿论》）。其他如玉屏风散因御风固表功同屏风而得名，金锁固精丸以固肾敛精效如金锁而获称。此皆属暗喻类。

3. 说明用法、特征 一些方剂具有特殊的用量、服法和配伍比例，或具有特殊的服药、加工、采摘时间等，这些往往在方名中也有反映。

（1）依据用量命名。例如伤科要方七厘散，方中多为辛散香窜、活血通经之品，内服不宜量多，否则耗气动血，一般每次服七厘（约合2.1克）。一捻金主治小儿风痰积滞，名“一捻”者，谓用手指捻取药末，以示用量之少。

（2）根据煎煮方法命名。如三拗汤，方名“三拗”者，乃谓方中三味药物煎煮时违拗常法，麻黄不去根节，杏仁不去皮尖，甘草不用蜜炙而生用。布袋丸主治小儿虫疳，每服一丸，以生绢袋盛裹，用瘦猪肉二两同煮，肉煮烂后去袋，使病儿食肉及汁。

（3）根据配伍比例命名。如九一丹用煅石膏和升药用量比9∶1，而煅石膏和升药用量比8∶2，称为八二丹；7∶3者，称七三丹；1∶1者，称五五丹；9∶1者，称九转丹。滑石与甘草用量比为6∶1，称为六一散。

（4）根据服药时间。鸡鸣散提示该方服用时间当在阴消阳长的鸡鸣时分（王晋三《绛雪园古方选注·内科》）；午时茶说明该方加工时间须在端午午时（陈修园《经验百病内外方》）。

（5）根据采药时节。二至丸得名于方中二药的采集时节，旱莲草采于夏至，女贞子摘于冬至（费伯雄《医方论·补养之剂》）。

4. 借用五行、卦象

五行、卦象与中医学关系密切，方名也常借用其术语来说明治则和功用。

（1）借用五行命名。例如宋代钱乙创制的四首儿科名方，都以色喻脏，导赤散导心火下行（心属火，其色赤）；泻白散清肺金伏热（肺属金，其色白）；泻青丸疏肝木郁火（肝属木，其色青）；泻黄散泻脾胃伏火（脾属土，其色黄）。再如《景岳全书》之金水六君煎，金喻指肺，水喻指肾，功能滋养肺肾，祛湿化痰。

（2）借用卦象命名。如清沈金鳌的坎离既济丸（《沈氏尊生书》方），坎、离皆为八卦卦象，坎象水喻肾，离象火喻心。“既济”为六十四复卦之一，卦形为坎上离下。《周易·既济》：“象曰：水在火上，既济，君子以思患预防之。”本方滋肾水降心火，使心肾之水火上下交通互济，故名。

5. 隐含成语、典故 制方者为追求含蓄典雅，往往以成语、典故或传说名方。

（1）以成语命名。例如建瓴汤取自成语“高屋建瓴”，建通“瀽”，意为倒水、泼水。瓴一指盛水之瓶。此方专为肝阳上亢证而设，以“建瓴”命名，喻其导血下行之效，如瓶水从高屋脊上向下倾倒，居高临下，不可阻挡之势。创制者张锡纯认为："服后能使脑中之血如建瓴之水下行，脑充血之证自愈。"（《医学衷中参西录·医论》）。抽薪饮（《景岳全书》方）源于成语"釜底抽薪"，喻其通便泻火之功。

（2）以典故命名。如张从正名方禹功散，以大禹疏导洪水之典，喻方具逐水通便之功。另一逐水方疏凿饮子（《济生方》方），亦取义于此。

（3）以传说命名。《和剂局方》之青娥丸，功能补肝肾，壮筋骨，主治肾虚腰痛。传说唐代广州太尉张寿明，得本方于南番，服后须发由白转黑，精力充沛，遂作诗以赞此方之神妙，"三年时节向边隅，人见方知药力殊。夺得春光来在手，青娥休笑白髭须。"青娥原指古代女子以青黛画的娥眉，后指代青年女子。用以名方，意喻此方服后能恢复青春，堪与青年女子相匹配。《济生方》之观音应梦散，功能益气生津，温补肺肾，主治肾不纳气之虚喘证。清·王晋三引《日华子本草》："溧阳洪辑幼子痰喘将危，凡五昼夜不乳食，梦观音授以此方，煎汤一蚬壳，灌之，喘即定。"（《绛雪园古方选注·内科》）

（三）医书命名

留存至今的中医古籍数量可观，书名令人目不暇接。其中绝大部分书名皆有义可循。

1. 以作者的姓名、字号、谥号、爵号命名

（1）以作者的姓名命名。如《吴普本草》《李当之药录》《李当之药方》《李当之本草经》等，作者分别为三国时期的医家吴普和李当之。也有只用姓氏的，如《韩氏医通》的作者是明代嘉靖年间医家韩懋，《张氏医通》的作者为清代康熙年间医家张璐，《沈氏尊生书》是清代乾隆年间无锡名医沈金鳌的个人医学丛书，《苏沈良方》是宋代沈括《良方》与苏轼论医杂说的合编。

（2）以作者的字号命名。如《洁古家珍》《洁古珍珠囊》是金代名医张元素所著，洁古乃其字。《士材三书》系明代医家李中梓所撰，李氏字士材。又如明龚廷贤着《云林神彀》，因龚氏自号云林山人。明李时珍撰《濒湖脉诀》，缘李氏晚年号濒湖山人。其他如明程玠《松崖医径》、清徐大椿《洄溪医案》，松崖、洄溪分别是程、徐二氏之号。

（3）以作者的谥号、爵号命名。如《窦文贞公六十六穴流注秘诀》的作者乃金元间针灸学家窦默，字子声，元世祖时官至昭文馆大学士，卒赠太师，封魏国公，谥文贞。《新修本草》又名《英公本草》，此书先由太尉长孙无忌受命统领苏敬等二十余人编写，后因长孙氏触犯武则天，被黜赐死，改由英国公李勣领衔编撰，故有《英公本草》之名。

2. 以作者官职、地望、书室命名

（1）以作者官职命名。如《羊中散药方》的作者为南朝刘宋时羊欣之，晚年任中散大夫。《窦太师标幽赋》的作者为元代追封太师的窦默。

（2）以作者任职地命名。《隋书·经籍志》著录的《河南药方》及《荆州要方》，前书作者是晋代阮炳，曾任河南尹；后书作者乃晋代殷仲堪，曾任荆州刺史。汉末名医张仲景，相传曾任长沙太守，故后世出现一批以“长沙”命名的医著，如清代医家陈修园《长沙方歌括》、黄元御《长沙药解》、费密《长沙发挥》、邓德敏《长沙串注方歌》等等，皆属阐释张仲景《伤寒论》《金匮要略》的著作。

（3）以作者籍贯或居住地命名。如清初浙江名医高鼓峰，著有《四明医案》《四明心法》，因高氏为四明（今宁波）人，故以名书。清代外科名医陈莘田，曾撰《枫江疡案》《枫江合药方》，因陈氏乃枫江（苏州之别称）人，故以名书。宋张锐著《鸡峰普济方》，鸡峰为陕西宝鸡陈仓山之别名，张氏虽为河南人，但长期在陕西宝鸡一带行医，故以行医所在地名书。

（4）以作者书斋等命名。明清两代多有以书斋、堂室名书的。例如明·缪希雍《先醒斋广笔记》，明王旭高《西溪书屋夜话录》，清尤怡《静香楼医案》，清张志聪《侣山堂类辨》，先醒斋、西溪书屋、静香楼均为作者的书房名，而侣山堂则为张氏聚徒讲习之所。此风一直沿续至近代，如近人周小农《惜分阴轩医案》、张山雷《体仁堂医学丛刊》等皆是。

3. 以编撰刊行时的年号命名 例如《开元广济方》为唐玄宗李隆基于开元十一年（公元723年）主持撰成。《太平圣惠方》是北宋翰林医官王怀隐等人奉诏于宋太宗太平兴国八年开始编撰的一部大型官修方书。这是以编撰时的年号名书。

又如《太平惠民和剂局方》编成刊行于宋徽宗大观年间（公元1107～1110年），故又称《大观方》。北宋唐慎微的《经史证类备急本草》问世之后，曾经数次校订重刊。第一次在大观二年（公元1108年）经医官文晟等重修之后，被作为官定本而刊行，遂改名为《经史证类大观本草》；第二次在政和六年（公元1116年），又经医官曹孝忠重加校订，再次改名为《政和新修证类备用本草》；第三次在绍兴二十九年（公元1159年）又作校定，名为《绍兴校定经史证类备急本草》；这是《证类本草》三个不同年代的刊本，分别以刊行的年号名书。

4. 化裁于典故 含蓄而典雅地传递着作品的主旨或作者的用意，但往往也因此而隐晦艰涩，使人难以领悟。

例如清代柯琴名著《伤寒来苏集》，其中“来苏”语出《尚书·仲虺之诰》：“徯予后，后来其苏。”意为商汤一来，百姓就能摆脱夏桀的残暴统治而重获新生。柯氏摭“来苏”二字名书，寓有伤寒患者期盼此书解除疾苦、恢复健康之意。清代函斋居士的产科专著《达生编》，“达生”语出《诗经·大雅·生民》：“诞弥厥月，先生如达。”达是“羍”的借字。“羍”的本义为初生的羊羔，母羊产子极为顺畅快疾，因以“达生”名。又如明代医家黄承昊一生多病，自称“予生平凡书所载之症，十尝四五；本草所载之药，十尝四五”，于六十岁时将医学阅历整理成篇，名《折肱漫录》。“折肱”语出《左传·定公十三年》：“三折肱知为良医。”黄氏引之以喻经历久而成良医。以后清邵炳扬《三折肱医案》、清吴士瑛《折肱心悟痢疾明辨》，其命书用意皆仿此。

又如明薛己的儿科专著《过秦新录》、明赵献可的妇科专著《邯郸遗稿》，二书书名皆取典于《扁鹊传》。传中言扁鹊过秦，闻秦人喜爱小儿，即为小儿医，又过邯郸，闻赵人尊重妇女，即为带下医。作者援用“过秦”“邯郸”暗寓其书的专科性质。

5. 来源于儒、释、道家　儒、释、道三家历来与中医药学关系密切，三家的思想、学说、术语大量地渗透到中医古籍中，书籍的命名往往因此而带有印记。

（1）源于儒家。如金张从正的《儒门事亲》，儒门指儒家，也泛指读书人。儒家提倡忠君孝亲的道德观，而以医药侍奉双亲，正是这种道德观的直接体现，《四库全书提要》云：“其曰《儒门事亲》者，以为惟儒者能明其理，而事亲者当知医也。”明沈绶《山林相业》，即取古代儒者“不为良相，便为良医”之义，意为以在野之身从事功同相业的医学。

（2）源于释家。如梁陶弘景《肘后百一方》，“百一”二字义含双关，既实指书中载有一百零一类药方，又暗寓佛经涵义。陶氏自序曰：“佛经云：人用四大成身，一大辄有一百一病。”佛教认为，人与世间万物皆由地、水、火、风四大要素构成，若有一大不和，便会产生一百零一种疾病。明代李药师的眼科专著《金鎞秘论》，“金鎞”是古代眼科用以刮翳点药的器械，相传从释教发源地古印度传入。佛典《涅槃经》中谈到，盲人就医要求复明，良医即用金鎞决其眼膜。作者以金鎞提示该书为眼科专著。

（3）源于道家。如托名孙思邈所著《银海精微》、清代顾锡《银海指南》的“银海”一词，实为道家术语。明方回《瀛奎律髓》引北宋王安石之说，谓道家以肩为玉楼，目为银海。宋苏轼《雪后书北台壁》诗有“冻合玉楼寒起粟，光摇银海眩生花”之句，亦借用其义。作者以之名书，提示其为眼科要籍。明倪维德所著《原机启微》，亦为眼科专著。其名取自道家《阴符经》“心生于物，死于物，机在目”之语，意谓眼目的功能是为思维提供客观材料的关键。作者因此把“机”作为“目”的代称，并以之名书。

简体字与繁体字对照表

本表收录中国文字改革委员会自1956年以来公布的四批简体字，共五百九十二个（可以用简化偏旁类推的除外）。以拼音字母为序排列。

【A】

爱→愛　碍→礙　袄→襖　肮→骯

【B】

罢→罷　坝→壩　摆→擺襬　办→辦　板→闆　帮→幫　宝→寶
报→報　贝→貝　备→備　笔→筆　币→幣　毕→畢　毙→斃
边→邊　变→變　标→標　表→錶　别→彆　宾→賓　卜→蔔
补→補　布→佈

【C】

才→纔　参→參　惨→慘　蚕→蠶　灿→燦　仓→倉　层→層
产→產　搀→攙　谗→讒　馋→饞　缠→纏　忏→懺　尝→嘗
偿→償　厂→廠　长→長　床→牀　车→車　彻→徹　陈→陳
尘→塵　衬→襯　唇→脣　称→稱　惩→懲　痴→癡　迟→遲
齿→齒　冲→衝　虫→蟲　丑→醜　筹→籌　处→處　触→觸
出→齣　础→礎　刍→芻　疮→瘡　辞→辭　从→從　聪→聰
丛→叢　窜→竄

【D】

达→達　呆→獃　带→帶　担→擔　胆→膽　单→單　当→當
档→檔　党→黨　导→導　灯→燈　邓→鄧　敌→敵　籴→糴
递→遞　淀→澱　点→點　电→電　垫→墊　冬→鼕　东→東
冻→凍　栋→棟　动→動　斗→鬥　独→獨　断→斷　对→對
队→隊　吨→噸　夺→奪　堕→墮

【E】

恶→惡噁　尔→爾　儿→兒

【F】

发→發髮　范→範　矾→礬　飞→飛　奋→奮　粪→糞　坟→墳
风→風　丰→豐　凤→鳳　妇→婦　复→復複　麸→麩　肤→膚

【G】

盖→蓋　干→幹榦乾　赶→趕　个→個　巩→鞏　沟→溝　过→過

构→構　购→購　谷→穀　顾→顧　雇→僱　刮→颳　挂→掛
关→關　观→觀　冈→岡　广→廣　归→歸　龟→龜　柜→櫃
国→國

【H】

汉→漢　号→號　合→閤　轰→轟　哄→閧鬨　后→後　胡→鬍
护→護　壶→壺　沪→滬　画→畫　划→劃　华→華　怀→懷
坏→壞　欢→歡　环→環　还→還　回→迴　会→會　秽→穢
汇→匯彙　伙→夥　获→獲

【J】

迹→跡蹟　几→幾　机→機　击→擊　际→際　剂→劑　济→濟
挤→擠　积→積　饥→飢　鸡→鷄雞　极→極　继→繼　家→傢
价→價　夹→夾　艰→艱　荐→薦　戋→戔　坚→堅　歼→殲
监→監　见→見　茧→繭　舰→艦　鉴→鑒鑑　拣→揀　硷→礆鹼
姜→薑　将→將　奖→獎　浆→漿　桨→槳　酱→醬　讲→講
胶→膠　借→藉　阶→階　节→節　疖→癤　秸→稭　杰→傑
尽→盡儘　紧→緊　仅→僅　进→進　烬→燼　惊→驚　竞→競
旧→舊　举→舉　剧→劇　据→據　巨→鉅　惧→懼　卷→捲
觉→覺

【K】

开→開　克→剋　壳→殼　垦→墾　恳→懇　夸→誇　块→塊
矿→礦　亏→虧　昆→崑崐　捆→綑　困→睏　扩→擴

【L】

腊→臘　蜡→蠟　来→來　兰→蘭　拦→攔　栏→欄　烂→爛
劳→勞　痨→癆　乐→樂　类→類　累→纍　垒→壘　泪→淚
厘→釐　里→裏　礼→禮　厉→厲　励→勵　离→離　历→曆歷
隶→隸　俩→倆　帘→簾　联→聯　恋→戀　怜→憐　炼→煉
练→練　粮→糧　两→兩　辆→輛　了→瞭　疗→療　辽→遼
猎→獵　临→臨　邻→鄰　灵→靈　龄→齡　岭→嶺　刘→劉
浏→瀏　龙→龍　楼→樓　娄→婁　录→錄　陆→陸　虏→虜
卤→鹵滷　卢→盧　庐→廬　泸→瀘　芦→蘆　炉→爐　乱→亂
仑→侖　罗→羅　屡→屢　虑→慮　滤→濾　驴→驢

【M】

麻→蔴　马→馬　买→買　卖→賣　迈→邁　麦→麥　脉→脈

猫→貓 蛮→蠻 门→門 黾→黽 么→麼 霉→黴 蒙→濛矇懞
梦→夢 弥→彌瀰 面→麵 庙→廟 灭→滅 蔑→衊 亩→畝

【N】

难→難 鸟→鳥 恼→惱 脑→腦 拟→擬 酿→釀 聂→聶
镊→鑷 疟→瘧 宁→寧 农→農

【O】

欧→歐

【P】

盘→盤 辟→闢 苹→蘋 凭→憑 朴→樸 仆→僕 扑→撲

【Q】

栖→棲 齐→齊 气→氣 弃→棄 启→啟 岂→豈 千→韆
迁→遷 佥→僉 签→簽籤 牵→牽 纤→縴 蔷→薔 墙→墻牆
枪→槍 乔→喬 侨→僑 桥→橋 窍→竅 窃→竊 亲→親
寝→寢 庆→慶 穷→窮 琼→瓊 秋→鞦 区→區 曲→麯
趋→趨 权→權 劝→勸 确→確

【R】

让→讓 扰→擾 热→熱 认→認 荣→榮

【S】

洒→灑 伞→傘 丧→喪 扫→掃 啬→嗇 涩→澀 杀→殺
晒→曬 伤→傷 舍→捨 摄→攝 沈→瀋 审→審 渗→滲
声→聲 升→陞昇 胜→勝 圣→聖 绳→繩 湿→濕 适→適
时→時 实→實 势→勢 师→師 兽→獸 属→屬 数→數
术→術 树→樹 书→書 帅→帥 双→雙 松→鬆 苏→蘇囌
肃→肅 虽→雖 随→隨 岁→歲 孙→孫 笋→筍

【T】

它→牠 态→態 台→臺 檯→颱 摊→攤 滩→灘 瘫→癱
坛→壇罎 叹→嘆歎 汤→湯 誊→謄 体→體 条→條 椭→橢
粜→糶 铁→鐵 听→聽 厅→廳 头→頭 图→圖 涂→塗
团→團糰

【W】

袜→襪韤 洼→窪 万→萬 弯→彎 网→網 为→為爲 伪→偽僞
韦→韋 卫→衛 稳→穩 乌→烏 务→務 无→無 雾→霧

【X】

牺→犧　席→蓆　系→係繫　戏→戲　习→習　吓→嚇　虾→蝦
绣→繡　锈→銹　献→獻　咸→鹹　显→顯　宪→憲　县→縣
向→嚮　响→響　乡→鄉　协→協　写→寫　胁→脅　泻→瀉
亵→褻　衅→釁　兴→興　须→鬚　选→選　旋→鏇　悬→懸
学→學　寻→尋　逊→遜　凶→兇

【Y】

压→壓　亚→亞　哑→啞　艳→艷豔　严→嚴　岩→巖　盐→鹽
厌→厭　养→養　痒→癢　样→樣　阳→陽　尧→堯　钥→鑰
药→藥　页→頁　叶→葉　爷→爺　业→業　医→醫　异→異
义→義　仪→儀　艺→藝　亿→億　忆→憶　隐→隱　阴→陰
蝇→蠅　应→應　营→營　拥→擁　佣→傭　踊→踴　涌→湧
痈→癰　优→優　犹→猶　邮→郵　忧→憂　余→餘　鱼→魚
御→禦　吁→籲　郁→鬱　与→與　誉→譽　屿→嶼　渊→淵
远→遠　园→園　愿→願　跃→躍　岳→嶽　云→雲　运→運
韵→韻　酝→醞

【Z】

札→劄劄　扎→紮紮　杂→雜　灾→災　赃→贓髒　灶→竈　凿→鑿
枣→棗　斋→齋　战→戰　占→佔　毡→氈　赵→趙　这→這
折→摺　征→徵　症→癥　证→證　郑→鄭　只→衹隻　帜→幟
职→職　致→緻　制→製　执→執　滞→滯　质→質　种→種
众→衆　钟→鐘鍾　肿→腫　周→週　昼→晝　朱→誅　筑→築
烛→燭　注→註　专→專　庄→莊　壮→壯　装→裝　妆→妝
状→狀　桩→樁　准→準　浊→濁　总→總　纵→縱　钻→鑽

异体字整理表

异体字，是字音字义相同而字形不同的一组字。

由于汉字是由意符、音符和记号组成，意符选取的角度因人而异，音符又不同于拼音文字中的字母，所以，一字多形的现象在汉字的历史上比比皆是。

【A】an　庵【菴】　暗【晻闇】　案【桉】　鞍【鞌】
ao　鳌【鰲】

【B】bai 柏【栢】 稗【粺】

ban 坂【岅】

bang 帮【幫】 膀【髈】 榜【牓】

bao 刨【鉋 鑤】 褓【緥】 褒【襃】

bei 背【揹】 備【俻】 悖【誖】 杯【桮 盃】

ben 奔【犇 逩】

beng 绷【繃】

bi 痹【痺】 逼【偪】 斃【獘】 秘【祕】 弊【獘】 秕【粃】

bian 遍【徧】

biao 膘【臕】

bie 鳖【鼈】

bing 并【並 併 竝】 冰【氷】 禀【稟】

bo 鉢【缽 盋】 博【愽】 駁【駮】

bu 布【佈】

【C】cai 踩【跴】 采【寀 採】 睬【倸】 彩【綵】

can 参【叅】 慚【慙】

cao 操【撡】 草【艸】

ce 册【冊】 厕【廁】 策【筴】

cha 插【揷】 查【査】 【詧】

chan 鏟【剗 剷】

chang 嘗【嚐 甞】

che 扯【撦】

chen 嗔【瞋】 趁【趂】

cheng 乘【乗 椉】 塍【堘】 撑【撐】 澄【澂】

chi 耻【恥】 敕【勅 勑】 翅【翄】 痴【癡】 吃【喫】

chou 仇【讎 讐】 绸【紬】 瞅【矁】 酬【詶 酧 醻】

chu 厨【廚】 蹰【躕】 橱【櫥】 锄【耡 鉏】

chuan 船【舩】

chuang 創【刱 剏】 床【牀】 窗【牕 牎 窓 窻】

chui 捶【搥】 棰【箠】 锤【鎚】

chun 蠢【惷】 春【旾】 淳【湻】 莼【蓴】 唇【脣】 醇【醕】

ci 辭【辤】 糍【餈】 鹚【鶿】

cong 匆【怱 悤】 葱【蔥】

cou　凑【湊】
cu　蹴【蹵】　粗【麤　觕】
cuan　篡【簒】
cui　脆【脃】　悴【顇】
cun　村【邨】
cuo　銼【剉】
【D】dai　呆【獃　騃】　玳【瑇】
dan　淡【澹】　啖【啗　噉】　耽【躭】
dang　擋【攩】　蕩【盪】
dao　搗【擣】
de　德【悳】
deng　凳【櫈】
di　抵【牴　觝】　堤【隄】　蒂【蔕】
diao　雕【彫　鵰　凋　琱】　吊【弔】
die　蝶【蜨】　叠【疊　曡】　喋【啑】
ding　碇【矴　椗】
dou　兜【兠】　鬥【鬦　鬭】　豆【荳】
du　睹【覩】　妒【妬】
dun　遁【遯】　墩【墪】
duo　朵【朶】　垛【垜】　跺【跥】
【E】e　額【頟】　扼【搤】　萼【蕚】　峨【峩】　鵝【鵞　鵞】
婀【婐】　厄【戹　阨】　鰐【鱷】　腭【齶】　訛【譌】
【F】fa　罰【罸】　筏【栰】　法【灋】　琺【琺】
fan　繁【緐】　翻【飜　繙】　帆【颿】　泛【汎　氾】
fang　仿【倣　彷　髣】
fei　痱【疿】　廢【癈】
fen　氛【雰】
feng　峰【峯】
fu　俯【頫　俛】　佛【彿　髴】　婦【媍】　附【坿】　麩【粰】
【G】ga　戛【戞】　嘎【嘠】
gai　丐【匃　匄】　概【槩】
gan　贛【灨　贑】　稈【稈】　杆【桿】　乾【乹　乾】　幹【榦】

gang　杠【槓】　扛【摃】　肛【疘】

gao　皋【臯　皐】　槁【槀】　糕【餻】　稿【稾】

ge　胳【肐　骼】　阁【閤】　歌【謌】　個【箇】

gen　亘【亙】

geng　粳【秔　梗】　耕【畊】　鲠【骾】

gong　躬【躳】

gou　够【夠】　鈎【鉤】　構【搆】

gu　雇【僱】　菇【菰】　鼓【皷】

gua　挂【掛】

guai　怪【恠】

guan　管【筦】　館【舘】　罐【鑵】

gui　规【槼】　瑰【瓌】

guo　果【菓】　椁【槨】

【H】han　函【圅】　悍【猂】　焊【銲　釬】　捍【扞】

hao　嗥【嘷　獋】　皓【皜　暠】　蚝【蠔】

he　呵【訶】　盍【盇】　和【咊　龢】

heng　恒【恆】

hong　哄【鬨　鬩】

hou　糇【餱】

hu　呼【嘑　虖　謼】　糊【餬】　胡【衚】

hua　話【譮】　嘩【譁】　花【蘤　苍】

huan　獾【貛】　歡【懽　驩】

huang　恍【怳】

hui　毁【譭　燬】　蛔【蛕　蛸　痐　蚘】　輝【煇　暉】　匯【滙】
迴【廻　逥】　徽【微】

hun　混【溷】　昏【昬】

huo　禍【旤】

【J】ji　鸡【雞】　楫【檝】　績【勣】　迹【跡　蹟】　期【朞】
賫【賷　齎】

jia　假【叚】　夾【裌　袷】

jian　箋【椾　牋】　劍【劒】　鑒【鑑　鍳】　緘【椷】　奸【姦】
鹼【鹻】　碱【堿】　剪【翦】　減【减】　繭【璽】

jiang 繮【韁】 僵【殭】 奬【獎】
jiao 僥【儌 徼】 叫【呌】 剿【勦】 脚【腳】
jie 秸【稭】 届【屆】 階【堦】 潔【絜】 劫【刼 刦】 杰【傑】
jin 斤【觔】 晋【晉】
jing 阱【穽】 徑【逕】 凈【淨】 脛【踁】
jiong 炯【烱】 迥【逈】
jiu 韭【韮】 救【捄】 糾【糺】 揪【揫】 厩【廄 廐】
ju 巨【鉅】 矩【榘】 局【侷 跼】 舉【擧】
juan 狷【獧】 眷【睠】 倦【勌】
jue 橛【橜】 撅【噘】 决【決】
jun 俊【儁】 浚【濬】 隽【雋】

【K】kai 慨【嘅】
kan 刊【栞】 瞰【矙】 侃【偘】 坎【埳】
kang 糠【穅 粇】 炕【匟】
kao 考【攷】
ke 咳【欬】 疴【痾】 剋【尅】
ken 肯【肎】
keng 坑【阬】
kou 叩【敂】 扣【釦】
ku 褲【袴】
kuai 膾【鱠】
kuan 款【欵】
kuang 况【況】 礦【鑛】 誆【誑】
kui 饋【餽】 愧【媿】 窺【闚】
kun 昆【崑 崐】 捆【綑】 坤【堃】
kuo 闊【濶】

【L】la 辣【辢】 臘【臈】
lai 賴【頼】
lan 懶【嬾】 婪【惏】
lang 螂【蜋】 琅【瑯】
lei 泪【淚】
leng 棱【稜】 楞【愣】

li 厘【釐】 裹【裡】 歷【歴 厯】 曆【厤】 莅【涖 蒞】
犁【犂】 狸【貍】 梨【棃】 隸【隷】 藜【蔾】
栗【凓 慄】 璃【琍 瓈】 荔【茘】
lian 廉【亷】 鐮【鎌】 奩【匳 匲】 煉【鍊】 斂【歛】
liang 梁【樑】 涼【凉】
lin 麟【麐】 吝【悋】 鄰【隣】 淋【痳】 磷【燐 粦】
ling 菱【蔆】
liu 留【畱】 琉【瑠 璢】 瘤【癅】 柳【栁桺】
long 弄【衖 挵】
lu 櫓【艪 艣 樐】 碌【磟】 戮【剹 勠】 爐【鑪】
lü 綠【菉】
lüe 略【畧】
lun 侖【崘 崙】
luo 裸【躶 羸】 騾【驘】

【M】 ma 罵【罵 傌】 麻【蔴】 螞【蟇】
mai 脉【衇 脈】
mang 虻【蝱】
mao 冒【冐】 卯【夘 戼】 猫【貓】 牦【犛 氂】
mei 梅【楳 槑】
mi 冪【羃】 眯【瞇】 覓【覔】
mian 綿【緜】
miao 渺【淼】 妙【玅】
mie 咩【哶】
min 泯【泯】
mo 饃【饝】 謨【謩】
mu 幕【幙】 畝【晦 畂 畆】

【N】 na 拿【挐 拏】
nai 奶【嬭 妳】 乃【廼 迺】
nan 楠【枏 柟】
nao 鬧【閙】
ni 霓【蜺】 你【妳】 昵【暱】 擬【儗】
nian 拈【撚】 念【唸】 年【秊】

niang 娘【孃】
niao 裊【嫋 嬝 褭】
nie 嚙【囓 齧】 揑【捏】 孽【孼】
ning 寧【寕 甯】
nong 農【䢉】
nü 衄【衂】
nuan 暖【煖 煗】
nen 嫩【嫰】
nuo 糯【穤 稬】 挪【挼】
【P】pao 疱【皰】 炮【砲 礟】
pei 胚【肧】
peng 碰【踫 掽】
pi 毗【毘】 匹【疋】
piao 飄【飃】
ping 凴【凭】 瓶【缾】
po 廹【迫】
pu 鋪【舖】
【Q】qi 戚【慼 鏚】 啓【啟 棨】 棋【棊 碁】 栖【棲】
淒【凄 悽】 旗【旂】 弃【棄】 憩【憇】
qian 鉛【鈆】 潛【潜】 愆【諐】
qiang 强【強 彊】 襁【繦】 牆【墻】 檣【艢】 羌【羗】 槍【鎗】
qiao 憔【顦 癄】 蹺【蹻】 峭【陗】 蕎【荍】
qin 勤【懃】 琴【琹】 揿【搇】
qiu 丘【坵 邱】 虬【虯】 鰍【鰌】 秋【烁 穐】 球【毬】
qu 軀【駈】
que 榷【搉】 却【卻】
qun 群【羣】
【R】ran 冉【冄】 髯【髥】
rao 繞【遶】
ren 韌【靭 靱】 飪【餁】 衽【袵】 妊【姙】
rong 冗【宂】 絨【羢 毧】 熔【鎔】 融【螎】
ruan 蠕【蝡】 軟【輭】

rui　蕊【蕋　橤　蘂】　睿【叡】
ruo　箬【蒻】

【S】sai　腮【顋】
san　傘【繖】
sang　桑【桒】
se　澀【澁　澁】
shan　鱔【鱓】　刪【刪】　姗【姍】　栅【柵】　膳【饍】　羶【羴　羴】
shao　筲【蕱】
she　蛇【虵】
shen　慎【昚】　参【葠　蓡】
sheng　升【昇　陞】　剩【賸】
shi　虱【蝨】　是【昰】　尸【屍】　濕【溼】　謚【諡】　實【寔】
　時【旹】　視【眡　眎】　柿【柹】
shu　倏【儵　倐】　庶【庻】　竪【豎】　漱【潄】　疏【疎】　薯【藷】
si　飼【飤】　祀【禩】　厮【廝】　俟【竢】　似【佀】
sou　搜【蒐】
su　溯【泝　遡】　訴【愬】　蘇【蘓　甦】
sui　歲【嵗】
sun　笋【筍】　飧【飱】
suo　鎖【鎻】　蓑【簑】　挲【抄】

【T】ta　塔【墖】　拓【搨】　它【牠】
tan　嘆【歎】　罎【壜　罈】　袒【襢】
tang　趟【蹚】　糖【餹】
tao　掏【搯】　絛【縚　縧】
teng　藤【籐】
ti　剃【鬀　薙】　啼【嗁】　蹄【蹏】
tiao　眺【覜】
tong　筒【筩】　同【衕　仝】　峒【峝】
tou　偷【媮】
tu　兔【兎】
tui　腿【骽】　頹【穨】
tun　臀【臋】
tuo　馱【駄】　托【託】　駝【駞】　拖【拕】

【W】wa 蛙【鼃】 襪【韈 韤】

wan 挽【輓】 浣【澣】 玩【翫】 碗【椀 盌】

wang 亡【亾】 望【朢】 往【徃】

wei 喂【餧 餵】 猬【蝟】

wen 吻【脗】 蚊【螡 蟁】

weng 瓮【罋 甕】

wu 污【汙 汚】 坞【隖】 忤【啎】

【X】xi 嘻【譆】 溪【谿】 晰【晳 晢】 席【蓆】 熙【熈 凞】

戲【戱】

xia 厦【廈】 狭【陿】

xian 衔【啣 銜】 弦【絃】 仙【僊】 鲜【鱻 尠 尟】

閑【閒】 娴【嫺】 綫【线】 籼【秈】

xiang 享【亯】 饷【饟】 響【嚮】 厢【廂】

xiao 笑【咲】 效【傚 効】

xie 胁【脅】 邪【衺】 蟹【蠏】 燮【爕】 蝎【蠍】 泄【洩】

绁【絏】 鞋【鞵】 携【攜 擕】

xin 欣【訢】

xing 幸【倖】

xiong 汹【洶】 凶【兇】 胸【胷】

xiu 修【脩】 绣【繡】 锈【鏽】

xu 叙【敘 敍】 勖【勗】 恤【卹 賉】 婿【壻】

xuan 喧【諠】 楦【楥】 萱【萲 藼 蕿 蘐】 璇【璿】

xue 靴【鞾】

xun 熏【燻 薰】 徇【狥】 勋【勳】 埙【壎】 巡【廵】

【Y】ya 鸦【鴉】 丫【枒 椏】

yan 咽【嚥】 焰【燄】 胭【臙】 宴【讌 醼】 艳【豔 豓】

验【騐】 烟【煙 菸】 岩【巖 嵒 巗】 燕【鷰】

鼹【鼴】 赝【贗】 腌【醃】 雁【鴈】 檐【簷】

yang 扬【敭 颺】

yao 夭【殀】 淆【殽】 耀【燿】 窑【窯 窰】 肴【餚】

咬【齩】 拗【抝】

ye 野【埜 壄】 夜【亱】 烨【爗 曄】

yi 翳【瞖】 异【異】 咿【吚】 移【迻】

yin　因【囙】　殷【慇】　淫【淫　婬】　喑【瘖】　堙【陻】
　　陰【隂】　吟【唫】　蔭【廕】　姻【婣】
ying　罌【甖】　穎【頴】　鶯【鸎】
yong　咏【詠】　涌【湧】　恿【慂　慂】　雍【雝】
you　游【遊】
yu　于【於】　欲【慾】　愈【瘉　癒】　鬱【欝　欎】
yuan　冤【寃】　猿【猨　蝯】
yue　岳【嶽】
yun　韵【韻】

【Z】za　匝【帀】　雜【襍】
zai　灾【災　烖　菑】
zan　咱【偺　喒】　簪【篸】　贊【讚　賛】
zang　葬【塟】
zao　喿【噪】　皂【皁】　噪【譟】　糟【蹧】
zha　咤【吒】　札【剳　劄】　榨【搾】　閘【牐】　扎【紮　紥】
zhai　寨【砦】　齋【亝】
zhan　氈【氊】　盞【琖　醆】　沾【霑】　占【佔】　崭【嶄】
zhang　獐【麞】
zhao　棹【櫂】　照【炤】
zhe　哲【喆】　浙【淛】　謫【讁】　輒【輙】
zhen　鴆【酖】　珍【珎】　砧【碪】　針【鍼】　偵【遉】
zhi　侄【姪　妷】　纸【帋】　卮【巵】　栀【梔】　祇【衹　秖】
　　帙【袟　袠】　稚【稺　穉】　跖【蹠】　志【誌】　址【阯】
zhong　冢【塚】　衆【眾】
zhou　咒【呪】　帚【箒】　周【週】
zhu　箸【筯】　伫【佇　竚】　煮【煑】　注【註】　猪【豬】
zhuan　磚【塼　甎】　專【耑】　饌【籑】　撰【譔】
zhuang　妝【粧】
zhuo　斫【斮　斲　斵】　桌【槕】
zi　姊【姉】　眦【眥】　資【貲】
zong　傯【偬】　棕【椶】　粽【糉】　鬃【騌　騣　鬉】　踪【蹤】
zuan　纂【篹】　鑽【鑚】　樽【罇】
zui　罪【辠】

医学三字经

医学源流第一

医之始，本岐黄；灵枢作，素问详。难经出，更洋洋。

越汉季，有南阳，六经辨，圣道彰。伤寒著，金匮藏。

垂方法，立津梁。李唐后，有千金；外台继，重医林。

后作者，渐浸淫；红紫色，郑卫音。迨东垣，重脾胃；

温燥行，升清气；虽未醇，亦足贵。若河间，专主火；

遵之经，断自我；一二方，奇而妥。丹溪出，罕于俦；

阴宜补，阳勿浮；杂病法，四字求。若子和，主攻破；

中病良，勿太过。四大家，声名噪；必读书，错名号。

明以后，须酌量；详而备，王肯堂。薛氏按，说骑墙；

士材说，守其常；张景岳，著新方；石顽续，温补乡；

献可论，合二张；诊脉法，濒湖昂。数子者，各一长；

揆诸古，亦荒唐。长沙室，尚彷徨。惟韵伯，能宪章；

徐尤着，本喻昌；大作者，推钱塘。取法上，得慈航。

中风第二

人百病，首中风，骤然得，八方通。闭与脱，大不同；

开邪闭，续命雄；固气脱，参附功。顾其名，思其义，

若舍风，非其治。火气痰，三子备；不为中，名为类；

合而言，小家伎。喑㖞斜，昏仆地；

急救先，柔润次；填窍方，宗金匮。

虚痨第三

虚痨病，从何起；七情伤，上损是；归脾汤，二阳旨。

下损由，房帏迩，伤元阳，亏肾水；肾水亏，六味拟；

元阳伤，八味使。各医书，技止此。

甘药调，回生理；建中汤，金匮轨。

薯蓣丸，风气弭（mǐ）；䗪（zhè）虫丸，干血已。二神方，能起死。

咳嗽第四

气上呛，咳嗽生；肺最重，胃非轻。肺如钟，撞则鸣。

风寒入，外撞鸣；痨损积，内撞鸣。谁治外，六安行；

谁治内，虚痨程。挟水气，小龙平。兼郁火，小柴清。
姜细味，一齐烹；长沙法，细而精。

疟疾第五

疟为病，属少阳，寒与热，若回翔。日一发，亦无伤；
三日作，势猖狂。治之法，小柴方，热偏盛，加清凉；
寒偏重，加桂姜；邪气盛，去参良；常山入，力倍强。
大虚者，独参汤；单寒牝（pìn），理中匡，单热瘅（dàn），白虎详。
法外法，辨微茫；消阴翳，制阳光。太仆注，慎勿忘。

痢症第六

湿热伤，赤白痢。热胜湿，赤痢渍；湿胜热，白痢坠。
调行箴，须切记！芍药汤，热盛饵；平胃加，寒湿试。
热不休，死不治。痢门方，皆所忌，桂葛投，鼓邪出，
外疏通，内畅遂。嘉言书，独得秘；寓意存，补金匮。

心腹痛、胸痹第七

心胃痛，有九种。辨虚实，明轻重。痛不通，气血壅；
通不痛，调和奉。一虫痛，乌梅圆；二注痛，苏合研。
三气痛，香苏专；四血痛，失笑先。五悸痛，妙香诠；
六食痛，平胃煎。七饮痛，二陈咽；八冷痛，理中全。
九热痛，金铃痊。腹中痛，照诸篇；金匮法，可回天，
诸方论，要拳拳。又胸痹，非偶然，薤白酒，妙转旋，
虚寒者，建中填。

膈食反胃第八

膈食病，津液干，胃脘闭，谷食难。时贤法，左归餐；
胃阴展，贲门宽。启膈饮，理一般。推至理，冲脉干，
大半夏，加蜜安。金匮秘，仔细看！
若反胃，实可叹。朝暮吐，分别看。
乏火化，属虚寒；吴萸饮，独附丸，六君类，俱神丹。

气喘第九

喘促症，治分门，鲁莽辈，只贞元；阴霾盛，龙雷奔。
实喘者，痰饮援；葶苈饮，十枣汤；青龙辈，撤其藩。
虚喘者，补而温，桂苓类，肾气论；平冲逆，泄奔豚；
真武剂，治其源。金水母，主诸坤；六君子，妙难言。

他标剂，忘本根。

血症第十

血之道，化中焦；本冲任，中溉浇；温肌腠，外逍遥。六淫逼，经道摇；宜表散，麻芍条。七情病，溢如潮。引导法，草姜调；温摄法，理中超；凉泻法，令瘀销。赤豆散，下血标；若黄土，实翘翘，一切血，此方饶。

水肿第十一

水肿病，有阴阳；便清利，阴水殃；便短缩，阳水伤。五皮饮，元化方，阳水盛，加通防；阴水盛，加桂姜；知实肿，萝枳商；知虚肿，参术良；兼喘促，真武汤。从俗好，别低昂。五水辨，金匮详。补天手，十二方。肩斯道，勿炎凉。

胀满蛊胀第十二

胀为病，辨实虚；气骤滞，七气疏；满拒按，七物祛；胀闭痛，三物锄。若虚胀，且踌躇。中央健，四旁如。参竺典，大地舆。单腹胀，实难除。山风卦，指南车。易中旨，费居诸。

暑症第十三

伤暑症，动静商。动而得，热为殃；六一散，白虎汤。静而得，起贪凉；恶寒象，热逾常；心烦辨，切莫忘！香薷饮，有专长。大顺散，从症方。生脉散，久服康。东垣法，防气伤。杂说起，道弗彰。若精蕴，祖仲师；太阳病，旨在兹；经脉辨，标本歧；临证辨，法外思；方两出，大神奇。

泄泻第十四

湿气胜，五泄成；胃苓散，厥功宏。湿而冷，萸附行；湿而热，连芩程；湿挟积，曲楂迎；虚兼湿，参附苓。脾肾泻，近天明；四神服，勿纷更。恒法外，内经精。肠脏说，得其情。泻心类，特丁宁。

眩晕第十五

眩晕症，皆属肝。肝风木，相火干；风火动，两动搏，头旋转，眼纷繁。虚痰火，各分观；究其指，总一般。

痰火亢，大黄安；上虚甚，鹿茸餐；欲下取，求其端。左归饮，正元丹。

呕、哕、吐（附呃逆）第十六

呕吐哕，皆属胃；二陈加，时医贵。玉函经，难仿佛。小柴胡，少阳谓，吴茱萸，平酸味。食已吐，胃热沸；黄草汤，下其气。食不入，火堪畏；黄连汤，为经纬。若呃逆，代赭汇。

癫狂痫第十七

重阳狂，重阴癫。静阴象，动阳宣。狂多实，痰宜蠲；癫虚发，石补天。忽搐搦，痫病然；五畜状，吐痰涎；有生病，历岁年。火气亢，芦荟平；痰积痼，丹矾穿。三症本，厥阴愆。体用变，标本迁。伏所主，所因先；收散互，逆从连；和中气，妙转旋。悟到此，治立痊。

五淋、癃闭、赤白浊、遗精第十八

五淋病，皆热结。膏石劳，气与血。五淋汤，是秘诀；败精淋，加味啜；外冷淋，肾气咽。点滴无，名癃闭。气道调，江河决，上窍通，下窍泄，外窍开，水源凿。分利多，医便错。浊又殊，窍道别。前饮投，精愈涸。肾套谈，理脾恪。分清饮，佐黄柏；心肾方，随补缀。若遗精，另有设。有梦遗，龙胆折；无梦遗，十全设；坎离交，亦不切。

疝气第十九

疝任病，归厥阴。寒筋水，气血寻，狐出入，㿗顽麻。专治气，景岳箴。五苓散，加减斟。茴香料，著医林。痛不已，须洗淋。

痰饮第二十

痰饮源，水气作。燥湿分，治痰略。四饮名，宜斟酌。参五脏，细量度。补和攻，视强弱。十六方，各凿凿。温药和，博返约。阴霾除，阳光灼。滋润流，时医错。真武汤，水归壑。白散方，窥秘钥。

消渴第二十一

消渴症，津液干。七味饮，一服安。金匮法，别三般。

二阳病，治多端。少阴病，肾气寒；厥阴症，乌梅丸。变通妙，燥热餐。

伤寒瘟疫第二十二

伤寒病，极变迁。六经法，有真传。头项病，太阳编。胃家实，阳明编。眩苦呕，少阳编。吐利痛，太阴编。但欲寐，少阴编。吐蛔渴，厥阴编。长沙论，叹高坚。存津液，是真诠。汗吐下，温清悬；补贵当，方而圆。规矩废，甚于今。二陈尚，九味寻；香苏外，平胃临；汗源涸，耗真阴；邪传变，病日深。目击者，实痛心！医医法，脑后针。若瘟疫，治相侔。通圣散，两解求。六法备，汗为尤，达原饮，昧其由。司命者，勿逐流！

妇人经产杂病第二十三

妇人病，四物良。月信准，体自康。渐早至，药宜凉；渐迟至，重桂姜；错杂至，气血伤。归脾法，主二阳；兼郁结，逍遥长。种子者，即此详。经闭塞，禁地黄。孕三月，六君尝。安胎法，寒热商。难产者，保生方。开交骨，归芎乡；血大下，补血汤。脚小趾，艾火炀；胎衣阻，失笑匡；产后病，生化将。合诸说，俱平常，资顾问，亦勿忘。精而密，长沙室。妊娠篇，丸散七。桂枝汤，列第一。附半姜，功超轶。内十方，皆法律。产后篇，有神术。小柴胡，首特笔。竹叶汤，风痉疾；阳旦汤，功与匹。腹痛条，须详悉。羊肉汤，㽲痛谧。痛满烦，求枳实；着脐痛，下瘀吉；痛而烦，里热窒；攻凉施，毋固必。杂病门，还熟读。二十方，效俱速。随证详，难悉录。惟温经，带下服；甘麦汤，脏燥服。药到咽，效可卜。道中人，须造福。

小儿第二十四

小儿病，多伤寒，稚阳体，邪易干。凡发热，太阳观。热未已，变多端。太阳外，仔细看。遵法治，危而安。若吐泻，求太阴；吐泻甚，变风淫；慢脾说，即此寻。阴阳证，二太擒；千古秘，理蕴深，即痘疹，此传心。惟同志，度金针。

药性赋

一、寒类药性赋

诸药赋性，此类最寒。犀角解乎心热；羚羊清乎肺肝。泽泻利水通淋而补阴不足；海藻散瘿破气而治疝何难。闻之菊花能明目清头风；射干疗咽闭而消痈毒；薏苡理脚气而除风湿；藕节消瘀血而止吐衄。瓜蒌子下气润肺喘兮，又且宽中，车前子止泻利小便兮，尤能明目。是以黄柏疮用，兜铃嗽医。地骨皮有退热除蒸之效，薄荷叶宜消风清肿之施。宽中下气，枳壳缓而枳实速也；疗肌解表，干葛先而柴胡次之。百部治肺热，咳嗽可止；栀子凉心肾，鼻衄最宜。玄参治结热毒痈，清利咽膈；升麻清风热肿毒，发散疮痍。尝闻轻粉抑肺而敛肛门；金箔镇心而定神志。茵陈主黄疸而利水；瞿麦治热淋之有血。朴硝通大肠，破积而止痰癖；石膏治头痛，解肌而消烦渴。前胡除内外之痰实；滑石利六腑之涩结。天门冬止嗽，补血涸而润心肝；麦门冬清心，解烦渴而除肺热。又闻治虚烦、除哕呕，须用竹茹；通秘结、导瘀血，必资大黄。宣黄连治冷热之痢，又厚肠胃而止泻；淫羊藿疗风寒之痹，且补阴虚而助阳。茅根止血与吐衄；石苇通淋与小肠。熟地黄补血且疗虚损；生地黄凉血更医眼疮。赤芍药破血而疗腹痛，烦热亦解；白芍药补虚而生新血，退热尤良。若乃消肿满逐水于牵牛；除热毒杀虫于贯众。金铃子治疝气而补精血；萱草根治五淋而消乳肿。侧柏叶治血山崩漏之疾；香附子理气血妇人之用。地肤子利膀胱，可洗皮肤之风；山豆根解热毒，能止咽喉之痛。白鲜皮去风治筋弱，而疗足顽痹；旋覆花明目治头风，而消痰嗽壅。又况荆芥穗清头目便血，疏风散疮之用；瓜蒌根疗黄疸毒痈，消渴解痰之忧。地榆疗崩漏，止血止痢；昆布破疝气，散瘿散瘤。疗伤寒、解虚烦，淡竹叶之功倍；除结气、破瘀血，牡丹皮之用同。知母止嗽而骨蒸退；牡蛎涩精而虚汗收。贝母清痰止咳嗽而利心肝；桔梗开肺利胸膈而治咽喉。若夫黄芩治诸热，兼主五淋；槐花治肠风，亦医痔痢。常山理痰结而治温疟；葶苈泻肺喘而通水气。此六十六种药性之寒者也。

二、热类药性赋

药有温热，又当审详。欲温中以荜茇；用发散以生姜。五味子止嗽痰，且滋肾水；海狗肾疗劳瘵，更壮元阳。原夫川芎祛风湿、补血清头；续断治崩漏、益筋强脚。麻黄表汗以疗咳逆；韭子壮阳而医白浊。川乌破积，有消痰治风痹之功；天雄散寒，为去湿助精阳之药。观夫川椒达下，干姜暖中；胡芦巴治虚冷之疝气；生卷柏破癥瘕而血通。白术消痰壅、温胃，兼止吐泻；菖蒲开心气、散冷，更治耳聋。丁香快脾胃而止呕逆；良姜止心气痛之攻冲。肉苁蓉填精益肾；石硫黄暖胃驱虫。胡椒主去痰而除冷；秦椒主攻痛而去风。吴茱萸疗心腹之冷气；灵砂定心脏之怔忡。盖夫散肾冷、助脾胃，须毕澄茄；疗心痛、破积聚，用蓬莪术。缩砂止吐泻安胎、化酒食之剂；附子疗虚寒反胃、壮元阳之方。白豆蔻治冷泻，疗痈止痛于乳香；红豆蔻止吐酸，消血杀虫于干漆。岂知鹿茸生精血，腰脊崩漏之均补；虎骨壮筋骨，寒湿毒风之并祛。檀香定霍乱，而心气之痛愈；鹿角秘精髓，而腰脊之痛除。消肿益血于米醋；下气散寒于紫苏。扁豆助脾，则酒有行药破结之用；麝香开窍，则葱为通中发汗之需。尝观五灵脂治崩漏，理血气之刺痛；麒麟竭止血出，疗金疮之伤折。鹿茸壮阳以助肾；当归补虚而养血。乌贼骨止带下，且除崩漏目翳；鹿角胶住血崩，能补虚羸劳绝。白花蛇治瘫痪，疗风痒之癣疹；乌梢蛇疗不仁，去疮疡之风热。乌药有治冷气之理；禹余粮乃疗崩漏之因。巴豆利痰水，能破寒积；独活疗诸风，不论新久。山茱萸治头晕遗精之药；白石英医咳嗽吐脓之人。厚朴温胃而去呕胀，消痰亦验；肉桂行血而疗心痛，止汗如神。是则鲫鱼有温胃之功；代赭乃镇肝之剂。沉香下气补肾，定霍乱之心痛；橘皮开胃去痰，导壅滞之逆气。此六十种药性之热者也。

三、温性药性赋

温药总括，医家素谙。木香理乎气滞；半夏主于湿痰。苍术治目盲，燥脾去湿宜用；萝卜去膨胀，下气制面尤堪。况夫钟乳粉补肺气，兼疗肺虚；青盐治腹痛，且滋肾水。山药而腰湿能医；阿胶而痢嗽皆止。赤石脂治精浊而止泄，兼补崩中；阳起石暖子宫以壮阳，更疗阴痿。诚以紫菀治嗽，防风祛风；苍耳子透脑止涕，威灵仙宣风通气。细辛去头风，止嗽而疗齿痛；艾叶治崩漏、安胎而医痢红。羌活明目驱风，除湿毒肿痛；白芷止崩治肿，疗痔漏疮痈。若乃红蓝花通经，治产后恶血之余；刘寄奴散血，疗烫火金疮之苦。减风湿之痛则茵芋叶；疗折伤之症则骨碎补。藿香叶辟恶气而定霍乱；草果仁温脾胃而止呕吐。巴戟天治阴疝白浊，补肾尤滋；元胡索理气痛血凝，调经有助。尝闻款冬花润肺，去痰嗽以定喘；肉豆蔻温中，止霍乱而助脾。抚芎走经络之痛；何首乌治疮疥之资。姜黄能下气、破恶血之积；防已宜消肿、去风湿之施。藁本除风，主妇人阴痛之用；仙茅益肾，元气虚弱之衰。乃日破故纸温肾，补精髓与劳伤；宣木瓜入肝，疗脚气并水肿。杏仁润肺燥止嗽之剂；茴香治疝气肾病之用。诃子生津止渴，兼疗滑泄之疴；秦艽攻风逐水，又除肢节之痛。槟榔豁痰而逐水，杀寸白虫；杜仲益肾而添精，去腰膝重。当知紫石英疗惊悸崩中之疾；橘核仁治腰痛疝气之癫。金樱子兮涩遗精；紫苏子兮下气涎。淡豆豉发伤寒之表；大小蓟除诸血之鲜。益智安神，治小便之频数；火麻仁润肺，利六腑之燥坚。抑又闻补虚弱、排疮脓，莫若黄芪；强腰脚、壮筋骨，无如狗脊。菟丝子补肾以明目；马蔺花治疝而有益。此五十四种药性之温者也。

四、平性药性赋

详论药性，平和惟在。以硇砂而去积；用龙齿以安魂。青皮快膈除膨胀，且利脾胃；芡实益精治白浊，兼补真元。原夫木贼草去目翳，崩漏亦医；花蕊石治金疮，血行则却。决明和肝气，治眼之剂；天麻主头眩，祛风之药。甘草和诸药而解百毒，盖以性平；石斛平胃气而补肾虚，更医脚弱。观乎商陆治肿，覆盆益精。琥珀安神而散血；朱砂镇心而有灵。牛膝强足补精，兼疗腰痛；龙骨止汗住泄，更治血崩。甘松理风气而痛止；蒺藜疗风疮而明目。人参润肺宁心，开脾助胃；蒲黄止崩治衄，消瘀调经。岂不知南星醒脾，去惊风痰吐之忧；三棱破积，除血块气滞之证。没食主泄泻而神效；皂角治风痰而响应。桑螵蛸疗遗精之泄；鸭头血医水肿之盛。蛤蚧治劳嗽，牛蒡子疏风壅之痰；全蝎主风瘫，酸枣仁去怔忡之病。尝闻桑寄生益血安胎，且止腰痛；大腹子去膨下气，亦令胃和。小草、远志，俱有宁心之妙；木通、猪苓，尤为利水之多。莲肉有清心醒脾之用；没药乃治疮散血之科。郁李仁润肠宣水，去浮肿之疾；茯神宁心益智，除惊悸之疴。白茯苓补虚劳，多在心脾之有眚；赤茯苓破结血，独利水道以无毒。因知麦芽有助脾化食之功，小麦有止汗养心之力。白附子去面风之游走；大腹皮治水肿之泛溢。椿根白皮主泻血；桑根白皮主喘息。桃仁破瘀血兼治腰痛；神曲健脾胃而促食饮。五加皮坚筋骨以立行；柏子仁养心神而有益。抑又闻安息香辟恶，且止心腹之痛；冬瓜仁醒脾，实为饮食之资。僵蚕治诸风之喉闭；百合敛肺劳之嗽痿。赤小豆解热毒，疮肿宜用；枇杷叶下逆气，哕呕可医。连翘排疮脓与肿毒；石楠叶利筋骨与毛皮。谷芽养脾；阿魏除邪气而破积；紫河车补血；大枣和药性以开脾。然而鳖甲治劳疟，兼破癥瘕；龟甲坚筋骨，更疗崩疾。乌梅主便血疟痢之用；竹沥治中风声音之失。此六十八种药性之平者也。

汤头歌诀

一、补益之剂

1. 四君子汤

四君子汤中和义　参术茯苓甘草比
益以夏陈名六君　祛痰补气阳虚饵
除却半夏名异功　或加香砂胃寒使

2. 升阳益胃汤

升阳益胃参术芪　黄连半夏草陈皮
苓泻防风羌独活　柴胡白芍姜枣随

3. 黄芪鳖甲散

黄芪鳖甲地骨皮　艽菀参苓柴半知
地黄芍药天冬桂　甘桔桑皮劳热宜

4. 秦艽鳖甲散

秦艽鳖甲治风劳　地骨柴胡及青蒿
当归知母乌梅合　止嗽除蒸敛汗高

5. 秦艽扶羸汤

秦艽扶羸鳖甲柴　地骨当归紫菀偕
半夏人参兼炙草　肺劳蒸嗽服之谐

6. 紫菀汤

紫菀汤中知贝母　参苓五味阿胶偶
再加甘桔治肺伤　咳血吐痰劳热久

7. 百合固金汤

百合固金二地黄　玄参贝母桔甘藏
麦冬芍药当归配　喘咳痰血肺家伤

8. 补肺阿胶散

补肺阿胶马兜铃　鼠粘甘草杏糯停
肺虚火盛人当服　顺气生津嗽哽宁

9. 小建中汤

小建中汤芍药多　桂姜甘草大枣和
更加饴糖补中脏　虚劳腹冷服之瘥
增入黄芪名亦尔　表虚身痛效无过
又有建中十四味　阴斑劳损起沉疴
十全大补加附子　麦夏苁蓉仔细哦

10. 益气聪明汤

益气聪明汤蔓荆　升葛参芪黄柏并
再加芍药炙甘草　耳聋目障服之清

增辑

1. 独参汤

独参功擅得嘉名　血脱脉微可返生
一味人参浓取汁　应知专任力方宏

2. 龟鹿二仙胶

龟鹿二仙最守真　补人三宝气精神
人参枸杞和龟鹿　益寿延年实可珍

3. 保元汤

保元补益总偏温　桂草参芪四味存
男妇虚劳幼科痘　持纲三气妙难言

4. 还少丹

还少温调脾肾寒　茱淮苓地杜牛餐
苁蓉楮实茴巴枸　远志菖蒲味枣丸

5. 金匮肾气丸

金匮肾气治肾虚　熟地淮药及山萸
丹皮苓泽加附桂　引火归原热下趋
济生加入车牛膝　二便通调肿胀除
钱氏六味去附桂　专治阴虚火有余
六味再加五味麦　八仙都气治相殊
更有知柏与杞菊　归芍参麦各分途

6. 右归饮

右归饮治命门衰　附桂山萸杜仲施

地草淮山枸杞子　便溏阳痿服之宜
左归饮主真阴弱　附桂当除易麦龟

7. 当归补血汤

当归补血有奇功　归少芪多力最雄
更有芪防同白术　别名止汗玉屏风

8. 七宝美髯丹

七宝美髯何首乌　菟丝牛膝茯苓俱
骨脂枸杞当归合　专益肾肝精血虚

9. 补心丹

补心丹用柏枣仁　二冬生地与归身
三参桔梗朱砂味　远志茯苓共养神
或以菖蒲更五味　劳心思虑过耗真

10. 虎潜丸

虎潜脚痿是神方　虎胫膝陈地锁阳
龟版姜归知柏芍　再加羊肉捣丸尝

11. 河车大造丸

河车大造膝苁蓉　二地天冬杜柏从
五味锁阳归杞子　真元虚弱此方宗

12. 斑龙丸

斑龙丸用鹿胶霜　苓柏菟脂熟地黄
等分为丸酒化服　玉龙关下补元阳

二、发表之剂

1. 麻黄汤

麻黄汤中用桂枝　杏仁甘草四般施
发热恶寒头项痛　伤寒服此汗淋漓

2. 桂枝汤

桂枝汤治太阳风　芍药甘草姜枣同
桂麻相合名各半　太阳如疟此为功

3. 大青龙汤

大青龙汤桂麻黄　杏草石膏姜枣藏
太阳无汗兼烦躁　风寒两解此为良

4. 小青龙汤

小青龙汤治水气　喘咳呕哕渴利慰
姜桂麻黄芍药甘　细辛半夏兼五味

5. 葛根汤

葛根汤内麻黄襄　二味加入桂枝汤
轻可去实因无汗　有汗加葛无麻黄

6. 升麻葛根汤

升麻葛根汤钱氏　再加芍药甘草是
阳明发热与头疼　恶寒无汗均堪倚
亦治时疫与阳斑　痘疹已出慎勿使

7. 九味羌活汤

九味羌活用防风　细辛苍芷与川芎
黄芩生地同甘草　三阳解表益姜葱
阴虚气弱人禁用　加减临时在变通

8. 神术散

神术散用甘草苍　细辛藁本芎芷羌
各走一经祛风湿　风寒泄泻总堪尝
太无神术即平胃　加入菖蒲与藿香
海藏神术苍防草　太阳无汗代麻黄
若以白术易苍术　太阳有汗此为良

9. 麻黄附子细辛汤

麻黄附子细辛汤　发表温经两法彰
若非表里相兼治　少阴反热曷能康

10. 人参败毒散

人参败毒茯苓草　枳桔柴前羌独芎
薄荷少许姜三片　四时感冒有奇功
去参名为败毒散　加入消风治亦同

11. 再造散

再造散用参芪甘　桂附羌防芎芍参
细辛加枣煨姜煎　阳虚无汗法当谙

12. 麻黄人参芍药汤

麻黄人参芍药汤　桂枝五味麦冬襄
归芪甘草汗兼补　虚人外感服之康

13. 神白散

神白散用白芷甘　姜葱淡豉与相参
肘后单煎葱白豉　两方均能散风寒

14. 十神汤

十神汤里葛升麻　陈草芎苏白芷加
麻黄赤芍兼香附　时邪感冒效堪夸

增辑

1. 银翘散

银翘散主上焦医　竹叶荆牛薄荷豉
甘桔芦根凉解法　风温初感此方宜
咳加杏贝渴花粉　热甚栀芩次第施

2. 桑菊饮

桑菊饮中桔梗翘　杏仁甘草薄荷饶
芦根为引轻清剂　热盛阳明入母膏

3. 防风解毒汤

防风解毒荆薄荷　大力石膏竹叶和
甘桔连翘知木枳　风温痧疹肺经多

4. 竹叶柳蒡汤

竹味柳蒡干葛知　蝉衣荆芥薄荷司
石膏粳米参甘麦　初起风痧此可施

5. 华盖散

华盖麻黄杏橘红　桑皮苓草紫苏供
三拗只用麻甘杏　表散风寒力最雄

三、攻里之剂

1. 大承气汤

大承气汤用芒硝　枳实厚朴大黄饶
救阴泻热功偏擅　急下阳明有数条

2. 小承气汤

小承气汤朴实黄　谵狂痞硬上焦强
益以羌活名三化　中风闭实可消详

3. 调胃承气汤

调胃承气硝黄草　甘缓微和将胃保
不用朴实伤上焦　中焦燥实服之好

4. 木香槟榔丸

木香槟榔青陈皮　枳柏茱连棱术随
大黄黑丑兼香附　芒硝水丸量服之
一切实积能推荡　泻痢食疟用咸宜

5. 枳实导滞丸

枳实导滞首大黄　芩连曲术茯苓襄
泽泻蒸饼糊丸服　湿热积滞力能攘
若还后重兼气滞　木香导滞加槟榔

6. 温脾汤

温脾参附与干姜　甘草当归硝大黄
寒热并行治寒积　脐腹绞结痛非常

7. 蜜煎导法

蜜煎导法通大便　或将猪胆灌肛中
不欲苦寒伤胃腑　阳明无热勿轻攻

增辑

1. 芍药汤

芍药芩连与锦纹　桂甘槟木及归身
别名导气除甘桂　枳壳加之效若神

2. 香连丸

香连治痢习为常　初起宜通勿遽尝
别有白头翁可恃　秦皮连柏苦寒方

3. 更衣丸

更衣利便治津干　芦荟朱砂滴酒丸
脾约别行麻杏芍　大黄枳朴蜜和团

四、涌吐之剂

1. 瓜蒂散

瓜蒂散中赤小豆　或入藜芦郁金凑
此吐实热与风痰　虚者参芦一味勾
若吐虚烦栀豉汤　剧痰乌附尖方透
古人尚有烧盐方　一切积滞功能奏

2. 稀涎散

稀涎皂角白矾班　或益藜芦微吐间
风中痰升人眩仆　当先服此通其关
通关散用细辛皂　吹鼻得嚏保生还

五、和解之剂

1. 小柴胡汤

小柴胡汤和解供　半夏人参甘草从
更用黄芩加姜枣　少阳百病此为宗

2. 四逆散

四逆散里用柴胡　芍药枳实甘草须
此是阳邪成厥逆　敛阴泄热平剂扶

3. 黄连汤

黄连汤内用干姜　半夏人参甘草藏
更用桂枝兼大枣　寒热平调呕痛忘

4. 黄芩汤

黄芩汤用甘芍并　二阳合利枣加烹
此方遂为治痢祖　后人加味或更名
再加生姜与半夏　前症兼呕此能平
单用芍药与甘草　散逆止痛能和营

5. 逍遥散

逍遥散用当归芍　柴苓术草加姜薄
散郁除蒸功最奇　调经八味丹栀着

6. 藿香正气散

藿香正气大腹苏　甘桔陈苓术朴俱
夏曲白芷加姜枣　感伤岚瘴并能驱

7. 六和汤

六和藿朴杏砂呈　半夏木瓜赤茯苓
术参扁豆同甘草　姜枣煎之六气平
或益香薷或苏叶　伤寒伤暑用须明

8. 清脾饮

清脾饮用青朴柴　苓夏甘芩白术偕
更加草果姜煎服　热多阳疟此方佳

9. 痛泻要方

痛泻要方陈皮芍　防风白术煎丸酌
补泻并用理肝脾　若作食伤医便错

增辑

1. 何人饮

何人饮治久虚疟　参首归陈姜枣约
追疟青陈柴半归　首乌甘草正未弱
若名休疟脾元虚　参甘归乌甘草酌
四兽果梅入六君　补中兼收须量度
更截实疟木贼煎　青朴夏榔苍术着

2. 奔豚汤

奔豚汤治肾中邪　气上冲胸腹痛佳
芩芍芎归甘草半　生姜干葛李根加

3. 达原饮

达原厚朴与常山　草果槟榔共涤痰
更用黄芩知母入　菖蒲青草不容删

4. 蒿芩清胆汤

俞氏蒿芩清胆汤　陈皮半夏竹茹襄
赤苓枳壳兼碧玉　湿热轻宣此法良

六、表里之剂

1. 大柴胡汤

大柴胡汤用大黄　枳实芩夏白芍将
煎加姜枣表兼里　妙法内攻并外攘
柴胡芒硝义亦尔　仍有桂枝大黄汤

2. 防风通圣散

防风通圣大黄硝　荆芥麻黄栀芍翘
甘桔芎归膏滑石　薄荷芩术力偏饶
表里交攻阳热盛　外科疡毒总能消

3. 五积散

五积散治五般积　麻黄苍芷归芍芎
枳桔桂姜甘茯朴　陈皮半夏加姜葱
除桂枳陈余略炒　熟料尤增温散功
温中解表祛寒湿　散痞调经用各充

4. 三黄石膏汤

三黄石膏芩柏连　栀子麻黄豆豉全
姜枣细茶煎热服　表里三焦热盛宣

5. 葛根黄芩黄连汤

葛根黄芩黄连汤　甘草四般治二阳
解表清里兼和胃　喘汗自利保平康

6. 参苏饮

参苏饮内用陈皮　枳壳前胡半夏宜
干葛木香甘桔茯　内伤外感此方推
参前若去芎柴入　饮号芎苏治不差
香苏饮仅陈皮草　感伤内外亦堪施

7. 茵陈丸

茵陈丸用大黄硝　鳖甲常山巴豆邀
杏仁栀豉蜜丸服　汗吐下兼三法超
时气毒疠及疟痢　一丸两服量病调

8. 大羌活汤

大羌活汤即九味　已独知连白术暨
散热培阴表里和　伤寒两感差堪慰

七、消补之剂

1. 平胃散

平胃散是苍术朴　陈皮甘草四般药
除湿散满驱瘴岚　调胃诸方从此扩
或合二陈或五苓　硝黄麦曲均堪着
若合小柴名柴平　煎加姜枣能除疟
又不换金正气散　即是此方加夏藿

2. 保和丸

保和神曲与山楂　苓夏陈翘菔子加
曲糊为丸麦汤下　亦可方中用麦芽
大安丸内加白术　消中兼补效堪夸

3. 健脾丸

健脾参术与陈皮　枳实山楂麦蘖随
曲糊作丸米饮下　消补兼行胃弱宜
枳术丸亦消兼补　荷叶烧饭上升奇

4. 参苓白术散

参苓白术扁豆陈　山药甘莲砂薏仁
桔梗上浮兼保肺　枣汤调服益脾神

5. 枳实消痞丸

枳实消痞四君全　麦芽夏曲朴姜连
蒸饼糊丸消积满　清热破结补虚痊

6. 鳖甲饮子

鳖甲饮子治疟母　甘草芪术芍芎偶
草果槟榔厚朴增　乌梅姜枣同煎服

7. 葛花解醒汤

葛花解醒香砂仁　二苓参术蔻青陈
神曲干姜兼泽泻　温中利湿酒伤珍

八、理气之剂

1. 补中益气汤

补中益气芪术陈　升柴参草当归身
虚劳内伤功独擅　亦治阳虚外感因
木香苍术易白术　调中益气畅脾神

2. 乌药顺气汤

乌药顺气芎芷姜　橘红枳桔及麻黄
僵蚕炙草姜煎服　中气厥逆此方详

3. 越鞠丸

越鞠丸治六般郁　气血痰火湿食因
芎苍香附兼栀曲　气畅郁舒痛闷伸
又六郁汤苍芎附　甘苓橘半栀砂仁

4. 苏子降气汤

苏子降气橘半归　前胡桂朴草姜依
下虚上盛痰嗽喘　亦有加参贵合机

5. 四七汤

四七汤理七情气　半夏厚朴茯苓苏
姜枣煎之舒郁结　痰涎呕痛尽能纾
又有局方名四七　参桂夏草妙更殊

6. 四磨汤

四磨亦治七情侵　人参乌药及槟沉
浓磨煎服调逆气　实者枳壳易人参
去参加入木香枳　五磨饮子白酒斟

7. 旋覆代赭汤

旋覆代赭用人参　半夏甘姜大枣临
重以镇逆咸软痞　痞硬噫气力能禁

8. 正气天香散

绀珠正气天香散　香附干姜苏叶陈
乌药舒郁兼除痛　气行血活经自匀

9. 橘皮竹茹汤

橘皮竹茹治呕呃　参甘半夏枇杷麦
赤茯再加姜枣煎　方由金匮此加辟

10. 丁香柿蒂汤

丁香柿蒂人参姜　呃逆因寒中气戕
济生香蒂仅二味　或加竹橘用皆良

11. 定喘汤

定喘白果与麻黄　款冬半夏白皮桑
苏杏黄芩兼甘草　肺寒膈热喘哮尝

增辑

1. 苏合香丸

苏合香丸麝息香　木丁熏陆气同芳
犀冰白术沉香附　衣用朱砂中恶尝

2. 瓜蒌薤白汤

瓜蒌薤白治胸痹　益以白酒温肺气
加夏加朴枳桂枝　治法稍殊名亦异

3. 丹参饮

丹参饮里用檀砂　心胃诸疼效验赊
百合汤中乌药佐　专除郁气不须夸
圣惠更有金铃子　酒下延胡均可嘉

九、理血之剂

1. 四物汤

四物地芍与归芎　血家百病此方通
八珍合入四君子　气血双疗功独崇
再加黄芪与肉桂　十全大补补方雄
十全除却芪地草　加粟煎之名胃风

2. 人参养营汤

人参养营即十全　除却川芎五味联
陈皮远志加姜枣　肺脾气血补方先

3. 归脾汤

归脾汤用术参芪　归草茯神远志随
酸枣木香龙眼肉　煎加姜枣益心脾
怔忡健忘俱可却　肠风崩漏总能医

4. 养心汤

养心汤用草芪参　二茯芎归柏子寻
夏曲远志兼桂味　再加酸枣总宁心

5. 当归四逆汤

当归四逆桂枝芍　细辛甘草木通着
再加大枣治阴厥　脉细阳虚由血弱
内有久寒加姜茱　发表温中通经脉
不用附子及干姜　助阳过剂阴反灼

6. 桃仁承气汤

桃仁承气五般奇　甘草硝黄并桂枝
热结膀胱少腹胀　如狂蓄血最相宜

7. 犀角地黄汤

犀角地黄芍药丹　血升胃热火邪干
斑黄阳毒皆堪治　或益柴芩总伐肝

8. 咳血方

咳血方中诃子收　瓜蒌海石山栀投
青黛蜜丸口噙化　咳嗽痰血服之瘳

9. 秦艽白术丸

秦艽白术丸东垣　归尾桃仁枳实攒
地榆泽泻皂角子　糊丸血痔便艰难
仍有苍术防风剂　润血疏风燥湿安

10. 槐花散

槐花散用治肠风　侧柏黑荆枳壳充
为末等分米饮下　宽肠凉血逐风功

11. 小蓟饮子

小蓟饮子藕蒲黄　木通滑石生地襄
归草黑栀淡竹叶　血淋热结服之良

12. 四生丸

四生丸用三般叶　侧柏艾荷生地协
等分生捣如泥煎　血热妄行止衄惬

13. 复元活血汤

复元活血汤柴胡　花粉当归山甲俱
桃仁红花大黄草　损伤瘀血酒煎祛

增辑

1. 黄土汤

黄土汤将远血医　胶芩地术附甘随
更知赤豆当归散　近血服之效亦奇

2. 黑地黄丸

黑地黄丸用地黄　还同苍术味干姜
多时便血脾虚陷　燥湿滋阴两擅长

3. 癫狗咬毒汤

癫狗咬毒无妙方　毒传迅速有难当
桃仁地鳖大黄共　蜜酒浓煎连滓尝

4. 血府逐瘀汤

血府逐瘀归地桃　红花枳壳膝芎饶
柴胡赤芍甘桔梗　血化下行不作劳

5. 少腹逐瘀汤

少腹逐瘀芎炮姜　元胡灵脂芍茴香
蒲黄肉桂当没药　调经止痛是良方

6. 补阳还五汤

补阳还五赤芍芎　归尾通经佐地龙
四两黄芪为主药　血中瘀滞用桃红

十、祛风之剂

1. 小续命汤

小续命汤桂附芎　麻黄参芍杏防风
黄芩防己兼甘草　六经风中此方通

2. 大秦艽汤

大秦艽汤羌独防　芎芷辛芩二地黄
石膏归芍苓甘术　风邪散见可通尝

3. 三生饮

三生饮用乌附星　三皆生用木香听
加参对半扶元气　卒中痰迷服此灵
星香散亦治卒中　体肥不渴邪在经

4. 地黄饮子

地黄饮子山茱斛　麦味菖蒲远志茯
苁蓉桂附巴戟天　少入薄荷姜枣服
喑厥风痱能治之　虚阳归肾阴精足

5. 独活汤

独活汤中羌独防　芎归辛桂参夏菖
茯神远志白薇草　瘛疭昏愦力能匡

6. 顺风匀气散

顺风匀气术乌沉　白芷天麻苏叶参
木瓜甘草青皮合　㖞僻偏枯口舌喑

7. 上中下通用痛风方

黄柏苍术天南星　桂枝防己及威灵
桃仁红花龙胆草　羌芷川芎神曲停
痛风湿热与痰血　上中下通用之听

8. 独活寄生汤

独活寄生艽防辛　芎归地芍桂苓均
杜仲牛膝人参草　冷风顽痹屈能伸
若去寄生加芪续　汤名三痹古方珍

9. 消风散

消风散内羌防荆　芎朴参苓陈草并
僵蚕蝉蜕藿香入　为末茶调或酒行
头痛目昏项背急　顽麻瘾疹服之清

10. 川芎茶调散

川芎茶调散荆防　辛芷薄荷甘草羌
目昏鼻塞风攻上　正偏头痛悉能康
方内若加僵蚕菊　菊花茶调用亦臧

11. 清空膏

清空芎草柴芩连　羌防升之入顶巅
为末茶调如膏服　正偏头痛一时蠲

12. 人参荆芥散

人参荆芥散熟地　防风柴枳芎归比
酸枣鳖羚桂术甘　血风劳作风虚治

增辑

1. 资寿解语汤

资寿解语汤用羌　专需竹沥佐生姜
防风桂附羚羊角　酸枣麻甘十味详

2. 小活络丹

小活络丹用二乌　地龙乳没胆星俱
中风手足皆麻木　痰湿流连一服驱
大活络丹多味益　恶风大症此方需

3. 羚羊钩藤汤

俞氏羚羊钩藤汤　桑叶菊花鲜地黄
芍草茯苓川贝茹　凉肝增液定风方

4. 镇肝熄风汤

张氏镇肝熄风汤　龙牡龟牛制亢阳
代赭天冬元芍草　茵陈川楝麦芽襄
痰多加用胆星好　尺脉虚浮萸地匡
加入石膏清里热　便溏龟赭易脂良

十一、祛寒之剂

1. 理中汤

理中汤主理中乡　甘草人参术黑姜
呕利腹痛阴寒盛　或加附子总回阳

2. 真武汤

真武汤壮肾中阳　茯苓术芍附生姜
少阴腹痛有水气　悸眩瞤惕保安康

3. 四逆汤

四逆汤中姜附草　三阴厥逆太阳沉
或益姜葱参芎桔　通阳复脉力能任

4. 白通加猪胆汁汤

白通加尿猪胆汁　干姜附子兼葱白
热因寒用妙义深　阴盛格阳厥无脉

5. 吴茱萸汤

吴茱萸汤人参枣　重用生姜温胃好
阳明寒呕少阴利　厥阴头痛皆能保

6. 益元汤

益元艾附与干姜　麦味知连参草将
姜枣葱煎入童便　内寒外热名戴阳

7. 回阳急救汤

回阳救急用六君　桂附干姜五味群
加麝三厘或胆汁　三阴寒厥见奇勋

8. 四神丸

四神故纸吴茱萸　肉蔻五味四般须
大枣百枚姜八两　五更肾泻火衰扶

9. 厚朴温中汤

厚朴温中陈草苓　干姜草蔻木香停
煎服加姜治腹痛　虚寒胀满用皆灵

10. 导气汤

寒疝痛用导气汤　川楝茴香与木香
吴茱萸以长流水　散寒通气和小肠

11. 疝气汤

疝气方用荔枝核　栀子山楂枳壳益
再入吴茱入厥阴　长流水煎疝痛释

12. 橘核丸

橘核丸中川楝桂　朴实延胡藻带昆
桃仁二木酒糊合　㿗疝痛顽盐酒吞

增辑

1. 参附汤

参附汤疗汗自流　肾阳脱汗此方求
卫阳不固须芪附　郁遏脾阳术附投

2. 天台乌药散

天台乌药木茴香　川楝槟榔巴豆姜
再用青皮为细末　一钱酒下痛疝尝

3. 黑锡丹

黑锡丹能镇肾寒　硫黄入锡结成团
胡芦故纸茴沉木　桂附金铃肉蔻丸

4. 半硫丸

半硫半夏与硫黄　虚冷下元便秘尝
金液丹中硫一味　沉寒厥逆亦兴阳

5. 浆水散

浆水散中用地浆　干姜附桂与良姜
再加甘草同半夏　吐泻身凉立转阳

6. 来复丹

来复丹用玄精石　硝石硫黄橘红着
青皮灵脂复元阳　上盛下虚可镇宅

十二、祛暑之剂

1. 三物香薷饮

三物香薷豆朴先　若云热盛加黄连
或加苓草名五物　利湿祛暑木瓜宣
再加参芪与陈术　兼治内伤十味全
二香合入香苏饮　仍有藿薷香葛传

2. 清暑益气汤

清暑益气参草芪　当归麦味青陈皮
曲柏葛根苍白术　升麻泽泻姜枣随

3. 缩脾饮

缩脾饮用清暑气　砂仁草果乌梅暨

甘草葛根扁豆加　吐泻烦渴温脾胃
古人治暑多用温　暑为阴证此所谓
大顺杏仁姜桂甘　散寒燥湿斯为贵

4. 生脉散

生脉麦味与人参　保肺清心治暑淫
气少汗多兼口渴　病危脉绝急煎斟

5. 六一散

六一滑石同甘草　解肌行水兼清燥
统治表里及三焦　热渴暑烦泻痢保
益元碧玉与鸡苏　砂黛薄荷加之好

十三、利湿之剂

1. 五苓散

五苓散治太阳腑　白术泽泻猪茯苓
膀胱化气添官桂　利便消暑烦渴清
除桂名为四苓散　无寒但渴服之灵
猪苓汤除桂与术　加入阿胶滑石停
此为和湿兼泻热　疸黄便闭渴呕宁

2. 小半夏加茯苓汤

小半夏加茯苓汤　行水散痞有生姜
加桂除夏治悸厥　茯苓甘草汤名彰

3. 肾着汤

肾着汤内用干姜　茯苓甘草白术襄
伤湿身痛与腰冷　亦名甘姜苓术汤
黄芪防己除姜茯　术甘姜枣共煎尝
此治风水与诸湿　身重汗出服之良

4. 舟车丸

舟车牵牛及大黄　遂戟芫花又木香
青皮橘皮加轻粉　燥实阳水却相当

5. 疏凿饮子

疏凿槟榔及商陆　苓皮大腹同椒目
赤豆艽羌泻木通　煎益姜皮阳水服

6. 实脾饮

实脾苓术与木瓜　甘草木香大腹加
草蔻附姜兼厚朴　虚寒阴水效堪夸

7. 五皮饮

五皮饮用五般皮　陈茯姜桑大腹奇
或用五加易桑白　脾虚肤胀此方司

8. 羌活胜湿汤

羌活胜湿羌独芎　甘蔓藁本与防风
湿气在表头腰重　发汗升阳有异功
风能胜湿升能降　不与行水渗湿同
若除独活芎蔓草　除湿升麻苍术充

9. 大橘皮汤

大橘皮汤治湿热　五苓六一二方缀
陈皮木香槟榔增　能消水肿及泻泄

10. 茵陈蒿汤

茵陈蒿汤治疸黄　阴阳寒热细推详
阳黄大黄栀子入　阴黄附子与干姜
亦有不用茵陈者　仲景柏皮栀子汤

11. 八正散

八正木通与车前　萹蓄大黄滑石研
草梢瞿麦兼栀子　煎加灯草痛淋蠲

12. 萆薢分清饮

萆薢分清石菖蒲　草梢乌药益智俱
或益茯苓盐煎服　通心固肾浊精驱
缩泉益智同乌药　山药糊丸便数需

13. 当归拈痛汤

当归拈痛羌防升　猪泽茵陈芩葛朋
二术苦参知母草　疮疡湿热服皆应

增辑

1. 五淋散

五淋散用草栀仁　归芍茯苓亦共珍
气化原由阴以育　调行水道妙通神

2. 三仁汤

三仁杏蔻薏苡仁　朴夏白通滑竹伦
水用甘澜扬百遍　湿温初起法堪遵

3. 甘露消毒丹

甘露消毒蔻藿香　茵陈滑石木通菖
芩翘贝母射干薄　暑疫湿温为末尝

4. 鸡鸣散

鸡鸣散是绝奇方　苏叶茱萸桔梗姜
瓜橘槟榔煎冷服　肿浮脚气效彰彰

5. 中满分消汤

中满分消汤朴乌　归萸麻夏荜升胡
香姜草果参芪泽　连柏苓青益智需
丸用芩连砂朴实　夏陈知泽草姜俱
二苓参术姜黄合　丸热汤寒治各殊

6. 二妙丸

二妙丸中苍柏煎　若云三妙膝须添
痿痹足疾堪多服　湿热全除病自痊

十四、润燥之剂

1. 炙甘草汤

炙甘草汤参姜桂　麦冬生地大麻仁
大枣阿胶加酒服　虚劳肺痿效如神

2. 滋燥养营汤

滋燥养营两地黄　芩甘归芍及艽防
爪枯肤燥兼风秘　火燥金伤血液亡

3. 活血润燥生津散

活血润燥生津散　二冬熟地兼瓜蒌
桃仁红花及归芍　利秘通幽善泽枯

4. 韭汁牛乳饮

韭汁牛乳反胃滋　养营散瘀润肠奇
五汁安中姜梨藕　三般加入用随宜

5. 润肠丸

润肠丸用归尾羌　桃仁麻仁及大黄
或加艽防皂角子　风秘血秘善通肠

6. 通幽汤

通幽汤中二地俱　桃仁红花归草濡
升麻升清以降浊　噎塞便秘此方需
有加麻仁大黄者　当归润肠汤名殊

7. 搜风顺气丸

搜风顺气大黄蒸　郁李麻仁山药增
防独车前及槟枳　菟丝牛膝山茱仍
中风风秘及气秘　肠风下血总堪凭

8. 消渴方

消渴方中花粉连　藕汁地汁牛乳研
或加姜蜜为膏服　泻火生津益血痊

9. 白茯苓丸

白茯苓丸治肾消　花粉黄连萆薢调
二参熟地覆盆子　石斛蛇床膍胵要

10. 猪肾荠苨汤

猪肾荠苨参茯神　知芩葛草石膏因
磁石天花同黑豆　强中消渴此方珍

11. 地黄饮子

地黄饮子参芪草　二地二冬枇斛参
泽泻枳实疏二腑　躁烦消渴血枯含

12. 酥蜜膏酒

酥蜜膏酒用饴糖　二汁百部及生姜
杏枣补脾兼润肺　声嘶气惫酒喝尝

13. 清燥汤

清燥二术与黄芪　参苓连柏草陈皮
猪泽升柴五味曲　麦冬归地痿方推

增辑

1. 沙参麦冬饮

沙参麦冬饮豆桑　玉竹甘花共合方

秋燥耗伤肺胃液　苔光干咳此堪尝

2. 清燥救肺汤

清燥救肺参草杷　石膏胶杏麦芝麻
经霜收下干桑叶　解郁滋干效可夸

3. 琼玉膏

琼玉膏中生地黄　参苓白蜜炼膏尝
肺枯干咳虚劳症　金水相滋效倍彰

4. 黄连阿胶汤

黄连阿胶鸡子黄　芍药黄芩合自良
更有驻车归醋用　连胶姜炭痢阴伤

5. 滋肾通关丸

滋肾通关桂柏知　溺癃不渴下焦医
大补阴丸除肉桂　地龟猪髓合之宜

6. 增液汤

增液汤中参地冬　鲜乌或入润肠通
黄龙汤用大承气　甘桔参归妙不同

十五、泻火之剂

1. 黄连解毒汤

黄连解毒汤四味　黄柏黄芩栀子备
躁狂大热呕不眠　吐衄斑黄均可使
若云三黄石膏汤　再加麻黄及淡豉
此为伤寒温毒盛　三焦表里相兼治
栀子金花加大黄　润肠泻热真堪倚

2. 附子泻心汤

附子泻心用三黄　寒加热药以维阳
痞乃热邪寒药治　恶寒加附治相当
大黄附子汤同意　温药下之妙异常

3. 半夏泻心汤

半夏泻心黄连芩　干姜甘草与人参
大枣和之治虚痞　法在降阳而和阴

4. 白虎汤

白虎汤用石膏偎　知母甘草粳米陪
亦有加入人参者　躁烦热渴舌生苔

5. 竹叶石膏汤

竹叶石膏汤人参　麦冬半夏竹叶灵
甘草生姜兼粳米　暑烦热渴脉虚寻

6. 升阳散火汤

升阳散火葛升麻　羌独防风参芍侪
生炙二草加姜枣　阳经火郁发之佳

7. 凉膈散

凉膈硝黄栀子翘　黄芩甘草薄荷饶
竹叶蜜煎疗膈上　中焦燥实服之消

8. 清心莲子饮

清心莲子石莲参　地骨柴胡赤茯苓
芪草麦冬车前子　躁烦消渴及崩淋

9. 甘露饮

甘露两地与茵陈　芩枳枇杷石斛伦
甘草二冬平胃热　桂苓犀角可加均

10. 清胃散

清胃散用升麻连　当归生地牡丹全
或益石膏平胃热　口疮吐衄及牙宣

11. 泻黄散

泻黄甘草与防风　石膏栀子藿香充
炒香蜜酒调和服　胃热口疮并见功

12. 钱乙泻黄散

钱乙泻黄升防芷　芩夏石斛同甘枳
亦治胃热及口疮　火郁发之斯为美

13. 泻白散

泻白桑皮地骨皮　甘草粳米四般宜
参茯知芩皆可入　肺炎喘嗽此方施

14. 泻青丸

泻青丸用龙胆栀　下行泻火大黄资
羌防升上芎归润　火郁肝经用此宜

15. 龙胆泻肝汤

龙胆泻肝栀芩柴　生地车前泽泻偕
木通甘草当归合　肝经湿热力能排

16. 当归龙荟丸

当归龙荟用四黄　龙胆芦荟木麝香
黑栀青黛姜汤下　一切肝火尽能攘

17. 左金丸

左金茱连六一丸　肝经火郁吐吞酸
再加芍药名戊己　热泻热痢服之安
连附六一治胃痛　寒因热用理一般

18. 导赤散

导赤生地与木通　草梢竹叶四般攻
口糜淋痛小肠火　引热同归小便中

19. 清骨散

清骨散用银柴胡　胡连秦艽鳖甲符
地骨青蒿知母草　骨蒸劳热保无虞

20. 普济消毒饮

普济消毒芩连鼠　玄参甘桔蓝根侣
升柴马勃连翘陈　僵蚕薄荷为末咀
或加人参及大黄　大头天行力能御

21. 清震汤

清震汤治雷头风　升麻苍术两般充
荷叶一枚升胃气　邪从上散不传中

22. 桔梗汤

桔梗汤中用防己　桑皮贝母瓜蒌子
甘枳当归薏杏仁　黄芪百合姜煎此
肺痈吐脓或咽干　便秘大黄可加使

23. 清咽太平丸

清咽太平薄荷芎　柿霜甘桔及防风
犀角蜜丸治膈热　早间咳血颊常红

24. 消斑青黛饮

消斑青黛栀连犀　知母玄参生地齐
石膏柴胡人参草　便实参去大黄跻
姜枣煎加一匙醋　阳邪里实此方稽

25. 辛夷散

辛夷散里藁防风　白芷升麻与木通
芎细甘草茶调服　鼻生瘜肉此方攻

26. 苍耳散

苍耳散中用薄荷　辛荑白芷四般和
葱茶调服疏肝肺　清升浊降鼻渊瘥

27. 妙香散

妙香山药与参芪　甘桔二茯远志随
少佐辰砂木香麝　惊悸郁结梦中遗

增辑

1. 紫雪丹

紫雪犀羚朱朴硝　硝磁寒水滑和膏
丁沉木麝升玄草　更用赤金法亦超

2. 至宝丹

至宝朱砂麝息香　雄黄犀角与牛黄
金银二箔兼龙脑　琥珀还同玳瑁良

3. 万氏牛黄丸

万氏牛黄丸最精　芩连栀子郁砂并
或加雄角珠冰麝　退热清心力更宏

4. 玉女煎

玉女煎中地膝兼　石膏知母麦冬全
阴虚胃火牙疼效　去膝地生温热痊

5. 清瘟败毒散

清瘟败毒地连芩　丹石栀甘竹叶寻
犀角玄翘知芍桔　瘟邪泻毒亦滋阴

6. 化斑汤

化斑汤用石膏元　粳米甘犀知母存
或入银丹大青地　温邪斑毒治神昏

7. 神犀丹

神犀丹内用犀芩　元参菖蒲生地群
豉粉银翘蓝紫草　温邪暑疫有奇勋

8. 青蒿鳖甲汤

青蒿鳖甲知地丹　阴分伏热此方攀
夜热早凉无汗者　从里达表服之安

十六、除痰之剂

1. 二陈汤

二陈汤用半夏陈　益以茯苓甘草成
利气调中兼去湿　一切痰饮此为珍
导痰汤内加星枳　顽痰胶固力能驯
若加竹茹与枳实　汤名温胆可宁神
润下丸仅陈皮草　利气祛痰妙绝伦

2. 涤痰汤

涤痰汤用半夏星　甘草橘红参茯苓
竹茹菖蒲兼枳实　痰迷舌强服之醒

3. 青州白丸子

青州白丸星夏并　白附川乌俱用生
晒露糊丸姜薄引　风痰瘫痪小儿惊

4. 清气化痰丸

清气化痰星夏橘　杏仁枳实瓜蒌实
芩苓姜汁为糊丸　气顺火消痰自失

5. 顺气消食化痰丸

顺气消食化痰丸　青陈星夏菔苏攒
曲麦山楂葛杏附　蒸饼为糊姜汁抟

6. 礞石滚痰丸

滚痰丸用青礞石　大黄黄芩沉水香
百病多因痰作祟　顽痰怪症力能匡

7. 金沸草散

金沸草散前胡辛　半夏荆甘赤茯因
煎加姜枣除痰嗽　肺感风寒头目颦
局方不用细辛茯　加入麻黄赤芍均

8. 半夏天麻白术汤

半夏天麻白术汤　参芪橘柏及干姜
苓泻麦芽苍术曲　太阴痰厥头痛良

9. 常山饮

常山饮中知贝取　乌梅草果槟榔聚
姜枣酒水煎露之　劫痰截疟功堪诩

10. 截疟七宝饮

截疟七宝常山果　槟榔朴草青陈伙
水酒合煎露一宵　阳经实疟服之妥

增辑

1. 三子养亲汤

三子养亲痰火方　芥苏莱菔共煎汤
外台别有茯苓饮　参术陈姜枳实尝

2. 指迷茯苓丸

指迷茯苓丸最精　风化芒硝枳半并
臂痛难移脾气阻　停痰伏饮有嘉名

3. 紫金锭

紫金锭用麝朱雄　慈戟千金五倍同
太乙玉枢名又别　祛痰逐秽及惊风

4. 小陷胸汤

小陷胸汤连夏蒌　宽胸开结涤痰周
邪深大陷胸汤治　甘遂硝黄一泻柔
大陷胸丸加杏苈　项强柔痓病能休

5. 十枣汤

十枣汤中遂戟花　强人伏饮效堪夸
控涎丹用遂戟芥　葶苈大枣亦可嘉

6. 千金苇茎汤

千金苇茎生薏仁　瓜瓣桃仁四味邻
吐咳肺痈痰秽浊　凉营清气自生津

7. 苓桂术甘汤

苓桂术甘痰饮尝　和之温药四般良

雪羹定痛化痰热 海蜇荸荠共合方

8. 金水六君煎

金水六君用二陈 再加熟地与归身
别称神术丸苍术 大枣芝麻停饮珍

9. 止嗽散

止嗽散中用白前 陈皮桔梗草荆添
紫菀百部同蒸用 感冒咳嗽此方先

十七、收涩之剂

1. 金锁固精丸

金锁固精芡莲须 龙骨蒺藜牡蛎需
莲粉糊丸盐酒下 涩精秘气滑遗无

2. 茯菟丹

茯菟丹疗精滑脱 菟苓五味石莲末
酒煮山药为糊丸 亦治强中及消渴

3. 治浊固本丸

治浊固本莲蕊须 砂仁连柏二苓俱
益智半夏同甘草 清热利湿固兼驱

4. 诃子散

诃子散用治寒泻 炮姜粟壳橘红也
河间木香诃草连 仍用术芍煎汤下
二者药异治略同 亦主脱肛便血者

5. 桑螵蛸散

桑螵蛸散治便数 参苓龙骨同龟壳
菖蒲远志及当归 补肾宁心健忘觉

6. 真人养脏汤

真人养脏诃粟壳 肉蔻当归桂木香
术芍参甘为涩剂 脱肛久痢早煎尝

7. 当归六黄汤

当归六黄治汗出 芪柏芩连生熟地
泻火固表复滋阴 加麻黄根功更异
或云此药太苦寒 胃弱气虚在所忌

8. 柏子仁丸

柏子仁丸人参术 麦麸牡蛎麻黄根
再加半夏五味子 阴虚盗汗枣丸吞

9. 牡蛎散

阳虚自汗牡蛎散 黄芪浮麦麻黄根
扑法芎藁牡蛎粉 或将龙骨牡蛎扪

增辑

1. 桃花汤

桃花汤用石脂宜 粳米干姜共用之
为涩虚寒少阴利 热邪滞下切难施

2. 威喜丸

威喜丸治血海寒 梦遗带浊服之安
茯苓煮晒和黄蜡 每日空心嚼一丸

3. 济生乌梅丸

济生乌梅与僵蚕 共末为丸好醋参
便血淋漓颇难治 醋吞惟有此方堪

4. 封髓丹

失精梦遗封髓丹 砂仁黄柏草和丸
大封大固春常在 巧夺先天服自安

十八、杀虫之剂

1. 乌梅丸

乌梅丸用细辛桂 人参附子椒姜继
黄连黄柏及当归 温藏安蛔寒厥剂

2. 化虫丸

化虫鹤虱及使君 槟榔芜荑苦楝群
白矾胡粉糊丸服 肠胃诸虫永绝氛

增辑

集效丸

集效姜附与槟黄　芜荑诃鹤木香当
雄槟丸内白矾入　虫啮攻疼均可尝

十九、痈疡之剂

1. 真人活命饮

真人活命金银花　防芷归陈草节加
贝母天花兼乳没　穿山角刺酒煎嘉
一切痈疽能溃散　溃后忌服用毋差
大黄便实可加使　铁器酸物勿沾牙

2. 金银花酒

金银花酒加甘草　奇疡恶毒皆能保
护膜须用蜡矾丸　二方均是疡科宝

3. 托里十补散

托里十补参芪芎　归桂白芷及防风
甘桔厚朴酒调服　痈疡脉弱赖之充

4. 托里温中汤

托里温中姜附羌　茴木丁沉共四香
陈皮益智兼甘草　寒疡内陷呕泻良

5. 托里定痛汤

托里定痛四物兼　乳香没药桂心添
再加蜜炒罂粟壳　溃疡虚痛去如拈

6. 散肿溃坚汤

散肿溃坚知柏连　花粉黄芩龙胆宣
升柴翘葛兼甘桔　归芍棱莪昆布全

增辑

1. 醒消丸

醒消乳没麝雄黄　专为大痈红肿尝
每服三钱陈酒化　醉眠取汗是良方

2. 小金丹

小金专主治阴疽　鳖麝乌龙灵乳储
墨炭胶香归没药　阴疮流注乳癌除

3. 梅花点舌丹

梅花点舌用三香　冰片硼珠朱二黄
没药熊葶蟾血竭　一丸酒化此方良

4. 保安万灵丹

万灵归术与三乌　辛草荆防芎活俱
天斛雄麻全蝎共　阴疽鹤膝湿痹须

5. 蟾酥丸

蟾酥丸用麝蜗牛　乳没朱雄轻粉俦
铜绿二矾寒水石　疔疮发背乳痈瘳

6. 一粒珠

一粒珠中犀甲冰　珍朱雄麝合之能
痈疽发背无名毒　酒化一丸力自胜

7. 六神丸

六神丸治烂喉痧　每服十丸效可夸
珠粉腰黄冰片麝　牛黄还与蟾酥加

8. 阳和汤

阳和汤法解寒凝　外症虚寒色属阴
熟地鹿胶姜炭桂　麻黄白芥草相承

二十、经产之剂

1. 妊娠六合汤

海藏妊娠六合汤　四物为君妙义长
伤寒表虚地骨桂　表实细辛兼麻黄
少阳柴胡黄芩入　阳明石膏知母藏

小便不利加苓泻　不眠黄芩栀子良
风湿防风与苍术　温毒发斑升翘长
胎动血漏名胶艾　虚痞朴实颇相当
脉沉寒厥亦桂附　便秘蓄血桃仁黄
安胎养血先为主　余因各症细参详
后人法此治经水　过多过少别温凉
温六合汤加芩术　色黑后期连附商
热六合汤栀连益　寒六合汤加附姜
气六合汤加陈朴　风六合汤加艽羌
此皆经产通用剂　说与时师好审量

2. 胶艾汤

胶艾汤中四物先　阿胶艾叶甘草全
妇人良方单胶艾　胎动血漏腹痛全
胶艾四物加香附　方名妇宝调经专

3. 当归散

当归散益妇人妊　术芍芎归及子芩
安胎养血宜常服　产后胎前功效深

4. 黑神散

黑神散中熟地黄　归芍甘草桂炮姜
蒲黄黑豆童便酒　消瘀下胎痛逆忘

5. 清魂散

清魂散用泽兰叶　人参甘草川芎协
荆芥理血兼祛风　产中昏晕神魂帖

6. 羚羊角散

羚羊角散杏薏仁　防独芎归又茯神
酸枣木香和甘草　子痫风中可回春

7. 当归生姜羊肉汤

当归生姜羊肉汤　产后腹痛蓐劳匡
亦有加入参芪者　千金四物甘桂姜

8. 达生散

达生紫苏大腹皮　参术甘陈归芍随
再加葱叶黄杨脑　孕妇临盆先服之
若将川芎易白术　紫苏饮子子悬宜

9. 参术饮

妊娠转胞参术饮　芎芍当归熟地黄
炙草陈皮兼半夏　气升胎举自如常

10. 牡丹皮散

牡丹皮散延胡索　归尾桂心赤芍药
牛膝棱莪酒水煎　气行瘀散血瘕削

11. 固经丸

固经丸用龟板君　黄柏樗皮香附群
黄芩芍药酒丸服　漏下崩中色黑殷

12. 柏子仁丸

柏子仁丸熟地黄　牛膝续断泽兰芳
卷柏加之通血脉　经枯血少肾肝匡

增辑

1. 交加散

交加散用姜地捣　二汁交拌各自妙
姜不辛散地不寒　产后伏热此为宝

2. 天仙藤散

天仙藤散治子气　香附陈甘乌药继
再入木瓜苏叶姜　足浮喘闷此方贵

3. 白术散

白术散中用四皮　姜陈苓腹五般奇
妊娠水肿肢浮胀　子肿病名此可医

4. 竹叶汤

竹叶汤能治子烦　人参芩麦茯苓存
有痰竹沥宜加入　胆怯闷烦自断根

5. 紫菀汤

紫菀汤方治子嗽　天冬甘桔杏桑会
更加蜂蜜竹茹煎　孕妇咳逆此为最

6. 失笑散

失笑蒲黄及五灵　晕平痛止积无停
山楂二两便糖入　独圣功同更守经

7. 如圣散

如圣乌梅棕炭姜　三般皆煅漏崩良

升阳举经姜栀芍　加入补中益气尝

8. 生化汤

生化汤宜产后尝　归芎桃草炮姜良
倘因乳少猪蹄用　通草同煎亦妙方

9. 保产无忧方

保产无忧芎芍归　荆羌芪朴菟丝依
枳甘贝母姜蕲艾　功效称奇莫浪讥

10. 泰山磐石饮

泰山磐石八珍全　去茯加芪芩断联
再益砂仁及糯米　妇人胎动可安痊

11. 抵当丸

抵当丸用桃仁黄　水蛭虻虫共合方
蓄血胞宫少腹痛　破坚非此莫相当

12. 安胎饮子

安胎饮子建莲先　青苎还同糯米煎
神造汤中须蟹爪　阿胶生草保安全

13. 固冲汤

固冲汤中芪术龙　牡蛎海蛸五倍同
茜草山萸棕炭芍　益气止血治血崩

附：

（一）便用杂方

1. 望梅丸

望梅丸用盐梅肉　苏叶薄荷与柿霜
茶末麦冬糖共捣　旅行赍服胜琼浆

2. 骨灰固齿散

骨灰固齿猪羊骨　腊月腌成煅碾之
骨能补骨咸补肾　坚牙健啖老尤奇

3. 软脚散

软脚散中芎芷防　细辛四味碾如霜
轻撒鞋中行远道　足无箴疱汗皆香

（二）幼科

1. 回春丹

回春丹用附雄黄　冰麝羌防蛇蝎襄
朱贝竺黄天胆共　犀黄蚕草钩藤良

2. 抱龙丸

抱龙星麝竺雄黄　加入辰砂痰热尝
琥珀抱龙星草枳　苓淮参竺箔朱香
牛黄抱龙星辰蝎　苓竺腰黄珀麝僵
明眼三方凭选择　急惊风发保平康

3. 肥儿丸

肥儿丸用术参甘　麦曲荟苓楂二连
更合使君研细末　为丸儿服自安然
验方别用内金朴　苓术青陈豆麦联
槟曲蟾虫连楂合　砂仁加入积消痊

4. 八珍糕

八珍糕与小儿宜　参术苓陈豆薏依
淮药芡莲糯粳米　健脾益胃又何疑

5. 保赤丹

保赤丹中巴豆霜　朱砂神曲胆星尝
小儿急慢惊风发　每服三丸自不妨

主要参考文献

[1] 刘振民，钱超尘．医古文基础［M］．上海：复旦大学出版社，2004

[2] 刘振民等．全国医古文函授教材·医古文（1~6册）［M］．贵州：贵州人民出版社，1982

[3] 刘振民，钱超尘．中医职称考试必读·医古文［M］．北京：北京古籍出版，1992

[4] 钱超尘．黄帝内经研究大成·语言文字篇［M］．北京：人民卫生出版社，1997

[5] 钱超尘．医古文辅导教材［M］．北京：中国华侨出版社，1993

[6] 段逸山．中医药学高级丛书·医古文［M］．北京：人民卫生出版社，2003

[7] 段逸山，孙文钟．新编医古文［M］．修订版．上海：上海中医药大学出版社，2006

[8] 段逸山，孙文钟．《新编医古文》学习辅导［M］．上海：上海中医药大学出版社，1999

[9] 段逸山．医古文习题集［M］．修订版．北京：人民卫生出版社，1999

[10] 段逸山．医古文自学应考必读［M］．上海：上海中医学院出版社，1992

[11] 段逸山．医古文学习指导［M］．上海：上海科学技术出版社，1997

[12] 许敬生．新世纪全国高等中医药院校规划教材配套教学用书·医古文习题集［M］．北京：中国中医药出版社，2004

[13] 许敬生．医古文选读［M］．河南：河南科学技术出版社，1983

[14] 许敬生，陈圣安．医古文［M］．第2版．北京：中国中医药出版社，2001

[15] 薛凤奎．中医训诂知识［M］．江苏：江苏科学技术出版社，1986

[16] 孙文钟．实用医古文［M］．上海：上海科学技术文献出版社，1993

[17] 孙文钟．易学助考口袋丛书·医古文［M］．北京：中国中医药出版社，2008

[18] 龙月云．医古文［M］．湖南：湖南大学出版社，1989

[19] 龙月云．新编医古文译注［M］．湖南：湖南科学技术出版社，1995

[20] 辽宁中医学院，北京中医学院，天津中医学院，南京中医学院．医古文［M］．辽宁：辽宁科学技术出版社，1986

[21] 白锦燕．医古文自学读本［M］．内蒙古：内蒙古教育出版社，1991

［22］赖文．医古文阅读训练［M］．广东：广东高等教育出版社，2004
［23］崔锡章．医古文习题集［M］．上海：上海中医药大学出版社，1999
［24］李亚军．陕西省职称考试指导教材·医古文［M］．陕西：陕西省卫生厅，1997
［25］李亚军．医古文应试译文·五、六版全译［M］．北京：世界图书出版公司，1998
［26］徐光星．应用医古文［M］．第2版．北京：中国中医药出版社，2005
［27］李具双．高等教育自学考试指定教材同步配套题解·医古文·医药类［M］．北京：光明日报出版社，2002
［28］孙中堂．医古文·中医学专业［M］．北京：中国时代经济出版社，2002
［29］孙屏等．新编医古文导读［M］．北京：中医古籍出版社，1997
［30］贾延利，钱秋海．医古文译释［M］．山东：山东大学出版社，1991
［31］王绍增．医古文语法［M］．黑龙江：黑龙江科学技术出版社，1983
［32］王绍增，张天柱．医古文语法［M］．黑龙江：黑龙江科学技术出版社，1991
［33］王绍增．医古文百篇释译［M］．黑龙江：黑龙江科学技术出版社，1995
［34］王富龙，宋书功．医古文［M］．北京：中国工人出版社，1999
［35］贾治中．医古文自学百问［M］．山西：山西科学教育出版社，1986
［36］王筑民．中医训诂学概论［M］．贵州：贵州教育出版社，1994
［37］魏希启．医古文语法学习［M］．山东：山东大学出版社，1987
［38］隋德俊，薛凤奎．全国高等中医院校函授教材·医古文选读［M］．湖南：湖南科学技术出版社，1986
［39］李戎．中医药通假字字典［M］．上海：上海科学技术文献出版社，2001
［40］王森等．医古文常用字字典［M］．北京：学苑出版社，1989
［41］罗邦柱．古汉语知识辞典［M］．湖北：武汉大学出版社，1988